宗教の見方

人はなぜ信じるのか

宇都宮輝夫

勁草書房

まえがき

　宗教学の概論ないし入門の書を著すことが自分の責務だと考えたのは，もう10年以上も前にさかのぼる。きっかけは，緩和医療病棟を開設した東札幌病院に宗教学の概論講義を依頼されたことである。物理的・化学的医療のほかに，なお大事な心の医療があるはずだという考え，そして宗教にその答えの一部があるのではないかという考えのもとに私が呼ばれたわけである。招いてくださった病院の石谷邦彦会長と石垣靖子婦長の緩和医療にかける決意を感じた。そして最終回の講義が終わって慰労会へ向かうタクシーの中で，石垣婦長がおっしゃった「お話しくださったことを本にしてもらえたら，私たちはいつでも読み返すことができますね」という言葉が心に消えずに残った。それゆえ当初の目標は，宗教とは何か，宗教は人間にどのような働きをなすのか，宗教を信じるとどうなるのか，信じることでいったい何をし，何を得ているのか，こういった問いに答え，心のケアという面で緩和医療に役立つ「医療従事者のための宗教学概論」を書くことであった。この言葉は，こういう書名ではどうかと石垣婦長から提案されたものである。

　絶えずこの目標を念頭に置いてはいたが，宗教学の概論を書き著そうとすると，宗教学自体で真に問題になっていることを省くわけにはいかなくなった。それを省けば，まがい物の概論書になりかねなかったからである。概論書は，特定の人々を念頭に置きつつも，やはり普遍的なものであらねばならないと思い直した。

まえがき

　毎年繰り返される「宗教学概論」の授業は，原稿を書き，練り上げる場となった。講義では，毎回授業の最後にクエスチョンタイムをもうけ，学生に自由に質問させたり意見を述べさせたりした。学生たちがあまり活発でない年も例外的にあったものの，たいていは次々に手があがり，矢継ぎ早に質問が続いた。彼らが提示した疑問と関心に応えるべく肉づけしていった結果が本書である。聴講する学生・院生の専門分野は実にまちまちで，哲学，倫理学，歴史学，文学，語学，社会学，心理学，社会心理学，人類学，考古学といった人文科学をはじめ，政治学，法学，経済学の学生もいれば，制度的に受講が可能なので自然科学の学生もかなり参加していた。それぞれの専門分野の知見に基づいて出される彼らの質問は，剃刀のように鋭く，バズーカ砲のように破壊的であった。本書にもられたトピックと記述が，当初のもくろみから多少はずれて専門性にやや片寄り，所々で細かい議論を展開してあるのは，このためである。

　本書は大学学部生を念頭に置いた宗教学の入門書であるが，もし内容がやや高度で詳細と思われる部分があれば，そこは質問を受けて突っ込まれた箇所と考えてほしい。このレベルまで論及しないと，学生たちは問いただすのをやめてくれなかったのである。逆に，いやに単純な論理しか展開していない箇所は，筆者の頭ではどうしても考えおおせなかった部分だと考えてほしい。ただし，あまりに議論が細部にわたったり，特殊な議論に入り込んだりした場合には，その部分にはインデントを施して文字を小さくした。この部分は，読者の関心に応じて読み飛ばしてもよい。本文だけを読んでいっても議論が途切れないようにしてある。ただし，インデントを施してあっても，引用文の場合には文字を小さくしていない。

　本書が他の概論書・入門書と目立って違うところは，各宗教の中身を一つひとつ取り上げ，紹介し，解説していないという点である。仏教で「阿鼻地獄」と呼ばれている場所はどのような所か，ゾロアスター教で死者が渡るとされている橋は何という名か，ユダヤ教の戒律で馬をつなぐ時にはどうせよと規定されているか，ヒンドゥー教でガネーシャの神はどんな力能をもっていると信じられているか，キリスト教の聖霊は父から発出されるのかそれとも子なる神からか。こういった知識は雑学クイズにしか役に立たない。宗教とは何か，なぜ

まえがき

人は宗教を信じるのか，宗教を信じてどうなるのか。本書の関心はこういった点に向けられており，それを明らかにするのに役立つ限りにおいてしか宗教史的事実に論及していない。なぜ 1930 年代以降，ドイツでナチズムが広範な支持を得たのか，その結果その後の世界史がどのような展開を見せたのか，そしてそこから浮かび上がるナチズムの本質は何か。こういった問題は，現代のわれわれにとって今なお第一級の問題である。しかし，ヒトラーの行きつけの床屋はどこで，彼は年に何回そこに行っていたか，ハーケンクロイツの旗はどんな布地で作られ，使用されていた色は色見本で言うと何番の色か，などといった問題は，いずれも非本質的であるのと同様である。

宗教学の扱う範囲は，ひとりの人間が論ずるにはあまりに広大である。したがってやや手にあまる論題の箇所もあり，愚考も含まれているものと思う。そうした箇所は軽く読み流し，よいところにのみ目をとめ，じっくり批判的に検討してほしい。なお，「ひとりの人間が論ずる」と言ったが，無論本書で展開されているのは，過去の学的遺産を継承した議論であって，とりわけ絶大な影響を受けているのがエミール・デュルケムであり，マクス・ヴェーバーである。本書のすみずみまで彼らの影響が及んでおり，彼らを直接引用していない場合でも，彼らの考えが随所で反響している。

最後に，本書のスタンスについてひとこと言及しておきたい。本書は非宗教的な態度で対象を考察し記述している。仏教的物理学だのキリスト教的代数学などがあり得るはずがない。同様に，宗教学も学問である限り，非宗教的に営まれるのは当然である。しかしこの当然の理が通用しづらいところに，宗教学の特異性がある。よく言われる屁理屈が，「宗教は本来，外側から観察されたり分析されたり議論されたりするものではなく，本人によって生きられるものだ」というものである。この発言自体が宗教に関する観察と分析と議論であることに気づいていないのであろう。しかも，観察・分析・議論なしに，学問が成立するはずもない。さらに，言語的に理解することなしには，宗教者自身も，自分が何を経験しているのかを知ることはできないはずである。本書はこうした考えとは相容れない。どの学問もしているように，本書は対象を公共的に認められるような仕方で観察・分析し，公共的に通じる言葉で記述することに努める。当然至極の理である。私のこのスタンスに対して「では学問とは別

まえがき

に，あなた自身の信仰的な立場は何なのですか」と尋ねられたことがある。その時は答えなかったが，今ならば，こう答えたい。「ご心配には感謝しますが，それはあなたの問題ではありません」。

目　次

まえがき i

第1章　はじめに：宗教の普遍性　　3
1.1　どの時代，どの社会にも宗教は存在する？ 3
1.2　啓蒙主義の見通し——世俗化へ向かう歴史法則 5
1.3　現代の宗教状況 6

第2章　宗教とは何か：常識を疑い，吟味する　　11
2.1　宗教は神崇拝ではない 11
2.2　宗教は超自然の観念で定義できない 21
2.3　宗教は死生観ではないし，死後存在・死後世界についての教説
　　でもない 31
2.4　宗教は究極的関心事ではない 36
2.5　聖俗の二分法 39

第3章　宗教概念批判とその吟味　　47
3.1　宗教概念の偏頗性 47
3.2　宗教という語あるいは宗教概念 49
3.3　研究は不可避的に本質探求になる 54

目　次

　　3.4　家族的類似性 66

第4章　宗教と非宗教の境界　　　　　　　　　　　　　　　71
　　4.1　ファシズム，共産主義などの政治上の主義 72
　　4.2　フランス革命祭典，アメリカの市民宗教，世俗的ナショナリズムなど 75
　　4.3　祭り 77
　　4.4　宗教性の薄れた慣習 78
　　4.5　社会的道徳運動・啓蒙運動・修養団体その他 79

第5章　信じるとはどういうことか　　　　　　　　　　　　81
　　5.1　信者・信仰の標識 81
　　5.2　信仰の度合い 83
　　5.3　愚か者が宗教を信じるのか 87
　　5.4　宗教を信じる人は非合理的なのか，あるいは人間はそもそも合理的か 91
　　5.5　合理性とは何か 99
　　5.6　信は知に先行し，知は信に基づく 105
　　5.7　認識することと肯定・賛美すること 107

第6章　宗教の構成要素　　　　　　　　　　　　　　　　113
　　6.1　信念 114
　　6.2　儀礼 114
　　6.3　教団 118
　　6.4　聖職者 118
　　6.5　生活 120
　　6.6　体験 122

第7章　宗教の機能　　　　　　　　　　　　　　　　　　131
　　7.1　機能的アプローチ 131

目　次

　7.2　救済約束と救済願望 133
　7.3　宗教と生活状況との相関 138
　7.4　意味づけの機能 145
　7.5　政治的・社会的機能 164

第8章　宗教の諸理論　　**171**
　8.1　なぜ人は容易に信念を捨てないのか：フェスティンガー 171
　8.2　信じることで何をしているのか：ウィトゲンシュタイン 180
　8.3　人間は真理に基づく自己肯定を求める：カール・バルト ... 189
　8.4　社会には世界観があり，それが宗教へと結晶化する：トーマス・ルックマン 196
　8.5　ホモ・レリギオーススの宗教学：ミルチャ・エリアーデ ... 203
　8.6　社会は宗教現象である：エミール・デュルケム 212

参考文献一覧　　**229**
人名索引　　**239**
事項索引　　**242**

コラム

　コラム1：彼岸的救済と現世利益　20
　コラム2：文化の総体としてのヒンドゥー教　48
　コラム3：インターネットと宗教　119
　コラム4：宗教による徹底した生活規制　123
　コラム5：よく知られた神秘的宗教体験　125
　コラム6：生と世界の意味を見失って　144
　コラム7：日本の敗戦を信じなかった人々　175
　コラム8：本当に先祖をおんぶするのか　189

宗教の見方

人はなぜ信じるのか

第1章 はじめに：宗教の普遍性

1.1 どの時代，どの社会にも宗教は存在する？

　宗教の概論・概説書には，人類のあらゆる時代と社会に宗教が存在したという記述が時々見られる。実際，宗教という現象は，時代的に見れば，歴史以前にさかのぼると考えることができる。考古学的データを解釈することは，文書に基づかない以上，推論によらざるを得ないが，旧石器文化にも既に神崇拝を示す遺物がある。最もよく知られ言及される証拠は，オーストリア・ヴィレンドルフ出土の女性裸像「ヴィレンドルフのヴィーナス」である。またフランス・ドルドーニュ地方のローセルで発見された「ローセルのヴィーナス」と呼ばれる岩に彫られた女性像も有名である。このレリーフは，一女性の肖像ではなく，母性ないし生命の源泉としての女性性を神格化し，象徴していると考えられる。発見された場所は，聖域であり，像が礼拝の対象であったことが推測できるからである。しかも像は，他の彫刻群の中心に位置する。旧石器時代の洞窟芸術には，妊娠した動物の描写が見られ，これも動物の再生産に対する関心を証拠立てるものであろう。新石器時代の母神ないし大女神の崇拝には十分な証拠があるので，おそらくこのレリーフはそれらの先行形態と考えるのが適切であろう。

　しかしながら，人類史に存在してきたすべての社会に関して，宗教の有無が確認できるわけではない。あらゆる地域の先史時代において，また歴史時代において，宗教の存在を示す証拠が残っているわけではない。

第1章　はじめに：宗教の普遍性

　そこで一般的には，人類史の中で宗教が存在しなかったことが知られている社会は存在しない，という言い方がなされる。しかしこのように主張できるかどうかもかなり微妙であって，宗教をどう定義するか，さらには社会をどう定義するかによる。宗教をどう定義するかは，このあと問い続けるのでここではひとまずおいておくことにして，社会をどう理解するかを考えてみたい。たとえば，次のような発言はごく普通に会話の中でなされるであろう。「学生野球の社会は，裏ではカネまみれである」。では，学生野球の社会には宗教もあるのか。学生野球の社会を「学者の社会」，「理髪業者の社会」などに置き換えてもよい。こうした日常会話における社会概念は，概念の不当な使用では決してない。となると当然，学者社会の宗教などがあるのか，理髪業者の宗教とはどんなものなのか，などといった話になる。

　社会には，国際社会や国民国家を念頭に置いた全体社会や，そこに含まれる地域社会，職業集団，家族などの多層的な部分社会がある。そのいずれにおいても意思疎通と相互行為が継続的に，かつ一定程度秩序化・組織化された形で行われており，したがって共同の関心を持った複合体を形成している。となれば，いま例としてあげた社会も，社会と呼びうる。そうであれば，宗教が存在しなかった社会はいまだ知られていないという発言には，かなりの留保が必要である。

　とはいえ，人間は特定の部分社会でのみ生活しているわけではない。部分社会の包括集合体としての広い社会に目を据えれば，これまでの人類史の中で，宗教の存在しなかったことが立証されているような時代や社会はないと，ひとまずは言えよう。少なくとも時代的にのみ見るなら，宗教はきわめて古い時代から普遍的に存在し続けてきたと言える。食事・睡眠・生殖・労働など，人間の生存に関わる活動を除けば，これほどの普遍性を持ったものは他にほとんどない。宗教という営みは人間にとって欠かすことのできない重要性を持っていると考えざるを得ない。次に述べるが，啓蒙主義は宗教を誤謬・錯誤ないし愚かさの産物であると考えた。しかし，宗教のこれほどの永続性と普遍性とを念頭に置くと，宗教をそのようなものと考えることには無理があると言わざるを得ない。

D・エヴェレットの報告に従えば，アマゾンの奥地に暮らす少数民族ピダハンの社会には宗教は存在しないと考えられる（エヴェレット，2012）。

1.2　啓蒙主義の見通し——世俗化へ向かう歴史法則

　人類史の中には，旧石器・新石器・金属器の発明や農耕の開始などといったいくつかの大きな転換点がある。宗教の存在に関しても，そうした節目が想定された。

　宗教の永続性と普遍性がいつも自明視されていたわけではない。歴史の進展の中で徐々にそれが消え去るというシナリオを思い描いていた人々もいた。ヨーロッパでは，17世紀以降，一般的に理性を重んじる思想と生活態度が力を得てくる。いわゆる啓蒙主義である。意識と生活の合理化が進むと考えるこの思想傾向の中で，19世紀から20世紀にかけて，宗教に関してその消滅を予想する一連の見方が出てくる。なかでもその典型として，コント，マルクス，フロイトを挙げることができる。

　コント（および彼の師であったサン＝シモン）によれば，社会は三つの形態を経て進化してゆく。神学的―形而上学的―科学的段階あるいは軍事的―法律的―産業的段階がその三つである（ちなみに，第二の段階は短期の過渡的段階なので，二段階の進化と考えてもよい）。この図式に従えば，神学＝宗教は科学に取って代わられることになる。

　マルクス（『ヘーゲル法哲学批判序説』）によれば，宗教は現実の苛酷さを意識の上でやわらげてくれる阿片である。社会変革によって人間性の抑圧が現実に終わる時，宗教はその役割を終え，なくなる。

　フロイトも『幻想の未来』において類似した見解を表明している。人生の現実は，あらゆる苦痛と危険に満ちている。人間はそれらの不安から逃れ，安全でありたいと願う。慈悲深い神の摂理や来世に対する信仰は，そうした願望が生み出した心理的補償なのだ。これは幻想であるから捨てねばならない。しかし絶望する必要はない。科学はその力を増しつつあり，いずれ人間を苦難から解放してくれるであろう。こうして幻想たる宗教は，科学と理性に取って代わ

られる。

　以上のような宗教論は，ほぼ啓蒙主義全体に通ずる見方でもあったが，その延長線上にあって最も先鋭化された例は，イギリス人類学の社会進化論に見られる。人類学の祖と言うべきタイラーの『原始文化』，またフレイザーの『金枝篇』においては，宗教は結局のところ，幼稚な精神の産物と見られていた。特にフレイザーは，呪術（世界の機械的コントロール），宗教（超越的存在者への祈願），科学（正しい因果律理解による世界支配）という進化図式を考えた。フレイザーは，呪術・宗教・科学の今後の進展についてはどれが支配的になるとも限らないという発言をしているが，やはり基本的にはこの三者を発展的図式で見ていることは否定できない。

1.3　現代の宗教状況

　「社会が近代化・合理化するにつれ，宗教は衰退する。したがって，現代社会は非宗教的・世俗的社会である」。われわれは，これを自明だと思っている。個人の意識に関しても，宗教は徐々に合理的精神によって取って代わられてゆくと多くの人が見ている。実際，こうした見方は，現代社会にはその裏づけとなる経験的証拠がある。すぐ目につくような日常的な事例を挙げてみたい。

　たとえば，古代社会や未開社会では，現実の日常的世界の背後に（あるいは下方や上方に），もう一つ別の現実の世界が存在するという信念が受容されていた。しかし，現代社会では，存在するのは感覚によって知られる世界とその中の実在物であり，それとは異なるもう一つの世界と（魑魅魍魎のような）実在という信念は，往事と比べるなら姿を消しつつある。

　宗教活動に関わる社会学的な統計からも，宗教の衰退は裏づけられる。西洋社会では，教会の礼拝への出席率など，宗教的実践への参与率は年々低下している。

　政治と宗教との関係も時代とともに明確に分離されるようになり，政教分離という原則は現代世界の主流となっている。

　宗教集団の組織力も弱まっている。たとえば，日本全国に神社は約8万あるが，神職は2万人しかいない。ほとんどの神社は，兼業の神職をもつだけ

であり，神社は普段，なかば放置されている。仏教寺院を経済的に支える檀家が減るなど，宗教集団の経済力も弱まっている。

しかし，宗教の「死亡予告」が発せられてから既に1世紀以上が経過しているにもかかわらず，また科学が格段に進歩・普及したにもかかわらず，依然として宗教は，一般的に言って，生き生きと活動している。経験的に目立つ事例を見ていこう。

人類史上で神殺しを企てた社会があった。1789年のフランス革命においては，革命の標的となったのは教権の第一階級と封建制を代表する貴族階級であった。革命の反教権主義はきわめて強かった。しかし，自由・平等・人権・理性といった革命の新しい価値原理が象徴化されて宗教的崇拝の対象とされたし，キリスト教もしぶとく人々の生活に根づいていた（革命祭典については，立川（1989）を参照）。そして結局のところ，現在に至るまで，フランスからキリスト教が消滅することもなかったのである。

ソ連では，社会主義政権誕生以来，宗教はもはやないという建前にはなっていたが，ソ連崩壊後，潜在していたロシア正教が表舞台に一気に復活してきた。それは抑圧の期間中も，人々の間にしっかりと息づいていたわけである。

現代世界で最も近代化・産業化が進んだ社会は，アメリカ合衆国である。特に経済と学問の領域でこの社会ほど目的合理化の進んだ社会はない。しかし同時に，合衆国ほど宗教的な社会は先進国の中で存在しない。啓蒙主義的歴史観から見る限り，この事実は理解しがたい逆説的な事態である。

以上の諸例は，宗教の根強さを示す単発的な事例にすぎない。これに対して，1970年以降に目立ってきた現代世界で噴出する宗教復興の大波は，特別な注目を要する。イスラーム復興の動きはとりわけ注目を集めやすいが，それは一例にすぎず，キリスト教の世界でも大規模な復興運動があり，ヒンドゥー，仏教の世界でも同様な動きが著しい。世俗化ないし宗教の衰退といった歴史の流れが逆行したかのようである。

日常的経験を振り返ってみても，宗教的なものは総体としては減少していないのではないかと考えさせる事実が身のまわりに散見される。

たとえば，科学の進歩と反比例するかのように非合理的なものが減少するというのは，どこまで本当だろうか。祖霊のたたりを恐れて高額の商品を買わさ

第 1 章　はじめに：宗教の普遍性

表 1.1: 世界の主要宗教の信者数

キリスト教	22 億 5400 万人
イスラーム	15 億 0000 万人
ヒンドゥー教	9 億 1360 万人
中国伝統的宗教	3 億 8720 万人
仏教	3 億 8400 万人

れる人，あるいはたたりを避けるために高い供養料を払って水子供養をする人は多い。星占い，血液型，念力などといった現象の流行は，決して日本だけの現象ではない。オカルト映画や心霊現象のテレビ番組など，オカルト文化と総称してよいような文化現象は廃れない。

　宗教儀礼への参与も，弱まっているとは必ずしも言えない。日本人の結婚には宗教が関わるし，葬儀でもそうである。多くの親は，七五三で子どもを神社に連れていく。ただし，そうはいっても人々の信仰心が篤いというわけではないであろう。

　宗教集団の活力も，新宗教の運動を見たりすると，依然としてかなり強いのではないかという印象を受ける。特に私たちの身近では，種々の集団が社会問題を起こしたりして耳目を集めることがある。政治の面でも宗教の力は，とりわけアメリカ合衆国や日本を見る限り，相当の影響力を持っていると考えざるを得ない。

　最後に，百科事典『ブリタニカ』年鑑 2009 年版によって主な宗教の人口統計を見ておきたい（表 1.1）。宗教が人類にどれほど広く深く関わっているかが数字として理解できる。

　こうした統計は，一人ひとりの宗教調査を実施した結果に基づくわけではなく，粗い目安にすぎない。何をもって信者と見なすのかという指標を厳密に定めたうえでの統計でもない。しかし，それにしてもこの時点での世界の総人口が約 68 億人であるという事実を考慮するなら，決して無視できない数であることだけは理解できよう。

　以上のような諸事実を踏まえると，世界が直線的に非宗教化していくという見方には同意できない。ただし，今後の長い歴史過程の中で宗教がどういう道をたどることになるのかは，そう簡単には結論が出ない。ここでは少なくとも

宗教が世界中のどの社会においても，そして膨大な数の個人に対して，依然として広範な影響を強く及ぼしているという事実を指摘するにとどめておく。

第2章 宗教とは何か：常識を疑い，吟味する

　文化庁が1961年に刊行した『宗教の定義をめぐる諸問題』を見てみると，そこには宗教の104の定義が収録されている。その内容を検討しなくとも，既にこの事実が宗教の多様性を，そしてそれゆえ定義の困難性ないし不可能性を十分に示唆している。宗教という名で呼ばれている諸現象は非常に多様なので，宗教全般に当てはまると考えられた共通属性で宗教を定義しようとすると，確かに多くの，場合によってはほとんどの宗教に妥当するものの，一方でそこから常にはみ出してゆく宗教が存在するのである。それゆえここでは，巷間に流布している宗教理解（すなわちよくある世間の誤解ないし思い込み）を取り上げ，それらがいかに不十分であるかを説明してゆく。先入見と思い込み，あるいは勝手な決めつけを取り上げることによって，改めて宗教とは何かを考え直したい。

2.1 宗教は神崇拝ではない

2.1.1 神なき宗教

　まず，自分の生きている文化が一神教の伝統を有している場合には，人々は「宗教とは神に対する信仰である」と考える傾向がある。特に欧米社会では，

キリスト教を基準に宗教を考える傾向があり，こうした見方をする人が多い。確かに歴史的に見て，神を崇拝する宗教は数多く存在する。実際，冒頭に紹介した「ローセルのヴィーナス」のように，神崇拝は先史時代に遡ると考えられる。

しかし，「神」とひとことで言っても，神観念自体が実は多様であって，何をもって神の観念というかは確定しがたいのであるが，その問題をひとまずおいて，ともかく宗教は神への崇拝であるというならば，ただちにいくつかの現象が反証として挙げられる。神がまったく存在しない宗教が多々あるのである。

確かに，多くの宗教は神に対する信念である。しかし，世界中で多くの信者を獲得している宗教，その意味での世界宗教である仏教は，人間がいかにして人生の現実であり本質である苦から脱して解脱へ至るかという，無神論的教説であった。仏教の根本教説を一つあげるなら，それは四諦の教説である。すなわち

1. 凡夫の生存は苦しみであるという真理。苦悩とは，生（うまれること）・老・病・死・いやな人に会うこと・愛する者と離別すること・欲しいものが得られないことである。この真理を苦諦という。
2. 苦悩は煩悩・妄執に基づいて起こる，すなわち欲望を満たそうとすることによって引き起こされる。この真理を集諦（じったい）という。
3. したがって，苦悩は欲望を止滅させることによって克服される。妄執を制し，苦しみを滅したニルヴァーナが理想郷である。この真理を滅諦という。
4. 欲望と苦しみの止滅に導く八つの修道法＝八正道がある。この真理を道諦という。

ここに神は存在しない。原始仏教では，ブッダは何ら神格化されていない。それゆえ仏教は，西洋ではしばしば倫理学へ分類されることがあり，ニーチェは仏教を生理学ないし衛生学と呼ぶほうが適切であるとさえ言う（ニーチェ，1969）。同じくジャイナ教にも神格が存在しない。ジャイナ教は，紀元前5世紀頃，マハーヴィーラによって開始されたインドの宗教である。ジャイナ教の

教えの根幹は，宇宙を構成する五つの基本的実在（動・静・空間・物質・霊魂）に関する教説，輪廻転生の教説，輪廻を解脱するという理想，そのための禁欲と苦行などからなっている。

　さらに別の事例もある。儒教もいわゆる世界宗教の一つである。実際，ヴェーバーの畢生の大著『宗教社会学論文集』の中の「世界宗教の経済倫理」にも，ヒンドゥー教，仏教，キリスト教，イスラームと並んで，世界宗教の一つとされている（「世界宗教」そしてこれと対になる「民族宗教」は問題の多い概念であり，便宜的にのみ使っておく。これについての最も優れた考察は，増澤知子「比較とヘゲモニー」，磯前／アサド（2006）所収である）。ところがこの儒教には，神格が存在しない。確かに『論語』には，天，神，鬼神などの言葉が見える。しかしそれをもって儒教を，神格を崇拝する宗教であると見なすなら，大きな間違いを犯すことになろう。そもそも儒教が宗教か否かがまず問題なのである（これに関しては，土田（2011）を参照）。ヴェーバーは『儒教と道教』の中で，儒教の本質を次のように要約する。「儒教は，仏教とまったく同様に，単に倫理にすぎなかった。しかし，儒教は，仏教とはきわめて対照的に，もっぱら現世内的な世俗人の人倫であった。しかも，現世とその秩序と因習との適応であった。いやそれどころか，もともと，教養ある世俗人のための政治的準則と社会的礼儀規則との巨大な法典にすぎなかったのである」。とはいえ，その反面で儒教は宗教的要素を多分に含んでもいる。実際，大衆レベルを見てみれば，孔子廟では人々は孔子の塑像を礼拝し，香を焚き，供物を供えて，廟は宗教施設に等しい。それゆえ，身近な経験で言えば，長崎の孔子廟を宗教施設と見なさないのは難しい。さらに，『論語』を離れて，民衆の中で受け止められてきた姿で儒教を見るなら，そこには魂魄などの霊観念は存在するものの，神観念と見なしうるものはない。

　さらに，宗教を神崇拝と同一視するならば，死者の霊や精霊への信仰は宗教ではないことになるのか，という疑問がわく。そもそも，宗教学の草創期に，宗教の最も原初的な形態として考えられたのが，アニミズムであった。それは，動植物や無生物に至るまですべてが，人間と同じように霊魂（soul）を持って生きているという考えである。自然物の崇拝もこれに基づくとされる。提唱者のタイラーによれば，霊魂が次第に個性的な性質を持ち，一定の姿を

取るようになると精霊（spirit）の観念が生じ，それがさらに進化すると神祇（deity）および神（god）の観念になる。霊魂観・精霊観の発生および神観へのこうした進化図式は，現在では受け入れられていないが，それはともかく主として未開民族に見られるアニミズムの現象は，やはり宗教から排除するのが困難である。ただし，精霊や神祇を神格の一形態と考えるなら，アニミズムをも神崇拝と見なすことは可能であろうが，そのためには神観念の変更ないし拡張が必要になる。

アニミズムを前提としながらも，その批判として提唱されたのが，プレアニミズム説である（マレット，1964）。この説は，外界の諸事物が霊魂を持つという観念が成立する以前に，いっそう単純で非人格的な力の観念があったと想定し，それがもとになって呪術や宗教が成立したと考える。実際に時間的にアニミズムに先行していたか否かは実証できず，またどこまで霊魂観と切り離されているのか疑念は残るが，少なくともアニミズムとは一応区別されうる宗教の形態であろう。メラネシアのマナ（mana）信仰などが最もよく知られている。これ以外にも，単なる物理的力ではなく，人間にとっては善にも悪にも働き，それを所有し支配すれば最大の利益を得るような超自然的な力に対する信仰が世界中に広く見られる。こうした非人格的な力に対する信仰もまた人間の宗教性をよく示しており，これを宗教から排除するのは困難である。

このほかにも性器崇拝，太陽崇拝など，神観念のない宗教は無数に存在する。性器崇拝とは，男根や女陰の崇拝によって示される生殖力・豊饒力に対する信仰で，先史時代にさかのぼり，世界中に分布している。

万物を陰と陽の二種の気の作用として説明する陰陽五行説は，日本に渡来後，時とともに確かに神事に取り入れられ，密教儀礼とも結びついていった。とはいえ，一般の人々は病気・火事などの災いから身を守るため，あるいは長命・栄達などの願望成就のため，陰陽師に日時や方角に関する禁忌を尋ね，その卜占に頼った。これが陰陽道の基本である。

地球外生物に対する信念および UFO 信仰も挙げられよう。よく知られているように，地球外に生物のいることを信ずる人がいる。なかには，それらの生物とテレパシーその他による霊的交信を取り，地球への来訪の場所と日時を予言するグループもある。この種の信仰としては，集団自殺で有名になったヘヴ

ンズ・ゲートやクローン人間の製作でニュースになったラエリアン・ムーブメントなどを考えることができる。こうした諸現象にも神はいない。さらに，新宗教，とりわけサイエントロジー教会，超越瞑想などといった外国の新宗教には明確な神格を持たないものが多い。

こうしてみると，神の存在によって宗教を定義しようとすることが宗教現象の実態にいかにそぐわないかが理解できよう。

2.1.2 　神とは何か

この問題は，突き詰めれば神とは何かという問題に突き当たる。身体や心に関して擬人的であり，特に固有名を持つ超人間的存在は，しばしば神と呼ばれる。厄介なのは，この人格性の度合いが連続的に増減することである。類型的に言えば，人格神，デーモン，精霊，呪力という具合に漸減する。精霊は，万物に宿る霊的存在（spiritual being）である。デーモンは人格神と精霊との中間的性格を持つ存在である。呪力は非人格的であり，通常これは神格と見なされない。シャマニズムは，シャマンが超自然的存在である神霊，精霊，死霊などと直接交渉し，卜占，預言，治病などを行う。この場合の神霊，精霊，死霊などにどの程度の人格性を見るかが問題となる。通常は神観念をディナミズム的・アニミズム的・有神論的という三類型に分ける。宗教的礼拝の対象となる限り，このすべてを神観念であるとする意見もあるが，そうなると神観念が広くなりすぎ，ほとんど意味を失う。したがって問題は，アニミズム的観念を神と見なすか否かということになる。見なさないという見解のほうが一般的ではあるが，男根を模した金精様などは人格神というより力と生命の原理に近い。

　　日本語における「カミ」の多義性を伊藤聡が指摘している。それは霊的なものであり，神霊，怨霊の存在を含む。またそれは，宇宙における神秘的な作用であり，鳥獣草木・海山など天地の何であれ尋常ならぬ威力を持った畏怖すべきものである。さらにそれは，心中に宿る精神であり，記紀の神，また神として祀られる人でもある。これだけ概念内容の幅が広いと，諸現象を類型化するための学問的概念としては使いようがなくなる。

また，身体や心に関して人格的・擬人的であり，特に固有名を持つ超人間的

存在であれば，それをすべて神と呼んでよいであろうか。しかし，テレビのスーパーマンは神ではない。

さらに言えば，イスラームのアラーは最も典型的な人格神ということになっており，誰もそれを疑わないが，本当にこれは人格神なのであろうか。まず，この神は固有名を持たない。アラーは神を意味する普通名詞であって，固有名ではない。アラーは身体を持たず，したがって姿がない。物質的・物体的実体をもたない実在である。これと霊という観念とを区別することはできない。

なぜかくも神観念に関して錯綜した状況になっているのか。答えは簡単で，神，霊，呪力という諸観念が厳密な定義とともにまず存在し，その後に多様な宗教文化が発展したわけではなく，まず多様な宗教文化が人類史の中で展開していて，それを研究者が諸カテゴリーを作って腑分けしたというのが歴史的実態なのだ。しかし人工的なカテゴリーでは決して割り切れない多様性と連続性を備えているのが現実の諸宗教なのである。現実は客観的にきりよく分けられているわけではないのだ。宗教を神崇拝であると規定することが妥当かという問題と同時に，「神」という概念で同じことが考えられているのかという問題もある。神観念のありようは一様ではなく，多岐に及ぶ。

2.1.3 一神教という類型の再考

宗教とは何かという考察を進める上ではかなり脇道にそれることになるが，一神教という最も典型的な神観に関わる常識をここで批判的に吟味しておく。宗教とは何かという議論の本筋だけを追いたい場合には，本項を飛ばして2.2へと読み進まれたい。

巷間，神が単数か複数かに従って宗教を一神教と多神教とに二分する。この二類型に従って文明を排他的文明と寛容な文明とに区分する俗論が跋扈している。粗雑な議論ゆえ無視してもよいのだが，学問的に認められているかのような誤解を広めることになりかねないので，（本格的反論はここでは無理であるが，せめて）一神教の多神教的性格を指摘しておく。

一神教と言えば，誰しもがすぐにユダヤ教，キリスト教，イスラームを思い浮かべるであろうし，これだけで信者数が世界人口の過半数を占める神観念の

最も代表的な類型である。ユダヤ教の一分派としてキリスト教が派生し、ユダヤ教とキリスト教をいわば先行モデルとしてイスラームが成立したので、これら三宗教は同一ルーツの宗教と考えることができる。これらがいずれも厳格な一神性を唱えるのは、このためである。しかし、論理的に厳密な意味での一神教を念頭に置いて現実を子細に検討してみるならば、こうした実際のいわゆる一神教にはかなりの留保が必要になってくる。

まずユダヤ教から言えば、古代ユダヤの神観は、厳密な意味での一神教ではない。イスラエル人は特定の一神とのみ関係を持ち、排他的・独占的崇拝が成立しているものの、種々の先住民がそれぞれの神を崇拝していることが知られており、他の諸神の存在そのものには何の疑問もいだかれていない。唯一存在する神への崇拝という意味での一神教への移行は、前6世紀のバビロン捕囚期の預言者たちを通じてはじめて達成されたのである。

また、ユダヤ教には、神のみ使いとか、聖所を護ったりする種々の超人間的存在がいる。これらが神ではないというのはユダヤ教の自己申告であって、第三者が常識的に判断するなら人間を超越した神的存在と見ることができる。この意味では、それらは多神教的要素だと考えることができる。

ユダヤ教を母体として成立したキリスト教は、ユダヤ教の一神教を受け継いでいる。しかしキリスト教が一神教であるというのは、これまたキリスト教のいわば自己申告であって、その一神教的性格は客観的に吟味されるならば、かなり割り引いて理解されねばならない。

キリスト教では、天上の超越神である父なる神のほかに、子なるイエス・キリストも神であり、聖霊も神である。もちろんこれは三位一体として一人格の三つの位格（ペルソナ）とされている。しかしこれを三神ではないとするキリスト教の論理は、容易に納得できるものではない。ペルソナとは、元来①「仮面、マスク」、②「芝居の役」という意味で、ここから「人格」という意味になり、さらに「位格」という意味に使われた。キリスト教神学によれば（といっても相当なヴァリエーションがあり、その中の主要な一つによれば）、位格とは存在様態であり、働きの違いであり、決して三人の神がいるわけではない。しかし、三様の働き、三様の存在様態、三つのペルソナの背後ないし裏側に一人の神がいると理解されているわけではない。場面に応じて三つのマスクをかぶ

り分ける，マスクとは違った一人の本物の俳優がいるわけではない。父・子・聖霊の三つのあり方を同時にしている一人の神が存在するのである。神は常にこの父と子と聖霊以外では存在せず，しかも一人の神である。

　当然のことながら，一般大衆レベルでこのような三位一体的神観念が理解されているわけではない。例えば三位格はしばしば絵画の中で三人の人間として描かれてきた。あるいは，父なる神は白いひげを生やした老人であり，キリストは栗色の長い巻き毛の青年であり，聖霊は光り輝く鳩で象徴されている。一般大衆は，言葉の上で三神を否定しても，三位一体を理解し説明できるわけではないのである。というより，そもそもこういう非論理は，誰にとっても理解の対象になる問題ではない。

　この問題は，外側から見て納得しがたいというだけではなく，古代キリスト教の内部でも激論が交わされた問題である（ひどい場合には意見の対立する両派が武装して対峙した）。神は唯一であると主張しつつ，キリストは神であるというならば，神は二人になる。種々の妥協案が出された。たとえばウァレンティヌスという古代の神学者の唱えた説によれば，キリストは唯一神の現身であって，それゆえ飲食はしても人間のように消化や排泄はしなかったのだという。この種の珍説・奇説はすべて，多神教のそしりをいかに免れるかという苦心の産物と見ることができる（古代のキリスト論論争については，水垣／小高（2003），渡辺（2002）などを見よ）。

　さらにカトリシズムにおいては，聖母マリアの位置づけは，実質的に神にかなり近い。カトリック教会にマリアの神性をまともに問えば，間違いなく明確に否定される。しかしながら，彼女は人類の中で原罪を負わない唯一の例外であって，罪人たる人間と神との仲立ちをする地位さえ占めている。これはキリストに準ずる地位であり，民間の信心ではキリスト以上ですらある。したがって，しばしばカトリック教会では，礼拝堂の中央にある像は，十字架のキリスト像ではなく，幼子のイエスを抱いた聖母像であったり，マリアだけであったりする。人々は彼女に向かって礼拝を捧げるのである。

　キリスト教の多神教的性格は，これ以外にも顕著に認められる。キリスト教では，天使，デーモン，精霊といった人間と世界を超えた霊的・超越的存在が種々聖書の中にも登場するが，カトリック世界ではそれが増幅された。教義的

には，宗教改革においてさえ，こうした存在が根絶されたことはなかった。建前上，神ではないということになっているということと，現実の日常的宗教生活の中で，人間を超え，人間が依存する神的存在であるということとは，別の問題なのである。後者の存在を神として見るか否かは，根本的には定義ないし解釈の問題である。さらに言えば，アジア，オセアニア，アフリカ，南米に広まったキリスト教は，魑魅魍魎の跋扈するアニミスティクな信念世界であると言っても過言ではない。

多神教的性格が特に顕著なのは，守護聖人の存在である。諸聖人の間には，人間の多様な救済願望に応じた特殊な機能ごとに分業が成立している。これは事実上の多神教と言ってよく，実際ローマの多神教はキリスト教の守護聖人崇拝の中に継承されたと見ることもできる。ちなみにキリスト教では，聖人崇拝と神崇拝との間に一線を画しているとはいえ，それは教義上の建前であって，宗教学的に見ればどちらも人間を越える存在に依存し，不可思議な効験を祈願する点で変わりがない。

同様の多神教的性格は，イスラームにも認めることができる。まず，イスラームにも，ジンや悪霊といった超越的存在がいるが，もっと大きな問題がある。イスラームで言うイマームとは信者集団を統率する指導者であるが，シーア派では，イマームはイスラーム共同体の統治者であるだけではなく，あらゆる知識を有した絶対的な宗教的権威である。しかしイマームの無謬性が主張される場合には，イマームは一種の超人と位置づけられるようになり，超人的なイマーム像は，イマームの神格化に道を開くことになる。たとえば，イマームは天地創造以前から存在した宇宙の原型であり，神の光あるいは聖霊を宿す超越的存在だとされる。この延長線上で，イスラーム史では，イマームを神格化する極端な集団がたびたび出現する。輪廻思想を持った派（ハッターブ派）もあり，詳細は不明だが，イマームたちは輪廻に基づいてそれぞれが神であり，神が彼らの身体の中に入り込むのである。

シーア派のマフディー論にも言及せざるを得ない。乱れた社会秩序を正すために終末の前に再臨し，地上に千年王国を築くイマームは，もはや単なるイマームではなく，救世主であり，メシア＝マフディーである。神の唯一性という教義の根幹は変わらないとしても，救済宗教の第一の関心事は当然救済に

あるのであるから，マフディーが限りなく神格化されていることは明らかである。

以上に見てきたとおり，一神教という教義上・建前上で打ち出されている言説と，信者たち，特に大衆の現実の宗教生活に見られる限りで，神観に関して言われるべき帰結とは，別物だということである。

コラム 1：彼岸的救済と現世利益

　キリスト教を厳格な非呪術的・彼岸的救済宗教と見る日本人にとって，聖人崇拝と並んで意外なのが，聖遺物の信仰と崇拝である。ローマによる迫害の時代からすでに，聖遺物の崇拝が行われ，その後も組織的に発展していった。最初の殉教者ステファノの遺骸，洗礼者ヨハネの頭部，パウロがつながれた鎖，さらにはイエスがつけられた十字架やその上に打ち付けられた罪標なるものが「発見」され，さまざまな霊験あらたかなものとして崇拝の対象となった。キリスト教から見て異教徒たち，すなわちキリスト教徒以外の人々は，このような現実を嘲笑していた。異教の偶像を聖人と差し替えただけで，奇跡を乞い願う宗教性の性格は何ら変わらないではないかというのである。救ってほしい苦難があれば，頼りにしたい存在が生み出されるということなのである。この宗教性はその後エスカレートし，12世紀のある修道院が収集した遺物の目録が残っている。キリストをくるんだ産着や彼が履いた靴，十字架上で脇腹から出た血と水，キリストの遺体をくるんだ聖屍布，マリアの毛髪，モーセの杖など，「よくもぬけぬけと」と思う品々が並んでいる。ルターの宗教改革の機縁となった贖宥状を大がかりに販売していたマインツの大司教アルブレヒトは，聖遺物の常設展示も行っていて，その中にはイサクの遺骨，荒野で降ってきたマナ，モーセの燃える柴，キリストがかぶらされた茨の冠，ステファノを打ち殺した石の一つ，諸聖人の完全な遺体などが含まれていた。どれもこれも噴飯ものである。聖遺物崇拝は，古代中世固有の宗教的慣習ではない。18世紀末になっても，フランスの大聖堂などでは荒唐無稽な聖遺物が陳列されていた。カナの婚礼のかめとブドウ酒，聖母マリアの衣服の切れ端や毛髪，キリストの十字架の一部，諸聖人の遺骨などである。宗教学的に見れば，特殊な霊力に対する信仰とかマナ信仰とかフェティシズムなどと言われてしかるべき慣習である。

　ほぼ同じ指摘がイスラームに関してもできる。たとえば，イスラームで一つの大きな潮流をなしたスーフィズムでは，聖者信仰や聖廟参りなどがさかんに行われていた。しかし聖者信仰は，スーフィズムを越えて，スンナ派でもシーア派でも広く見られた現象である。聖者たちは，特別な超越的力によって，常人には不可能な奇跡を起こし，読心術や瞬間移動のような超能力を発揮し，病気の治癒・招福除災といった現世利益をかなえる存在として崇拝の対象となった。人々は聖者の遺体・遺物・墓には霊力や神の祝福の力が宿ると信じていたからである。

　現代のイランでは，聖地やそこに祀られている聖人は，今日なおムスリムたち

の間で人気を博し，彼らの難儀を解決してくれる身近な存在として崇拝されている。世界中のどこでも見られる願掛け儀礼信仰であり，人々は良縁，妊娠，出産，病気回復，合格，就職，借金返済などの願望成就を期待する。信者たちは，種々の願い事を携えて，昔から参詣地に足を運んできた。聖人に供物を捧げ，聖地の入り口，門，扉，墓石などに直接手で触れたりキスをしたりする。これによって，神や聖人から御利益を得ようとする。このような聖地への参詣は，ズィヤーラトと呼ばれる。それは，イスラームの教義からみれば主流からはずれ，法学者から批判されることも多い。しかし，現世利益を求めるのは大衆の常であり，彼らの間ではいつの世も根強い人気を保ってきた。

世界中のどこでも，現世利益を求めるのは大衆の常である。厳格な一神教と言われるユダヤ教，キリスト教，イスラームも，その内部に立ち入れば，建前では割り切れない潮流が種々息づいているということである。聖典，高位聖職者，神学・教学の類いなど，教団や権威を代表するもので説かれている内容はもちろん重要ではあるが，それらと，民衆における宗教の実態との間には，距離がある。建前と実態とは相まってともに宗教の総体をなすのである。

しかも，見方さえ変えれば，世にある宗教の中で，現世利益を追求しない宗教など存在しない。すべては神のためと言って現実に自己の生活の一切を犠牲にしようとも，そうすることが本人にとっての最高の至福である限り，しょせんは自己の利益を目指していることになる。来世志向も，そうすることが本人の心理的満足である限り，現世志向である。要するに，世界にある一切の現実は，それをどこから見るか，どう記述するかで相当に異なる範疇に入れることができる。現世と彼岸，利益追求と自己放棄，帰依と呪術等々の概念で現実を固定的に捉えるべきではないのだ。

2.2 宗教は超自然の観念で定義できない

宗教はしばしば「超自然」の観念によって定義される。この場合には，宗教は人間理性を越えるもの，神秘，不可知の世界ないし実在についての信念であることになる。しかし，こうした定式には難点がある。

2.2.1 超自然的観念ではあっても宗教とは呼ばれない現象

以下の引用を語っている人は，21歳の女子大生である。四国の田舎の出身で，3年前に大都市にある某女子大に入学した。合コンの時に出会った某大学のAという男子学生のことが心から離れなくなってしまった。Aは彼女には

何ら関心がなく，実際には二人はコンパの時以外には会っていなかった。以下は彼女の話である。「いつでもどこでも A が私に絶えず行動の指示を送ってくるのです。彼は遠く離れているのですが，テレパシーで全部伝わります。彼は私にすごく気があるので，いつでも私を監視しています。ほら，今あそこの電柱の陰に犬がこちらを見てますよね。あれが A で，ああやって犬にばけて私を見張っているのです」。

彼女の話は，明らかにわれわれにとって理解しがたく不可知で超自然的な内容を含んでいる。しかし，これを宗教と見なす人はほとんどいない。実際，この話は統合失調症の症例報告に基づいて作ったものである。

一つの思考実験をしてみたい。「@？♯♪？……」と呪文を唱える回数に応じて商売が繁盛したり，その他の現世利益が得られると固く信じている人がいたとする。しかし同時にこの人は，人生は実直な努力によってのみ築くべきで，安易に呪術宗教的行為に頼るのは不道徳であると考え，したがってこの呪文を唱えることはない。この人は超自然的な因果関係を信じているだけで，宗教を信じているのでも実践しているのでもないのではなかろうか。

宗教であるためには，これらにはいずれも何かが欠けている。それが何かはのちに考えることとして，ここでは超自然的な観念自体は，宗教を構成しないことだけをひとまず確認しておく。

2.2.2 「超自然」は前近代では自然を超えない

まず，超自然というこの観念は，歴史上遅くにしか現れなかった。近代の農夫にとって，豊作をもたらすための経験的に実証された技術的手段——堆肥はせめて三年ものを使え，石灰は有機石灰に限る，水のやりすぎは根腐れを起こす，鍬は少なくとも地中 30 cm は入れろなど——は不合理ではない。それらと結果との間の因果連関は，彼らにとって経験的に確かである。しかし同様に，未開人にとって，豊作をもたらすための儀礼は不合理ではない。彼らは，儀礼の道具を決まり通り作り，決められた所作を滞りなく行う。それらと結果との間の因果連関は，彼らにとって経験的に確かである。現代のわれわれから見れば不合理な説明も，彼らにとっては経験によって幾度も確かめられた自然

なやり方であった。われわれから見れば超自然的としか思えない力も、彼らにとっては親しみ深く、何ら神秘・不可知という性格をもっていない。彼らが呼びかける豊穣の神々も、豊穣の霊も、豊穣の呪力も、彼らにとってはなじみ深く、われわれと共にこの世界に属するものである。さきほど言及したマナも、それを信じている当人たちにとっては自然に内在する力である。われわれにとっての超自然は、彼らにとっては決して自然の外側にあるのではなく、自然を越えてはいないのである。

2.2.3 超自然とは何か

それでは、上の例で、未開人の信念が誤っていることがその超自然的性格の所以なのであろうか。この考えがおかしいことは、ただちに見て取れるであろう。われわれは実に多くの間違った信念を抱いている。そして間違った信念が超自然性の基準であり、それゆえそれが宗教であることになるのであれば、人間の日常は宗教であふれかえってしまう。超自然的認識と錯誤の認識とを区別することは、かなりむずかしい。「ビタミンCの摂取は風邪を予防する」というライナス・ポーリングの主張（科学？）と、「サルノコシカケはガンを治す」という主張（迷信？）と、「とげぬき地蔵のお札を飲めば病気が治る」という主張（宗教？）を区別するものは何なのか。信念内容の真偽が超自然性の基準となるわけではないのである。

それでは、未開人の信念が経験に基づかないことがその超自然的信念の本質だと言ってよいであろうか。しかしこれもおかしい。未開人の儀礼に対する信念は、近代科学に基づくわけではないが、経験的に積み重ねられてきた知識、たとえば森を焼き払ったあとでは植物はよく育つという知識と、経験知としては同等である。両者は共に、これまでの経験で、それぞれ主観的には何度も確認されてきた知識だからである。

それでは、未開人の信念が科学的方法に基づかないことが、その超自然的性格の根拠なのであろうか。これもまた奇妙である。まず、現在われわれの知っている科学が成立したのは、17世紀のヨーロッパにおいてである。とすれば、それ以前の知はすべて宗教であることになってしまう。

また，われわれは知識を獲得するとき，われわれ自身が科学的方法を駆使するわけではない。われわれが実際に所有している知識は，ほとんどが聞いたこと・習ったことにすぎない。われわれは富士山の高さを自分で計測などしない。しかしわれわれはその高さを「知っている」。それは，そのように習ったということであり，それを教えてくれた人をわれわれは「信じた」のである。

2.2.4 「超自然」は近代的概念

神々や神霊や呪力といった観念が提示されると，われわれはただちにそれらに「超自然」というラベルを貼る。しかしこれらの諸観念が指し示す諸対象は，たとえばそれを信じる未開人にとって，決して自然の外側にあるもの，すなわち自然を超えるものではない。彼らにとって，それらは世界に内在するなじみ深き存在であり，それらを「超自然」と呼んでいるのは，われわれ現代人である。「超自然」の概念は，事物の自然的な秩序，諸現象を必然的に支配する機械的な法則，といった観念を前提とする。それがあってはじめて「自然の範囲を超えるもの」＝「超自然」＝「秩序・法則に反するもの」という観念も成り立つ。しかし，こうした前提は近代科学が打ち立てたものにすぎない。したがってこの前提が存在していない時，すなわち近代科学の成立以前には，超自然も存在しえないことになる。

　　宗教を「超自然」という特性でくくろうとするのは，宗教を科学との二項対立で捉えることと密接に関わっている。人間の知の総体を呪術・宗教・科学に三区分したのは，最初期の宗教学者，フレイザーであった。この区分で最も大きな分割線は，正しい因果律理解に基づく科学と呪術・宗教との間に引かれる（呪術と宗教との区別は，いわば下位区分である）。マリノフスキーは，無文字社会にも科学が存在することを指摘してフレイザーを修正しようとしたが，科学との対立による知の区別自体は引き継いでおり，それゆえ彼の主著は『呪術・宗教・科学』と題されている。
　　科学と非科学という区分を知の総体に当てはめることは，歴史的に見れば西洋近代に固有の分類である。インド，中国，バビロン，エジプトなどには，経験的知識の集積，詳細な観察，世界と人生に関する深遠な思索が存在した。しかしこれらは，たとえばヴェーバーに従えば，科学ではない（ヴェーバー「宗教社会学論文集序言」，ヴェーバー（1976）所収）。バビロンの天文学には数学的基礎が欠けており，インドの幾何学には合理的証明の手続きがなく，インドの自然科学には合理的実験が欠

2.2 宗教は超自然の観念で定義できない

如しており，アジアの国家学説には体系性や合理的概念が欠けていたというのである。得られた知を数学化し，合理的実験によって不断に批判的に検証する営みを科学と見なすのであろう。しかしこの科学概念は，特定の歴史的文脈の中で形作られていった構成物にすぎない。それを客観的実在であるかのように考え，まったく文化的文脈の異なる世界に適用することの正当性が問題なのである。科学概念を拡張して，西洋古典科学や非西洋科学にまで押し広げても，事態は変わらない。知のあり方に関して，当人たちがまったく念頭に置いていない理解カテゴリーを当てはめて記述することが正しい理解につながるのかというのが，問題なのである。もちろん，人間は自分があらかじめ携えている理解カテゴリーを当てはめずには何事も解釈できない。しかし，それは客観の側に元来ないものを解釈によって読み出している，ないし読み込んでいることを自己批判的に自覚していなければならない。

理解というものは，行為の主体と解釈者とが同じ理解カテゴリーをもってはじめて成立する。男が森で樹木に鋭利な金属を思い切りぶつけているのを見るという知覚だけでは（これもすでにただの知覚ではあり得ないのだが），理解にはならない。体を鍛えていると見るか，木こりが木を伐採していると見るかは，行為者の志向図式と観察者の解釈図式との関係次第なのだ。

南太平洋のトロブリアンド島民を調査・研究したマリノフスキーは，未開人には科学や論理的思考が欠けているというそれまでのレヴィ＝ブリュルらの説に反対して，現地人の精神にも「科学的」「論理的」「経験的」「実際的」な「知識」が存在し，それが「神秘的」「神話的」「迷信的」な「呪術」と並存していると主張した。たとえば現地人がカヌーを作る際には，水の抵抗を流体力学的に考慮し，復元力や建材の強度も考えつつ，他方では予測不能な状況下でも安全な航海ができるように呪術も怠らない。しかしながら，ここまでは合理的カヌー作りで，その先が迷信的呪術などという分割線が当人たちの頭の中に（マリノフスキーはあると言うのだが）本当にあるのであろうか。人間の生は，時間的そして空間的に区切れ目など入っておらず，物理的に見れば，途切れなく完全に連続している。そうした連続的一体をなす生に，ここまでは科学的・経験的行為，その先は呪術的・迷信的・神話的行為という具合に切れ目を入れているのは，マリノフスキーなのだ。現地人がカヌーを流線型に製作したのちに呪文を唱えたとしても，この呪文が非経験的，非実用的と見なされているわけではない。彼らは彼らの経験からしてそうするのがよいと思っているからそうしている，あるいはただ伝統に従ってそうしているにすぎない。

とはいえ，原始人・古代人が厳密な意味での「超自然」の概念をもっていないとしても，すなわち機械的自然を越える領域としての「超自然」の概念をもっていないとしても，彼らの宗教は，われわれ現代人から見た場合の超自然に関わっているのではないだろうか。一見もっともらしいが，これは自らを判断の基準に据えるという典型的な自文化中心主義である。というのは，この場合の「超自然」は近代的概念であるがゆえに，現代の自然観が過去から未来に至

るすべての人類史の現象を宗教と非宗教とに判別する最後的基準の位置に立つことになるからである。これは無理であろう。現代人といえども森羅万象の法則をあますところなく知っているわけではない。あり得ないこととあり得ることとの境界，つまり自然・超自然の境界は確定したものではない。とすれば，それに応じて，宗教の領域も動いてしまうことになる。

　ちなみに，自然界が機械的自然法則，しかも数学的に理解されうる法則にくまなく支配されているというのは，言うまでもないが実証されているわけではなく，想定である。これも一種の信念である。それゆえ法則性が不明な現象を前にしても，法則があるはずだという信念は放棄されない。
　究極的には，完全に解明された法則性など，一つもない。ある現象Aの原因として現象Bが特定できたとしても，現象Bの原因が突きとめられねばならない。こうして原因追求は無限遡行する。つまり突きとめられない。また，なぜBがAを引き起こすのかを追求して，その間に現象Xが介在していることが突きとめられたとしよう。すると今度はBとX，そしてXとAとを因果関係で結びうる現象が追求されてゆく。そしてこの過程は無限に分割され，際限がなくなる。また，ある現象と別の現象とを同時的継起ではなく，因果関係として理解することの原理的な難しさは，数世紀前にヒュームが指摘した通りである。そもそも，なぜそうした因果関係があるのかということまで問うなら，人間は何も説明できないのである。

2.2.5　世界像に反するものが「超自然」か

　さらに，近代科学とはまったく別に，（ウィトゲンシュタインが「確実性の問題」で言うような）それぞれの社会が有している「世界像」に反しているという意味で超自然を考えることもできよう。こう考えるなら，世界像に照らしてあり得ない現象，この意味での奇跡を信じることが宗教であるということになる。
　奇跡概念は，事態の「通常の運行」という観念を前提とする。「奇跡」と「世界の通常態」は，近代的観念における「超自然」と「自然」との関係にほぼ対応する。厳密な意味での超自然観念は確かに近代自然科学の所産であるとしても，それにほぼ対応する観念は近代以前にも存在すると言えよう。可能・不可能に関する観念を持つのは，近代科学と一体になった自然観を受け入れて

いる人間だけでは決してない。

　近代人は合理的・科学的であるがゆえに，非合理・非科学的な内容の宗教を信じることが難しい，などとしばしば言われる。この考えの裏にあるのは，古代人・未開人の思惟は非合理・非科学的なので非合理・非科学的な宗教を容易に信じることができた，という主張である。しかし，これは本当であろうか。「飢えた野獣に腕を食わせてやると天国に行ける」と説いたら，非科学的な前近代人はそれを字義通りに信じて実践するのか。盗まれた自分の黄金の腕輪を偶然知人の家で見つけた人は，「腕輪がひとりでに床から生えてきたのだ」という知人の弁解を真に受けるのだろうか。前近代人であっても，何でもかんでも真に受け信じるわけではない。信じるには信じる理由と動機があるのであって，信じることと科学性との間に直接的な排他的関係はない。また，信じることと非科学性との間に直接的な親和関係はない。信者は特定のことは信じるものの，それ以外のことは信じない。信ずる行為の基礎は，愚昧や非合理性ではない。
　前近代社会では，神霊や呪力が世界に内在的なものとして考えられていたとしても，世界が神霊や呪力に満ちあふれた，いわば「何でもあり」の世界のように表象されていたなどということはあり得ない。現象学やウィトゲンシュタインを手がかりに考えてみたい。
　第一に，これまでいつも生じたことは，今後も生じるという原則に，われわれは無条件に従っている。日常生活の世界とは，昨日のように今日があり，今日あったように明日があるという根本前提によって成り立っている。この反復可能性という原理なしには，いかなる生活世界も成り立ちようがない。予測不能の力の介入が随時あり，世界が次の瞬間にはどうあるかまったく予測不可能という状態の中では，人間は生を構成することができない。
　第二に，疑うことは確かなことがあってはじめて可能であり，検証することは確かなものを基礎としてはじめて可能だ。目前の家が次第に蒸発する。草原の馬が逆立ちをしてほほえみ，人語を発して人間と化す。立ち並ぶ樹木が次々にカバと化し，羊が樹木に変わる。一望する限り真っ平らな平原に屹立する巨石が，目を閉じた一瞬後に消えてなくなる。実際にこうした世界に生きていて，家とは何か，馬とは何かなどの知識，認識が成り立つものであろうか。「ある」とか「ない」といった判断があり得るのであろうか。「自分のもの」「ひとのもの」といった区別・識別がなされうるものであろうか。「ものを探す」という行為が果たしてできるものであろうか。たとえこうしたことが実際に起こるのではなく，単にそうしたことが普通に起こると信じているだけだとしても，やはり同様のことが言えよう。というのは，もし誰かが，巨岩から牛が生えて出てこないことは絶対確実だと思っておらず，その反対を信じるようなことがあれば，その人は，われわれが不可能と見なすことをすべてあり得ると信じ，われわれが確実と見なすことすべてに異を唱える人である。そういう人は，われわれの認識体系全体，検証体系全体を受け入れない人である。つまりこの人は，何も認識できず，何も検証できず，批判も疑うこともできないはずである。
　確かにひとが宗教的・呪術的信念を主観的には真と信じているということは実際

ある。しかし，その信念がどこまで事実命題として字義通りに信じられているのかは，（たとえ本人がそれをどれほど強く断言しようとも）よくよく検討されねばならない。そしてその信念が，本人の世界像全体とどう関わっているのかも，別途探求すべき問題である。

わかりやすい例を挙げよう。旧約聖書「イザヤ」7:14 に「主が自らあなたたちにしるしを与えられる。見よ，おとめが身ごもって男の子を産む」とある。この句は新約聖書「マタイ」1:23 に引用されて，イエス・キリストの処女降誕の予言として解釈されてきた。しかしヘブライ語の「おとめ」もギリシャ語の「おとめ」も両義的で，「若い女」という意味と「処女」という二つの意味を持つ。古代の解釈史の中では，「神のこの世への降誕であれば後者の意味に解するべきである。もし前者なら，しるしにはならず，当たり前のことになってしまうから」という意見が大勢を占めた。この場合，キリスト教徒たちは，彼らから見てあり得ないこと，超自然性にこだわったわけである。天使から処女出産を予告されて，マリアは「どうしてそのようなことがあり得ましょうか」（ルカ 1:34）と問い返している。彼女は近代的自然観をもっていたわけではないが，「あり得ない」という判断は持っていたのだ。「ヤコブ原福音書」19:3 でも処女降誕について「処女が自然では考えられないお産をしました」と言われている。このように，不可能という判断は，近代科学を前提とするわけではない。

しかし，たとえこのように考えても，やはりさきに言及したのと同じ難点が立ち現れる。たとえば，祖霊をおろそかにすると祟りがあるという信念は，かつてはある共同体全体に行き渡っている宗教的信念であった。それは，成員たちの世界像に何ら抵触しないし，奇跡でも何でもない。この種の例は，無際限に挙げることができる。したがって，反世界像とか奇跡といった概念を持ちだして宗教を定義しようとしても，やはり失敗に帰さざるを得ないのである。

ちなみに，「超自然」の言い換えと見なされることのある三つの概念について付言しておく。

まず，「超感覚的」なものへの信念として宗教を規定することがある。しかし，これは適切ではない。間接的な方法を駆使してはじめて実在が感覚的に確認できる現象がある。電磁波や重力や放射線といったものは，直接的には経験

できない。社会の価値観や道徳律，概念，数学も感覚的に経験できるものではない。言うまでもなく，これらは宗教ではない。これらとは反対に，「幽霊を見た」「神のお告げを聞いた」というのは，当人たちにとっては感覚的経験である。霊力や霊験も感覚的なものとして理解されている。

また，「超人間的・超人的」現象として宗教を捉えることがある。しかしスーパーマンやウルトラマンが宗教現象のわけはない。これらの架空の存在でなくとも，実在する生物の多くは人間を超える能力を持っている。空を飛ぶ動物，水中・地中で生きる動物，人間の嗅覚・聴覚・視力をはるかに上回る動物はいくらでもいる。

「人知を越える」ものを対象とするのが宗教であるという考えがある。しかしながら，自然界の現象で，厳密な意味で完全に人知の範囲内にある事柄は存在しない。たとえそうしたものを例外的に認めたとしても，その外側にある広大な現実領域全体が宗教であるということになってしまう。

2.2.6 非日常・異常としての超自然

さらに，「超自然」を「非日常」とか「異常」などといった意味で理解し，そこから宗教を説明する試みがなされてきた。たとえば，近代的な「自然」・「超自然」概念をもたなくとも，日食・大旱魃・落雷による火災などの異常現象によっても超自然の観念が形成され，そこから宗教が発生したのではないか，という見方が古来ある（たとえば蔵原（1978），140-141頁）。

しかし，この見方には，いくつかの重大な難点がある。まず，異常と超自然は同じではない。エンジンの異常とか精神異常という言い方に示されるように，これらの異常は「普段の事柄・いつも通りのこと・日常事」とは異なるものの，皆なじみのある世界の事柄である。異常なこと・予測できないことと超自然は同一ではない。新たな事実・意外な事実は自然界の一部である。新しいこと・意外なことからは，超自然の観念は生じえない。それらが不可能と考えられるのでなければならない。しかし可能・不可能という一線を引いたのは，やはり近代科学である。宗教を定義する概念として「異常」・「予測不能」といった諸概念を用いることの不適切さは，これ以外にもある。

第 2 章　宗教とは何か：常識を疑い，吟味する

　第一に，日食・大旱魃・落雷による火災などの異常現象が崇拝対象となることはそもそもない。これに対して，「確かに崇拝されることはないかもしれないが，自分たちの統御を越えたものとして，怖れられているではないか」と反論する人がいるかもしれない。然り，その通りである。人間はいつでもこうしたものを怖れてきた。しかしそれは，宗教とはなんの関係もない。今でも人は大地震を怖れ，津波を怖れ，火事を怖れ，旱魃を怖れ，落雷などといった突発的異常事態を怖れる。しかしただそれだけのことで，これは宗教の起源も本質も説明しはしない。

　第二に，たとえばさきの説は，日食・大旱魃・落雷による火災などの異常現象が崇拝対象であると言っているのではなく，そこから宗教が発生したのだという仮説であった。したがってこの説は，宗教を恐怖の所産と見る，従来しばしば見られた仮説と同じものである。この説に従えば，人間は世界の中で弱い存在でしかなく，恐るべき諸力に囲まれていると信じ，これをなだめるために宗教を考案した。この考え方は，古来「世界では最初に怖れが神を作った」(Primus in orbe deos fecit timor) と定式化されている。しかし，恐怖が宗教を生み出したという証拠は何一つとしてない。確かに怖れの対象となる神，霊，力は多く存在する。畏怖や恐怖は宗教感情の重要な要素でもある。しかし原始人・未開人は自らの神々を，悪意を持った恐るべき存在で，いかなる代償を払ってでもその好意を引き出さねばならない相手とは見なかった。そもそも崇拝対象となる限り，宗教の崇拝対象は，人間にとってそうした否定的な意義を持つものではなく，むしろ基本的には積極的・肯定的な意義を持つものである。神々は信奉者にとって庇護者であり，祖先であり，親しい友である。嫉妬深い恐るべき神は，宗教進化の後期にしか現れてこず，しかもそうした性格は，神の一面でしかない。

　第三に，宗教は異常なものの説明ではない。宗教は例外的，不正規のものによりも，むしろ規則的なものに関わる。宇宙・世界・社会・家族の平常な運行・運営，季節の規則的リズム，農業の周期，種の永続などに関心を向けるのである。宗教の機能は，最も基本的には，生活の正常な行程を維持することにある。

　このように，異常な自然現象に対する恐怖がもとになって宗教が発生してき

たとか，宗教は恐るべき異常現象を崇拝するというのは，根拠のない俗説にすぎない。

「超自然」を「神秘」という言葉に置き換えても，事情はまったく同じである。たとえば，「宗教とは何ごとかのうちに神秘を感じることである」と言ってみたところで，神秘ということが規定されない以上，この発言は何も言っていないに等しい。そしてもし神秘が超自然でもって定義されるならば，神秘による定義は超自然による定義と同様に破綻する。

以上のように，どのような意味であれ超自然という要素で宗教を特徴づけるのは，不適切なのである。

2.3 宗教は死生観ではないし，死後存在・死後世界についての教説でもない

宗教学を専門にしていると，仏教各宗派の葬儀における作法を尋ねられることがある。時にはお坊さんへのお布施の相場を聞かれることさえある。キリスト教式の葬儀の場合には，まったくしきたりを知らないからといって，委細を尋ねられる。これは，宗教学とは冠婚葬祭にかかわるマナーの学であるという先入見に基づく。これと並行して，宗教は死と死後についての教説であるという思い込みがあるように思われる。確かに，すべての宗教が独自の死後世界のイメージをもち，現世と死後世界の関係を説明しているといったことがよく語られる。しかし，たとえば，アフリカ先住民の宗教を見ると，彼らにはしばしば遠い過去や遠い未来の時間観念がなく，祖先観念も持たないし，死者儀礼もない。宗教の関心は，あくまでも現在の現実世界に向けられている。このほかにも例はいくらでも挙げることができる。

さらに注意するべき点がある。ある言説が人間の死と死後について語っているからといって，その言説の本質ないし中核が死と死後についての教説であるわけではないということである。この意味で，宗教は死，死後の世界，来世についての教説ではないし，死後における人間の存在論でもない。実際，古代ギリシャ・ローマや古代バビロニアやアッシリア，古代北欧の宗教では，人間の死後の存在様態への言及がなされる場合でも，死後の積極的な永世や救済の観

念はない。古代ユダヤ教も同様であったし，それ以後のユダヤ教でも霊魂の不死に関わる議論は重要性をもたず，相反する諸説が併存していた。父親がユダヤ教の教師ラビであったデュルケムによれば，ユダヤ教はそもそも教説の宗教でさえなく，人々の生活を細部まで規定する行動準則の体系にすぎなかった。

　前に挙げた事例を再度取り上げるならば，まず原始仏教はそうしたものではない。ブッダの教説は，四諦と八正道に集約される。ここには来世観も死後存在の教えもない。欲望にとらわれ，苦悩のただ中にある状態から，八正道を通じて脱出すること，これが涅槃であり，解脱である。それは，人間を苦しめる煩悩を完全に滅し，静寂にして平穏な境地である。ブッダは自らが再生することはないと宣言し，生死を超えた不死・不生の状態にいたった。これが仏教の目指す目標である。ここには来世も死後存在もない。確かに，解脱は苦悩からの脱出であると同時に，輪廻からの脱出でもある。輪廻転生の観念がある限り，死後存在の観念があるとも言える。しかしこの死後存在は，到達ないし獲得すべき目標ではなく，脱すべき否定的なものである。だからこそ，悟りを開いた者は，もはや輪廻のサイクルの中にいない。それでは，悟りを開いた者は，どうなるのか。答えは単純で，死ぬのである。しかし解脱前のように，死を怖れるのではない。死によって何かを，あるいはすべてを失うことを怖れはしない。とらわれを脱しているからである。死はもはや以前のような死ではない。人はそれをあるがままに受け入れるのである。そもそも，仏教において，生者必滅の理が否定されることなどない。このことは，初期のブッダ伝説に象徴的に示されている。

　　ある時，死んだ息子を抱えて取り乱した女がブッダのところへやってきた。彼女は彼に息子を生き返らせてくれと頼んだ。ブッダはその女に，小さい芥子の種を持ってくるように言った。ただしその種は，それまで一度も死者を出したことのない家から持ってこなければならないという。女はいくら探してもそのような家を見つけることはできなかった。むしろ，彼女自身と同じく死者を嘆き悲しむ人々を見いだすばかりであった。種を探し求めているうちに，他の人々の苦痛に対する憐れみがつのり，死が避けえぬ定めと思い知るにつれ，彼女自身の苦痛は薄れていった。ブッダは彼女に，死があ

2.3 宗教は死生観ではないし，死後存在・死後世界についての教説でもない

りふれた，どこにでもあるものだということをわからせたかったのである。「おまえは自分だけがわが子を失ったと思い違いをしていたのだ。生けるものはすべて，変わらぬ定めのもとにある。死はすべての生けるものを滅びの大海へと流しさる。これが掟だ」。これを聞き，人間のありのままの姿に立ち向かうことによってはじめて，彼女は出家し，自ら八正道の旅を始めることができた（*Buddhist Legends*, 1921，ワング，2004，藤井，2000，仏教説話文学全集刊行会，1976）。

この物語を読んでもなお，仏教は死後の存在をどう考えているのかと知りたがる人は当然いるであろう。実際，ブッダの言葉を伝える伝承には，その種の詮索的な人が登場する。この伝承は，死後の人間存在に関するブッダの考えをよく示している。パーリ仏典『中部』のうち，「小マールキア経」（『パーリ仏典・中部・中分五十経篇I』）には，以下のような記述が見える。

ブッダがある僧院に住んでいたとき，マールキヤプッタという名の尊者がいた。彼の心に次のような考えが浮かんだ。「ブッダはいわゆる十無記について，何ら答えてくれないままである。これには不満で，耐えられない。質問して答えてくれたら修行に勤めるが，答えてくれなければ還俗しよう」。十無記とは，「世界は常住である」「世界は無常である」「世界は有限である」「世界は無限である」「霊魂と肉体は同じである」「霊魂と肉体は異なる」「タターガタ（＝修行を完成した者）は死後存在する」「タターガタは死後存在しない」「タターガタは死後存在し，また存在しない」「タターガタは死後存在しないし，また存在しないのでもない」という十種の事柄である。すべては，世界や人間が存続するのか無に帰するのかという問いをめぐっていると考えてよい。マールキヤプッタは，これらに対する答えを得るべく，ブッダのもとに赴く。それに対してブッダはこう答えた。

マールキヤプッタよ。たとえば毒矢に射られた人がいたとせよ。友人や親類が彼を外科医に見せたとする。するとその人が言った。「私は，私を射た人について，彼が王族であるのか，バラモンであるのか，庶民であるのか，

隷民であるのかがわからないうちは，この矢を抜かない」。あるいはこう言った。「私を射た人がどういう名の人かがわからないうちは，私はこの矢を抜かない」。あるいはこう言った。「私を射た人の背が高いのか低いのか中ぐらいなのかがわからないうちは，私はこの矢を抜かない」。あるいは「私を射た人の肌が黒いのか，褐色か，黄土色かを知らないうちは，私はこの矢を抜かない」と。毒矢に当たった人は，この他いろいろなことを知らないうちは，毒矢を抜かないと言う。どうなるのか。要するに，この人は死ぬことになるのだ。

　マールキヤプッタよ，十無記について知らないうちは修行をしないと言う人は，これと同じなのだ。この種の人は，これこれがわかれば修行をしよう，と言う。しかし，マールキヤプッタよ，現実に生老病死があり，憂い・悲しみ・苦しみ・悩みがあるではないか。私は現世においてそれらを取り除くべきこと，取り除きうることを説いているのだ。そうしない限り，人は死ぬのだ。

　それゆえに，マールキヤプッタよ，私によって解答されていないものは解答されないものとして受けとめなさい。また，私によって解答されているものは解答されるものとして受けとめなさい。

　ブッダは十無記については解答されていないこと，そしてその理由は，それが何の役にも立たず，涅槃につながらないからだと説明する。次にブッダは，解答されているものとして四諦をあげ，これらが解答されているのは涅槃のためになるからだと教える。

　この「小マールキア経」に見られる限りでは，ブッダの関心事は，死後世界や死後存在に関する解答ではない。のちの仏教において死が重要なテーマであるように，確かにここでもすでに常住，つまり永遠不滅が重要な関心事であったことがわかる。しかし，本来関心を向けるべきは決してそこではないと明確に説かれていることも事実である。

　確かに，われわれ日本人は，仏教と聞けば葬儀を連想する。仏教と死・葬儀との関係は深く長いが，葬式仏教といわれるごとく仏教と葬儀が密接に結びつ

2.3 宗教は死生観ではないし，死後存在・死後世界についての教説でもない

いたのは，江戸時代以降である。伝来当初の仏教は，祈祷によって疫病や飢饉を防ぐという現世利益的な機能を果たすよう期待されていた。同時に，律令制政府によっては仏教に国家鎮護が期待されていた。事態が一変するのは，江戸時代に寺請制度が実施されてからである。神社の神官も含めて，すべての人々がいずれかの寺の檀徒になってキリシタンではないという証明をもらわなければならなくなった。それ以前の日本人は，祈祷や願掛けのために時たま寺院に行くことはあっても，檀徒になって寺の財政を支えたり，死者の葬儀を僧侶に依頼するものはきわめて少なかったのである。

儒教もその歴史的・地域的発展の中で死者の魂とそのありようなどについての諸教説を展開し，招魂再生のための先祖供養を発達させていった。しかしそうした教説と実践を含むからといって，儒教の基本線というか，儒家の根本思想というべきものが現世の倫理規定であることには変わりがない。この基本は『論語』においてはきわめて顕著である。鬼神についての問いにも，死についての問いにも，孔子は答えようとしない。儒教は確かに形而上学的救済とは無縁であるが，現世内的俗人倫理としてのみ見るのは誤りであって，生活のあらゆる状況に対処しうる，生の全体的姿勢を律するものとして，宗教性を有している。また，死後における魂と魄のありようについても，さまざまな教説が提示された。しかし儒教が最も中心的な関心を寄せるのは，やはり死後存在・死後世界に対してではない。

まったく同じことがユダヤ教にも当てはまる。初期ユダヤ教では，死者は地下の陰府（シェオル）に行く。貸与されていた命の息は再びヤハウェに引き取られ，肉体は腐敗する。人間の何が残るのかは判然としないが，ともかく陰府では死者は塵や蛆にまみれ，神との交わりを欠いた悲惨な状態におかれる。確かにそれは完全な無＝存在喪失ではないが，不活性で影のような眠りの状態である。このように，初期ユダヤ教には死後の人間のありように関する言及がある。とはいえ，元来ユダヤ教は，来世志向をもっていなかった。神との契約の履行，すなわち神に課された行為規範＝律法の遵守により，地上にユダヤ民族の栄光の王国が実現される。メシアの到来に際しても，期待されたのは現世でのイスラエル王国の再建であり，その折りには死者も復活しはするが，地上のイスラエル建国に与るためである。

35

しかし旧約も後期になると，義人は復活して天国で神と共に生き，シェオルは罪人が永遠の責め苦を受ける地獄に変わっていく。ここには裁きの要素が入ってきており，それは終末思想と一体である。とはいえ，一義的な来世観は依然としてなかった。もっとも典型的なのは，サドカイ派とファリサイ派との相違であろう。前者は復活，死後の魂の存続，地下の国での罰と報いなど，いずれも認めていなかった。

日本の伝統的仏教は，死後の成仏・往生を説き，それを目指すのが大勢であった。これに対し，日本の新宗教はこの地上での幸福を目指す。まったくのご利益目当ての単なる呪術ではないし，生死についての教説がないわけではないが，新宗教の主たる傾向が現世利益に方向づけられていることは否定できない。新宗教に来世や死後世界に関する観念がないわけではないが，重要な位置と機能を持っていないという点こそ注目するべきである。

最後に，宗教とは死生観であると考えるなら，あるいは死生についての見方を含む思想であると考えるなら，世俗的な死生観さらには無神論的な生死に関する見方までもが宗教と見なされなければならない。世俗的ヒューマニズムも一定の死生観を含んでいるが，それを宗教と見なす人はまずいない。もっと日常的な場面を考えてもよい。愛していた者の遺影を窓辺に飾り，毎朝語りかけるという行為は，死者に関する何らかの観念を含むのかも知れないが，それ自体としては宗教ではなく，ごく普通の哀悼行為である。あるいは「亡くなったお母さんは今もなお私たちを見守ってくれている」という発言は，確かに科学的発言ではないが，それだけを見て宗教であると判断する人はまずいない。宗教の外延と死生観の外延とは一致しないのである。

2.4　宗教は究極的関心事ではない

神観念，超自然的観念，死生観の有無など，宗教現象の客観的属性に注目する見方ではなく，人間の態度から宗教を定義することも一つの戦略ではある。人間が祈る対象，依存する対象，崇拝する対象，禁忌によってその他のものから隔離する対象などとして，宗教を規定するわけである。人間にとっての意味という点から宗教を見る見方として，次のような定義がよく知られている。

2.4 宗教は究極的関心事ではない

　宗教とは，人間生活の究極的な意味を明らかにし，人間の問題の究極的な解決にかかわりをもつと，人々によって信じられているいとなみを中心とした文化現象である（宗教には，そのいとなみとの関連において，神観念や神聖性を伴う場合が多い）。

　これは岸本英夫（岸本，1976）の有名な宗教の定義であり，神学者パウル・ティリヒの影響を強く受けている。ティリヒは究極的関心（ultimate concern）という概念によって宗教を定義する。人間が何かに究極的に関わり，それによって自らの存在を根底から支えられるようなとき，その営みが宗教と呼ばれる。究極的関心とは，われわれの存在・非存在に関わり，われわれの存在を支えるもの，ないし脅かすものである。ティリヒ自身はキリスト教神学者ではあるが，こうした宗教理解によって，キリスト教に限定されることなく，一般的には非キリスト教的，あるいはさらに非宗教的とさえ考えられる人々をも宗教性の中に包摂し，宗教が人間一般にとって決定的重要性を持つものとして示すことができるようになる。特定の宗教儀礼に関わることがなくとも，特定の教説を信じていなくとも，人間はなべて自らの存在と非存在とに究極的な関心を寄せる限り，宗教的なのである。関心が究極的であるとは，関心が最重要であるということとは異なる。究極的関心とは，絶対的な無制約者との関わりである。あるかあらぬか（to be or not to be），生きるか死ぬかということこそ人間の究極の問題である。とすれば，究極的に関わるものは，諸々の存在のうちのどれかではなく，存在と非存在とを超えた存在の根拠である。これは神なのであるが，ティリヒはそれを存在自体という哲学的概念に置き換えているわけである。

　究極的関心は，以上のように規定されており，人間が自分にとって究極的重要性を持つと主観的に見なすものが，何であれ宗教となるわけではない。金銭や家の名誉などに究極的重要性を認めることを，ティリヒは偶像崇拝と呼ぶ。

　ティリヒの神学的構想はおくとして，彼が宗教を人間一般に関わるものとして定義し直したことは重要である。宗教をキリスト教という狭い枠を超えて捉えることを可能にしたからである。

第 2 章　宗教とは何か：常識を疑い，吟味する

こうした定義はもっともらしく聞こえはするが，宗教という名で呼ばれる営みを広く見渡すならば，特に日本人の普通に見られる宗教の営みに照らすと，かなりの違和感を与える。筆者の少年期における宗教経験を例に言えば，宗教の営みとは，何か願い事があれば近くの神社に行って手を合わせること，巣鴨のとげ抜き地蔵に行くこと，そして年に一度の成田山詣でであった。神社への願掛けは，「今度のテストではいい点数がとれますように」とか「運動会の徒競走リレーの選手に選ばれますように」などといった，日本人なら誰もがするような日常的御利益祈願である。巣鴨に行くのも，健康祈願など，同じような動機からである。成田山詣では，現世利益の祈願のためであると同時に，全体がリクリエーションであった。成田山新勝寺の護摩祈祷では，僧と信徒とが一緒に「不動明王ご真言」を唱える。寺が応える人々の願いとは，「家内安全・商売繁昌・工事安全・旅行安全・大漁満足」など，人間が生活する上で通常必要とするものはたいていある。

このように諸宗教の実態を見てくると，「存在と非存在に関する究極的関心としての宗教」という見方と，（少なくとも筆者の関わっていた）現実の宗教の営みとでは，かなりの隔たりがあるのがわかる。後者は，究極の存在論的関心事とか，絶対的な無制約者との関わりなどとは，まったく無縁である。

筆者の関わっていた宗教の営みなど，宗教というに値しないという判断はあり得る。しかし，それは事実の判断というより，特定の価値に立った評価判断であり信仰命題ではなかろうか。宗教学では，こうした価値評価から出発する態度を「規範的」と評する。それはともかく，新勝寺で人々が行っていることを宗教でないとするのは，相当に独善的・排他的な考えと言わざるを得ない。

　　細谷昌志（細谷, 1999）によれば，人間が宗教をもつとは，神殿を清めたり犠牲を捧げることではない。豊穣祈願や病気の癒しでもない。世界の創造神や死後の世界を信じることでもない。戒律を守って道徳的にりっぱな人間になることでも，個人の安心を求めることでもない。「いかに生きるべきか，生き甲斐は何か」という道徳訓や人生案内の類いの問いは宗教となんの関係もない。宗教的要求が生じてくるのは，われわれ自身がわれわれにとって問いとなり，「われわれの存在の意味が疑問」となって「われわれの存在の根底に深淵が開け，虚無が現れてきた」時なのである。人類のさまざまな宗教史でこうした問いが提起されたのは事実である。たとえばパスカルが問うた問いは，なぜ私は存在し，存在しないのではないのか，

なぜ私は現にあるようにあるのであって別様にあるのではないのかといった問いであった。

細谷がしたように，こうした宗教概念を設定する，ないし宣言するのは自由なのだが，これは具体的個別事象から普遍を見出そうとする立場とはまったく相容れない。しかもこのように設定された宗教概念では，自分の営みがこの「宗教」に該当すると思う人は極小の範囲にとどまるので，普遍概念としては学問上ほとんど使い出がなくなってしまう。細谷の主張に価値判断として共感を覚える人はいるだろうが，事実判断として同意できる人はほとんどいない。細谷は，自分の宗教概念に適合する宗教としてキリスト教や浄土真宗を考えているようである。筆者も多くのキリスト教徒と真宗の信者を知っているが，人間「存在の根底に深淵が開け，虚無が現れてきた」時に宗教的要求を覚えたという人を知らない。

2.5　聖俗の二分法

2.5.1　デュルケムの定義

これまでの議論で見たように，諸宗教に共通すると常識的に思っていた特性によって宗教を定義しようとすると，現実の多様な諸宗教の中から必ず多くの例外が出てきてうまく行かない。そうなると，はたして宗教のすべてに共通する本質などがあるのか否か，疑問に思われてくる。とはいえ，せめて暫定的な作業仮説としてでも何らかの定義がないと，そもそも対象の確定ができないのではなかろうか。そこで現在では，以下のようなデュルケム『宗教生活の原初形態』における定義が最も汎用性のある定義として一応認められている。

彼によれば，あらゆる宗教的信念に共通する特徴は，世界を聖と俗の二領域に分類することである。聖は禁止（タブー）によって保護され，俗から分離される。というより，禁止によって保護され，他から隔離されるものが聖であると言ったほうが適切である。これが宗教の対象である。したがって「宗教とは，神聖な事物，すなわち隔離され禁止された事物に関わる信念と行事との統一的体系である」とひとまずは定義できる。

しかし，この定義では宗教と呪術とが区別できなくなってしまう，とデュルケムは言う。確かに宗教の対象も呪術の対象も，共に禁忌で囲まれ，隔離された存在である。しかも単に同じ性質を持つばかりではなく，双方の対象はし

ばしば同一である。例えば死者の霊魂・遺骨・遺髪などがそれである。では両者の相違点はどこにあるのか。彼によれば，呪術も一社会に広まっているものの，それは信者を相互に結びつけないし，同一の生活を営む同一の集団へと信者を統合しない。この事態を彼は，「呪術的教会は存在しない」と表現する。呪術師と呪術を乞う者は，相互に何の関係もなく，相互の間に人格的交わりはない。両者の関係は，商売人と顧客の間柄と同じく，一時的なものであって，永続する道徳的紐帯ではない。顧客同士の間柄についても全く同じことが言える。これに対して，宗教は信者同士を結合し，信者集団を統合する。これをデュルケムは「宗教は教会を形成する」と表現する。ここで言う教会とは，聖俗に関する同じ表象と儀礼によって成員が連帯している社会のことである。

以上の点を総合して，デュルケムは次のような定義に到達した。「宗教とは，神聖な事物，すなわち隔離され禁止された事物に関わる信念と行事との統一的体系であり，この信念と行事は，これに帰依するすべての者を教会と呼ばれる同じ道徳的共同社会に結合させる」（デュルケム，1976，（上）86頁以下）。

2.5.2 デュルケムの定義の問題点

しかし，この定義にもいくつかの大きな問題が含まれている。

第一に，宗教と呪術の間は，現実にはこれほど明確に分離できるものではない。呪術が功利的期待に基づくとしても，そして人間の間の功利的な相互作用が連帯を生み出しにくいとしても，呪術師とそのもとを訪れる人々の間での，相互作用の反復と定着からは何がしかの人間的連帯が生まれるものである。たとえ当初は功利をめざした相互作用ではあっても，人間の相互作用は必ずそこにのみとどまり続けるわけではない。そして逆に，宗教も功利的側面を持っている。というより，宗教も基本的には，あるいは少なくとも大衆レベルでは，功利的な営みにほかならない。願い求める恩恵がいつまでも得られない時には，帰依と祈願の対象は通例，ないししばしば唾棄すべきものとなる。宗教的な思惟と行為を日常的な目的行為から峻別するのは，明らかに宗教の実態とかけ離れている。「『与えてもらうために，私は与える』というのが，人類史に広く行き渡っている宗教の根本特質である。この性格は，あらゆる時代とあらゆ

る民族の日常的宗教性ならびに大衆的宗教性にのみならず，あらゆる宗教にもそなわっている。此岸的な外面的災禍を避け，また此岸的な外面的利益に心を傾けること，こういったことが最も彼岸的な諸宗教においてさえも，あらゆる通常の祈りの内容をなしているのである」（ヴェーバー，1976, 38 頁）。

　デュルケムが宗教と呪術との峻別にこだわったのには，彼の宗教論と表裏一体の関係にあった彼の社会理論の中にその理由がある。彼の研究の根底にあったのは，功利主義的個人主義によって社会統合を脅かされていた革命後のフランス社会への危惧であった。彼にとって，人々は共にいたいから共にいるのであって，社会的連帯とは何かほかのもののための手段ではなく，自己目的である。利益交換の場としてのみ社会を見る功利主義的社会理論は，彼にとって究極の論敵であった。

　しかしながら，元来，純然たる功利的利益追求などというものは，机上の空論にすぎない。人間が純粋に功利的利益追求のみをするというのは，非現実的想定である。人間はもっと多様な動因に動かされて行為している。人間が社会化されて，単なる生物としてのヒトを超え出て，諸概念や判断の様式や，そもそも言語を与えられ身につけている限りでは，すでに純然たる生物的欲求にはとどまらない選好・志向性を持っているのである。

　単純な譬えを出してみたい。薬局の店主と顧客，またそこでの顧客同士の相互作用を考えてみたい。店主と客は，それぞれの欲求を充足するために関わり合う。しかし通常なら，いつしか店主は客の健康状態に関心を向け，それを尋ねるようになり，相互間に何らかの人格的交流が生じてくるかも知れない。客同士も，健康の同じ問題を抱えていることを知れば，相互に案じるようになるかも知れない。そうしたことが現実には生じなくとも，店主が顧客を利益のための手段としてのみ見ていたなら，道徳的に批判的に見られるのが普通の社会状態である。客同士が相互に生きようと死のうとまったく関心を持たず，そしてそれが露見したなら，そうした客も道徳的に白眼視される。自己の利益を最大にすることのみに関心を持つ人間とその相互作用というのは，現実にはあり得ず，あったとしてもごく特殊な極限状況でしか生じ得ない。フランス革命後の社会崩壊の兆しを見ていたデュルケムの危機意識は理解できるにしても，こうした社会理論上の問題を宗教定義の中に最初から取り上げるのは，やはり適

第2章　宗教とは何か：常識を疑い，吟味する

切ではない。

　それゆえ，宗教と呪術の違いをデュルケムの言うような点に求めるのは困難である。同様にまた，従来しばしば言われてきたように，宗教は祈願的に対象に向かうが，それに対して呪術は対象を強制的・機械的に操作しようとしているという違いも，絶対的なものではない。これとても明確な一線にはなり得ないのであって，宗教と呪術は理念型としてのみ区別されるが，実際には連続したものであって，しばしばその領域は「呪術-宗教的」(magico-religious) と呼ばれる。

　ただし，実はデュルケム自身がこうした点は自覚し，明確に断ってもいる。宗教と呪術との間に絶対的断絶はなく，二領域の境界がしばしば不明瞭であることは，彼自身認めているのである（デュルケム，1976，（上）88頁，注13）。

　第二の問題点は，デュルケムの言う聖俗の峻別が宗教の実態に照らすと，厳格にすぎることである。「世界をひとつはあらゆる聖なるもの，他はあらゆる俗なるものを含む二領域に区別すること，これが宗教思想の著しい特徴である。……この異質性は絶対的である。人間の思想史において，このように深く分化し，これほど根本的に対立しあっている事物の二つの範疇の例はほかにない。……聖と俗とは，常にいたるところで，互いに何も共通的なものを持たない二つの世界である」。しかしながら，世界のこれほど厳格な二分法は，現実にはそうあるものではないし，宗教史上でもそうである（個人的経験で言えば，成田山でこの種の絶対的二分法に出会ったことはまったくない。最も聖なるものは本尊であろうが，成田不動の開帳は現代的に言えば「秘宝特別公開」に近い）。むしろ現実には聖の程度は強いものから弱いものまで連続的で幅が広く，俗との間にも一定のつながりがある。

　　聖俗の絶対的二分法は，デュルケム自身のユダヤ・キリスト教的伝統に由来するのではないかという指摘が従来なされてきた。しかし，聖と俗の峻別はユダヤ・キリスト教の建前ではあっても，現実のユダヤ・キリスト教では両者が混淆している。この点に関しては，わが国におけるユダヤ・キリスト教的伝統についての偏見ないし無理解があるのではないかと思われる。先の指摘がわが国の研究者の間ではしばしばなされるものの，欧米の研究者の間では（管見の限りでは）ほとんど見られないのも，このことと関係があるかもしれない。

2.5 聖俗の二分法

　ただし，デュルケム自身がこうした連続性は自覚している。宗教と呪術との間と同様，聖と俗との間にも絶対的断絶はなく，二領域の境界線はしばしば不明瞭である。たとえば，あとで彼の宗教論を論ずる部分（8.6.1）で詳しく取り上げるが，トーテミズムにおいては，トーテム記号とトーテム動物とトーテム氏族成員とは，聖なるものとして同一の次元に立つ。しかしながら，俗なるものとの混淆から聖なるものを守るための禁令をそれぞれで比べると，禁令の数と厳格さにおいて，それぞれに異なる。これは当然，畏敬のされ方の違いであり，要するに神聖さの度合いの違いである。つまり，聖性にはランクの違いがある。同様に，祭儀において用いられる祭具にも聖性のランクがある。禁令の数と強度に関して段階的な差異があるのである。

　さらにデュルケムが聖と俗の間のグラデーション的連続性を考えていたことを，別の著作『社会分業論』から明らかにしたい。この書は『原初形態』のほぼ20年も前に書かれた著作ではあるが，宗教社会学の書物としても読まれうるし，読まれるべきである。それによれば，聖は客観的に存在するのではなく，人々がそれを神聖視することによってはじめて存在する相互主観的な現実である。簡単に言えば，社会成員が一致して信奉している価値観念が聖性を帯びるのである。「なにがしかの強い確信が一個の人間共同体によって分かち持たれている場合，この確信が不可避的に宗教的特質を帯びる」（デュルケム，1980年a，164頁）。集合意識の強く集中するところが聖意識の実在的基礎であると言ってもよい。しかしこの聖意識には段階的強度がある。だからこそ聖の冒涜に対しては社会的制裁である罰が加えられるが，そこには段階的強度の差があるのである。制裁の軽重というグラデーションは，侵犯された聖性のグラデーションに対応するのである。

　これがデュルケムの真意ではあるが，しかしおそらく『原初形態』の読者にはその印象はほとんど残らないくらい薄い。二分法に対する表現上の強調が強すぎるためである。

　第三は，デュルケムの定義の後半部に関わる。後半部は，前述の通り，呪術との区別の必要から付言されたものである。しかし，暫定的な作業仮説として宗教を定義しておけばよい研究の冒頭で，なにゆえにことさら呪術との区別をつけておく必要があろうか。しかも，宗教と呪術との最も顕著な相違として，

第2章　宗教とは何か：常識を疑い，吟味する

宗教は祈願的に対象に向かうのに対して，呪術は対象を強制的・機械的に操作しようとするという，よく知られた点ではなく，なぜことさら教会＝共同体形成が言及されるのであろうか。答は実に単純であって，この点こそ宗教は社会を価値共同体として表現するというデュルケム宗教学の核心的論点を表すからなのである。つまり端的に言ってしまえば，研究の冒頭での作業仮説的定義と言っておきながら，実は彼はそこで結論の先取りをしている。以後の議論は，先取りされたこの結論へ読者を導く展開になっている。彼の宗教論が天才的構想であることは間違いないが，あの定義からは特定の結論しか出ないようになっていることも確かなのである。

第四に，聖俗二分法は，煎じ詰めるならば，特定の物事を「崇拝する」というのとどこがどう違うのか判然としない。特定の対象に帰依し，それを崇拝するならば，当然そこからは，それを冒しけがす行為を排し，当の対象を保護しようとする態度と行為が帰結する。何らかの意味で価値を認められている対象は，多かれ少なかれタブーによって保護されており，その限りで聖性を付与されている。そしてタブーによって囲まれ保護されるのは，道徳・政治・法などの領域に属する対象に関しても起こりうる。実はこうした価値領域と宗教とを区別することはデュルケムが繰り返し試みたことではあるが，結局は成功していない。

のちに彼の宗教論をまとめて解説する際に問題にするが，宗教に関する彼の見方では，万人が宗教と見なしてきたものと，たとえば世俗的ナショナリズムとは区別が困難になる。後者にも，国旗・国歌・聖なる文書など，神聖な事物，すなわちそれらを汚すと制裁を加えられるような，タブーによってその他から隔離された事物に関わる信念と行事がある。そして無論，この信念と行事は，ナショナリズムに帰依するすべての者を一つの共同社会に精神的・価値的に結合させるのである。

デュルケム自身はキリスト教やユダヤ教の祭儀と，社会の記念的式典とを区別する必然性を見なかった。確かに宗教を「超自然的」「神秘的」「非日常的」「反世界像的」「超感覚的」「究極的」といった単一の概念でくくることはできない。しかしながら，それらのいずれにも該当することのない現象を宗教と呼ぶなら，一方ではそれらと，他方では伝統的に誰もが宗教であると認めてきた現象との異同を，本来なら改めて説明しなければならなくなるはずである。聖俗二分法にはこうした問題がついて回ることを踏まえつつも，やはりこの考えに代わる包括的な妥当性を持った見方はないと思われる。制約を知りつつ使用するということである。

2.5 聖俗の二分法

　ただし、ここでは聖俗の二分を「崇拝」によって置き換えることを提案しているわけではない。当事者の心理・態度・行為を「崇拝」として理解できるかどうかは、観察者の解釈図式次第で誤解にもなれば正しい理解にもなる。元来、理解というのは行為者と観察者の世界観が一致していなければならない。ある類型的状況で、ある類型的行為をすれば、ある類型的な結果が得られるという志向図式を、行為者と観察者とが共有しているのでなければならない。この志向図式を観察者は解釈図式として解釈の下敷きにするわけである。たとえば、就職の口利きをしてほしい人は、相手に贈り物をする。世界観を共有していれば、受取手は贈り物の意味を理解するが、そうでなければ差し出された菓子折を怪訝な目で眺めるばかりである（「おれは別に腹なんかへってないのに」）。これと同じように、熱帯のジャングルに住むある人々が、朝起きると全員で朝日に向かって正座し、しばらく平伏したのち、すがすがしい顔をして起き上がったとしよう。観察者はこれを「崇拝」と解釈した。しかし当人たちは、頭頂部に日光を当て、血流をよくし、かつ頭頂部のダニや細菌を殺していたのかもしれない。このように、行為の理解は複雑なプロセスを経ているのであり、ましてや内面の解釈となれば至難である。デュルケムの周到な点は、崇拝などという見えないものに注目するのではなく、それを禁令による聖の隔離という見える行為で、しかも解釈の余地が極力小さい行為で、置き換えて確認できるようにしたところにある。

　彼の定義の最大の問題点は、次の第五点目にある。宗教の研究に当たっては、当然、先決問題がある。それは研究対象の確定である。対象を適切に確定しておかない限り、宗教でないものを宗教と見なしたり、逆に宗教と見なされるべきものを等閑にふしたりしてしまう。倫理の研究でも社会主義の研究でも自殺研究でも、そしてこの宗教研究でも、定義から出発するのはデュルケムの常套である。無論そこで必要とされるのは、結論的定義などではなく、予備的定義であり、それに必要な限りでの「容易に認められる一定数の外部的な徴表を指摘すること」である。この共通の外的特徴がないと、そもそも対象が特定できない。しかしこれは奇妙な論法である。何が宗教であり何がそうでないかが判然と区別されえない中で、どうして共通の外的特徴を探るべき諸対象が確定できるのであろうか。対象の範囲が確定しえない以上、「容易に認められる

第 2 章　宗教とは何か：常識を疑い，吟味する

一定数の外部的な徴表」を探るべき対象の範囲も確定できないはずである。しかもデュルケムは，人々が一般に持っている宗教理解を方法なしに形成された一般的な宗教概念であるとして斥けてしまう。となれば，共通の外的徴表を探る対象の範囲は，完全に手がかりを失ってしまうはずである。しかも付言するなら，「帰依するすべての者を教会と呼ばれる同じ道徳的共同社会に結合させる」などということが，「容易に認められる外部的徴表」であるとは到底思われない。

　宗教とは聖なるものに関わる信念と行事との体系であるというデュルケムの宗教定義は，以上のような問題点を含んではいるものの，宗教の簡便な定義として広く受容されている。これが，ここまでの第 2 章の議論の当面の結論である。「当面の」と言ったのは，まだ最終の結論は語っていないからである。「宗教とは何か」という問いに対する筆者なりの最終の結論は，次章の第 4 節で語ることにする。次章では，宗教概念の形成の経緯を振り返りながら，そこにどんな問題があるのかを検討してみたい。

第3章 宗教概念批判とその吟味

3.1 宗教概念の偏頗性

　宗教概念に限らず，一般的に言って，われわれが現在手にしている学問の道具，例えばカテゴリー，測定法，真偽検証法などはすべて近代西洋に由来する。われわれはこれらに慣れ親しんでおり，通常，ものを考える際の道具として疑うことなく半ば自明視している。そしてこれらがうまく当てはまらないものがあると，それにもかかわらず強引に自分たちのカテゴリーにそれを押し込めて理解しようとする。これは対象に対する暴力であろう。たとえば，近代西洋で成立した宗教概念，つまり個人の内面性・精神性に著しく限定された宗教概念をヒンドゥー教なるものに適用しようとすると，この種のことが起こる。まず，ヒンドゥー教という呼称自体が西洋人によるものである。それが一つの認識対象として措定されても，それは当事者たちの自己認識とは必ずしも一致しない。認識者によって認識対象のあり方が一方的に規定されるという半ば暴力的な関係があるのである。

　西洋では，思想・道徳・宗教・法律・文化・礼儀などの諸領域を普通区別する。しかし，ヒンドゥー教をこうした領域に区分するのは難しい。インド文化全般とヒンドゥー教との間には，明確な一線を画しがたいのである。

コラム 2：文化の総体としてのヒンドゥー教

　ヒンドゥー教とは，古代インドに成立した文化現象であるが，そうした名称が当初からあったわけではない。この名称は，古代ペルシャ人がシンドゥー（shindhu）河＝インダス河の対岸に住む非イスラーム教徒を一括して呼ぶのに，誤ってヒンドゥー（Hindu）と発音したこと由来する。その後何世紀にもわたって，同じくイスラーム教徒であったアラブ人，トルコ人，アフガニスタン人，ムガル人などもこの語を用い，さらにインド植民地時代に大英帝国がこの呼称を用いた。

　ヒンドゥー教徒を指すヒンドゥーとは，ヒンドゥー教という特定の宗教の信者ではなく，インド人を意味する。それゆえ，ヒンドゥーとしてのインド古来の思想と信念を持たず，また正統的とされる行動様式に従わなくとも，インド人はヒンドゥーであり得る。ヒンドゥーであるかないかの外面的基準は，インド亜大陸北東岸の都市プリーにあるジャガンナータ寺院のようなヒンドゥー寺院の中に入れるか否かである。インド人ならば，常にそこに入れる。しかし西洋人なら，たとえダルマの規定の細部にまで従い，バラモンと同じ格好をし，ヒンドゥー聖典の教えに心酔していても，中に入ることを許されない。彼は本当のヒンドゥーではなく，ヒンドゥーの生き方を模倣した「野蛮人」（ムレーッチャ）にすぎないからである。確かに，ヒンドゥー教の最小限の共通項を挙げることはできる。ヴェーダの権威，バラモンの優越とカースト構造，因果応報の法則，輪廻の教義などである。しかし決定的な要素として最後に残るのは，民族性である。ヒンドゥーとはヒンドゥーとして生まれた人のことであり，したがってその人は後にキリスト教徒や創価学会員になることはできても，ヒンドゥーであることをやめることがないのである（マリオ・ピアンテリ「ヒンドゥー教」，荒木／田丸（2007）所収）。

　ただし，ヒンドゥー教なる名称が外側から当事者たちの営む現象に押しつけられたものであって一定の不当性を含むからといって，それゆえただちに当事者たちの考えがそのまま客観的で正当な見方となるわけではない。ヒンドゥーの生き方を実践する西洋人がヒンドゥーと見なされるのは，必ずしも不当ではない。絶対に正しい客観的な視点があるわけではなく，視点は相対的である。

　ちなみに，ヒンドゥー教は特定の民族にだけ関わる民族宗教としてしばしば挙げられるが，ヒンドゥーなる単一の民族は存在しない。現在，国民としてのインド人はいるが，民族としてのインド人は昔も今も存在しないと考えるべきである。現在のヒンドゥー教はインド，インドネシア，ネパール，バングラデシュ，ブータン，パキスタン，スリランカに広がっている。「民族宗教」という概念は，「世界宗教」という概念同様，もはや使用に耐えないと思われる（13頁参照）。

3.2 宗教という語あるいは宗教概念

　学問的概念は，一見客観的・中立的に見えるが，成立の経緯を見るとしばしば政治的，イデオロギー的な負荷を背負い込んでいる。たとえば，「有色人種」という概念を取り上げてみよう。有色人種という属性を生まれたときから持っている人はいない。というより，あえて言えば，有色人種なる人は客観的には存在しない。人は有色人種「である」のではなく，そう「なる」，ないしそう「見なされる」のである。有色人種とは，白人たちが自分たち以外の人々を呼ぶ呼称として形成した概念なのだ。この概念が生成する前は，すなわち人類を白色人種と有色人種とに区分し，人類のうちから有色人種を切り取って概念化する以前は，白色人種も有色人種も存在しなかったのである。

　サイードのオリエンタリズム批判に従えば，オリエントという概念は西洋という外部によって押しつけられたものである。さきのヒンドゥー教の例で見たように，呼称や認識対象の措定自体が西洋人の手によるものであり，当事者の自己認識とは必ずしも一致していない。ここでは認識する者によって認識される対象のあり方が一方的に規定される。

　宗教概念にも，これに似たところがある。現在われわれが普通に使用している宗教の概念は，歴史的に形成されてきた。宗教は自明の存在ではなく，宗教概念は近代西洋に生まれた歴史的認識様式である。

　現在，われわれが宗教概念を使用する際には，諸宗教に共通する本質や，ほかに還元することのできない宗教の固有性が前提されている。しかしこうした概念内容は，歴史的に負荷を背負っている。その経緯を，以下ではアサド（2004），磯前（2003），深澤（2006），島薗／鶴岡（2004），池上ほか編『岩波講座宗教　宗教とは何か』（岩波書店，2003）などを参照しつつ，瞥見しておこう。

3.2.1　宗教概念の成立

　古代より諸々の信仰実践には，自他を区別する意識はあったものの，それらを包括する普遍的カテゴリーはなかった。しかし，大航海時代以降，世界の諸

地域で発見された種々の実践群が、たとえば目に見えぬものに関わる崇拝行為などとして大括りにされ、次第に宗教という普遍的現象として見られるようになった。

　歴史的に見ると、現在使われているような意味での「宗教」概念が西洋で成立したのは、16、17世紀から19世紀にかけてであった。宗教概念が一定の歴史的経緯の中で創造されたものであれば、それにかかわった者がいるはずである。他の多くの言葉と違って、宗教概念の場合には、直接の推進者として中心的にかかわった者たちがかなり明瞭に特定できる。まず、16、17世紀の信仰分裂と宗派抗争の時代には、自由思想家（キリスト教を批判し、その教義と道徳からの自由を主張した思想家たち）は差違と対立を超えた宗教一般の観念を構想していった。この延長線上で、普遍的な人間的現象としての宗教という見方を明確に打ち出していったのが啓蒙思想家であり、なかでもキリスト教から超自然的要素を除去しようとした理神論者たちであった。そして理神論の動きの中から出てきた「自然的宗教（natural religion）」という発想が、近代の宗教概念の成立に深く関与していた。それは、すべての宗教に共通する本質を追究したからである。

　これと平行しながら、世俗化という、ヨーロッパにおけるキリスト教の地位の変化が進行していった。この変動の中で、学問、法律、芸術、政治、道徳、経済などが独立した領域としてキリスト教の支配から離脱し始め、こうした社会分化の中でキリスト教も全体を包括する地位から下位文化の一領域へと変わっていった。宗教という領域の自立化は、近代西洋において啓蒙思想と密接なつながりをもって起ったものであり、もともと全世界的に存在していた普遍的なものではない。宗教という領域の自立化は、近代国民国家の成立にともなう政教分離と表裏一体をなすのである。

　さらに19世紀後半から宗教研究熱が高まって、その延長線上で宗教諸学が成立する中で、近代宗教学に特徴的な宗教概念が明確な形で生成してくる。まず第一に、当然宗教に対する人類学的アプローチを試みた初期宗教学者たちが、宗教概念の形成に深く関わっていた。彼らは、宗教が通文化的な実体であり、かつ他の文化現象とは根本的に異なる固有性を持つと考えたのである。比較宗教学とは、諸宗教の違いを明らかにするというのではなく、その共通性を

宗教という固有な領域にそなわる普遍性として抽出する作業であった。そして宗教学という制度としての学問の確立は，宗教の固有性（sui generis）という規範的認識を前提として成り立ち得た。つまり，宗教の固有性は，他の文化要素への還元的解釈をこばむ宗教学の学的自立性を支えるマニフェストだったのである。

3.2.2　日本語の「宗教」概念

　日本語における「宗教」という言葉の歴史も見ておく。religionという言葉がはじめて日本語に翻訳されたのは，安政5（1858）年の日米修好通商条約においてである。ここでは訳語は「宗教」ではなく，「宗法」「宗旨」が用いられている。当時の訳語としてはこのほかに「宗門」「信教」（福沢諭吉『西洋事情』），「神道」「法教」（中村敬宇『西国立志編』），「教法」「宗旨」（西周『百学連環』），「教門」（同『随筆』），「聖道」「教門」（新島襄書簡），「神道」「奉教」（加藤弘之『米国政教』）などがあった。「宗教」という訳語もそのうちの一つとして現れるが，最初期の例としては，明治元（1868）年のアメリカ公使によるキリシタン禁止の高札に対する抗議書があり，さらに明治2年に北ドイツ連邦と締結した通商条約などがある。宗教という訳語が定着したのは，明治10年に入ってからと思われる。明治14（1881）年に刊行された訳語集『哲学字彙』（井上哲治郎ほか編）に宗教の言葉が載せられる頃には，かなり一般化していた。

　宗教という言葉自体はそれ以前からあったが，近世において仏教内の「宗派の教え」を意味するものにすぎなかった。諸種の宗教の包括概念として宗教という語は使われていなかった。しかし，磯前によれば，(1) religionの訳語として「宗教」が用いられたことを契機として，宗教という包括概念が意識されるようになり，さらには，仏教や神道の諸派が，それぞれ仏教や神道という自己意識を持つようになった。しかも，(2) そもそも「仏教」という言葉自体が，近世以来の宗派ごとに独立した状態を克服しようとするなかで，この時期に現れたものである。

第3章　宗教概念批判とその吟味

　磯前の主張は全体として非常に有益であるが，いま述べた二点に関してだけは慎重な留保をもって受けとめたほうがよい。
　第一に，religion としての「宗教」概念が使用されるようになる前は，本当に仏教や神道という自己意識はなかったのであろうか。ここには歴史的事実問題があると同時に，哲学的一般問題もある。簡単に後者の問題から取り上げる。
　時間のうちにあるもので，厳密な意味での自己同一を保つものは何もない。宗教の要素で言えば，思想も儀礼も物体も組織も，一切は不断の変化のうちにあり，同一性を維持しているものは何もない。同一性とは，あるものが変化にもかかわらず同じであると見なす，人間の解釈的判断としてのみある。ある宗教運動からいくつかの分派が発生した場合，それぞれの分派は何が自己同一を保つことになり，何がそれを突き崩すことになるか，（どこまで自覚的にかはともかく）絶えず解釈し判断している。その際には，そうした関心事に応じて世界は分節化される。まずはそれまでの自己自身との異同が問われ，次に近接している他分派との重なり合いとズレとが問われ，さらには何らかの意味で自己とのいわば家族的類似性が感じられる現象との類似と相違が問われ，最後にはそうしたものが感じられない諸現象との隔たりと対立が問われる（何に家族的類似性を認めるかは人間の置かれている状況と，そこで人間のいだく関心次第である）。同じである，似ている，反対である，関係がないといった，人間のこうした判断と分類思考は普遍的である。
　初期キリスト教の例を図式的に取り上げてみたい。キリスト教はそれが出てきたユダヤ教との関係で，何を引き継ぎ，何を捨て，何を付加したのかを絶えず問うた。また，ギリシャ人が「知らずに拝んでいる神」との関係を問うた。さらに彼らは自分たちと「カエサルのもの」，政治に関わる世俗領域との区別をつけていた。こうした分類思考と分節化の中で，たとえ「キリスト教」という名称が当初からあったわけではなくとも，キリスト教は一定の自己同一性観念を持っていた。もちろんその観念は，その後の歴史の中でキリスト教が何と対峙するようになったか，また，（「宗教」といった包括概念が形成されるなどして）どのような思考図式の中で自他を見るようになったかによって，内容が変化する。しかしそれは，それまでなかった自己同一性観念がはじめて生じるという変化ではない
　仏教と神道も，確かに宗教という属の中の一つの種として自己を意識することはあり得なかったとしても，したがって一つの宗教として自己と他とをそれぞれ意識することはなかったにしても，やはり平行現象として類似と対立において自他を意識し，その中で自己を意識することはあったと考えたほうが適切である。換言すれば，仏教が一宗教としての仏教という自己意識をもつことがなかったとしても，神道との類縁関係と差違において自己を理解することもなかったとは考えにくい。そのような自己意識さえもがないならば，それは自分が何であるかという認識をまったく欠いていることになり，自己を維持できなくなるはずである。
　中国でも仏教が儒教や道教などと対立し論争してきた歴史があり，それぞれが（労働や経済といった現象，あるいはなんらかの自然現象や生理現象などを相手にするのではなく，ほかならぬ）相互を論敵として見ていたということは，相互を類似した，しかし非なる現象と見ていたことを意味する。日本でも戦国時代以来，キリスト教と仏教とが対立し，論争してきた事実がある。その中では，仏教諸派は，キリスト教との対立の中にともにあるものとして自分たちを見ていた。

神田千里『宗教で読む戦国時代』によれば，キリスト教が伝来した時，これを論敵として迎え撃ったのは仏教，なかでも禅宗であった。そして宣教師たちも論争相手の手ごわさを認め，彼らをトマス・アクィナスやドゥンス・スコトゥスといった神学者にも比している。日本人と西洋人が東西の物質文明や社会制度をめぐって議論しているのではない。キリスト教宣教師たちと仏教徒たちが，お互いを類似した対応物と認め，お互いの教理について論争を闘わせているのである。

1587年の秀吉による伴天連（バテレン）追放令では，キリスト教の仏教諸派との共存拒否，信仰強制が非難されている。その裏に見えるのは，キリスト教による寺院破壊や僧侶迫害である（神田，同書）。キリスト教との対立においては，仏教諸派は一括りに見られていたと考えるべきではなかろうか。はっきりしているのは，政治の側，宣教師の側，仏教の側のいずれにおいても，仏教とキリスト教とが対応する存在であるという認識を共有していることである。

17世紀初頭の『日葡辞書』には，「Tento（天道）」の語の説明に「われわれはデウスをこの名で呼ぶのが普通である」という記述がある。あるべき摂理をもたらす神仏とキリスト教の神とを対応させているわけである（神田，同書）。

そもそも，日本に仏教が伝来した時，蕃神である仏を拝することは日本古来の神祇の怒りを招くという反対論が述べられていた。その後仏教が浸透する過程で，古来の神祇と仏教とは相互に対立する中で相互の異質性を認識し，かつ混淆するようになっていった。この過程はその後も絶えることなく，両者は絶えず互いを意識し，その対抗意識の中で自己意識を持っていたはずである。

天理教の初期に，寺院，神社，山伏，類似の民間の講社による敵対ないしそれらとの拮抗対立が生じたのも，やはりそれらすべてが天理教を自らと相似した存在，ないし同じ類のものとして認識したからではなかろうか。

近代の「宗教」概念のように普及していたわけではないとしても，「宗門」のように，諸宗教の上位概念の機能をある程度果たしていた言葉もある。確かに，ひとたび「宗教」概念が導入されるなら，諸宗教はそのもとで新たに自己理解を再構築するようになるのは当然である。

第二に，「仏教」という言葉自体が，包括概念としての「宗教」が用いられるようになるこの時期に現れたという指摘は，どこまで確証できるかあやしい（磯前とほぼ同じことを中村元と三枝充悳も言っている。中村／三枝，2009）。まず，「仏教」という言葉自体は，中国で漢訳された仏典には幾度となく使用されている。したがって阿含経典から大乗経典に至るまで，さらに論書，注釈書中にも見られる。ただし，仏の教えという意味で用いられており，まれに仏の教敕，命令などの意味で用いられることもある。大正新脩大藏經85巻の電子テキストで「仏教」を検索してみると，5753件ヒットし，すべてを確認したわけではないが，仏の教えの意味で用いられている例は非常に多い。

キリスト教やイスラーム教などと対置される一宗教としての仏教という意味での「仏教」理解は，当然存在しなかった。それでも，江戸時代までの文献には，「仏法」とか「仏道」とかの言い方には，平行現象と区別される限りでの仏教というニュアンスを認めることができる。ともあれ，「仏教」の語そのものは近代以前から存在していた。もちろんその概念内容には時代に応じた差異がある。教えか，実践か，組織か，指示対象はそれぞれに異なるであろう。しかし何らかの形で仏教に関

わる諸現象以外のものを指示対象にしてはいなかったことは確かである。
　以上のことと平行する現象の事例をイスラームからも取り上げておく。イスラームに分派学と呼ばれるものがあり，それは自派の正当性を明らかにすることを目的とし，他の分派の成り立ちや教説を解説する。注目するべきは，「宗教」という普通名詞を用いて，周囲の多神教，ユダヤ教，キリスト教などの他の諸宗教をイスラーム教と並ぶ「宗教」として論じていることである。こうしたイスラームの分派学は，中田考によれば，「宗教」の学問的研究として「宗教学」であり，西欧の宗教学に遥かに先立つ（中田，2004）。学問として同じ性格を持つかどうかには疑問が残るものの，「宗教」という包括概念がすでに使用されていたことは，注目するべきである。

3.3　研究は不可避的に本質探求になる

　宗教概念に関して現在主流となっている議論からすると，宗教の本質を探求するという本質主義は，すでに出発点において誤っており，一種のアナクロニズムに見える。しかし本質主義を学問から排除することは可能なのであろうか。

　まず，ここで言う本質主義とは，宗教の本質を一義的に確認できるという議論では無論なく，宗教概念の存在自体から必然的に本質を探求する動きが生じるという考えである。

　本質主義擁護論を二つの側面から展開したい。一つは進化心理学や認知心理学における本質主義から，いま一つは神経心理学からの側面である。まず前者から述べてゆく（以下は主として山鳥重の研究に依拠している（山鳥，1998, 2004, 2008, 2009）。このほか，生物分類学の業績であるが，三中（2009）には多大の示唆を受けた）。

3.3.1　認知心理学での本質主義

　プラトンとその系譜に連なる人々は，事物間の類似性をイデアの分有という思想で理解した。そして事物の背後に隠れた形相の中に事物の本質を見て取り，記述することが学問の任務であると考えた。事物に共有される不変な本質を発見し，それに基づいて定義することを，ポパーは方法論的本質主義と名づ

3.3 研究は不可避的に本質探求になる

けた（ポパー，1980）。ポパーはこれを批判して，これは科学ではなくて形而上学的世界観であって，現代科学の中では占めるべき場所はないと言う。

これに対して，物事には本質があると無意識に想定する生得的性質が人間にはあると主張するのが，進化心理学や認知心理学の言う心理的本質主義である。事物の背後には本質が潜んでいて，それがうわべの現象を動かす真の原因であると見なす心理が人間にはあるというのである。この説では，心理的本質主義は人間の心に深く染みついている基本傾向ということになる。確かに，ある種に属する全個体に共通する属性はないだとか，共通本性を持った人種というヒトの群れは実在しないなどといった主張は，一般人の思考には受け容れがたい。むしろ，種という本質を生み出すのが心理的本質主義である。この線上で考えると，種や本質や定義や概念といった事柄は，対象の側に客観的にあるものではなく，人間の認知構造の中にあることになる。

また，外見は違っていても「本当は同じものである」という認識があってはじめて存在は変化するのだという意識が生まれる。この変化の中にある同じ存在が同一性で，同一性判断のない人間の思考はあり得ない。人間は類似したものの中に同一の何かを見て取っている。これも心理的本質主義の働きを示している。

さらに，人間が現実世界の諸存在をグルーピングするのは必須である。その際グループ化されたものの背後には本質が仮定される。進化心理学的に見れば，自然界を食べられるものとそうでないもの，危険なものとそうでないものなど，あらゆる場面での分類が必要とされる。分類行為は単なる好奇心の発露ではなく，生き抜くための必然的思考である。人間が事物を分類するのは，分類されるものの本性を探求するための端緒を得るためである。ここでも分類と本質の探究は不可分だと言える。

宗教の本質という見方は，歴史的に見れば近代の啓蒙主義以降に特定の人々によって構想されたわけであるが，認知心理学者は，現実世界のさまざまな断片から出発して，隠された背後の本質へと遡ろうとするのは，人間の本性だと主張するのである。

3.3.2 神経心理学での本質主義

範疇化

　同様の思索は，神経心理学によっても展開されている。通常，どのような認識論であれ，人間の認識の働きとして，名称はさまざまであるが，弁別，類似判断，把持といった三つの作用が指摘される。弁別とは一つの知覚が別の知覚と異なっているという判断であり，類似判断とは二つの知覚が似たものだという判断，そして把持とはそれらの記憶である。ここにもすでに共通属性をさぐろうとする認識の働きが示唆されているが，このうちまず弁別と類似判断を取り上げよう。

　個々の対象に固有の側面にこだわれば，この世に存在する個的対象の数だけ別個の認識が成立し，さらにそれに応じて無数の言葉が成立するはずである。しかし実際には人間は複数の対象イメージの中から共通の属性を抽出して，一般化されたイメージを生み出す。この働きを範疇化機能と呼んでおく。この作用によって個々の知覚は一定の範疇に回収されることになる。このことを失語症がよく示してくれる。そこでは範疇化機能が働かなくなっているからである。

　イスの形は千差万別である。ある失語症 (word category aphasia) の患者は，自分の使い慣れたイスとわずかでも様態が違うと，イスを識別できない。個別のイスの細部にとらわれて，大括りの概念化ができなくなる。患者にとって，名前は特定の個別対象を表す標識になっていて，どれか一つの対象物にその名前を使うと，他の同種類のものにその名前を使えなくなるのである。

　一般名詞の機能は，多数の対象の中の共通の属性を捉えて表すことにある。人間はものの一般的属性を切り出して一つの名前で呼ぶ能力を持っているが，そのような能力がないとしたら，人間はすべての事物にもれなく名前をつけない限り，それらを指示することも表現することもできなくなる。

観念心像

　繰り返される経験の中から具体性・特殊性を薄めつつ「経験の共通カテゴリー」とも言える抽象的な表象性が成立してくるが，山鳥重はこれを観念心像と呼ぶ。これは，長期にわたる無数の多様な異種知覚情報が把持によって蓄積された中から抽象されたものである。鍵という物品の視覚・触覚などの知覚心像が観念心像と結びついた時にはじめて鍵というモノの意味が理解される。

　鍵の大きさ，形，色，素材，用い方は千差万別である。しかし初見の鍵を鍵として認知できるのは，過去の無数の経験の蓄積が照合装置として働いているからである。この照合装置として働く観念心像こそ，本質と呼んでよいのではないかと考えられる。

　観念心像が特定の音韻という聴覚心像と結びついたものが言語心像であるが，日常的経験では言語はただちに意味と結びついているので，言語心像と観念心像が別のものである実感はあまりない。しかし特定の脳機能疾患が両者の関係を明らかにしてくれる。ある患者に鍵を渡すと，ドアに差し込んで回す仕草をするが，名前は言えない。別の患者は，鍵を渡されると，鍵という名詞は答えるが，「これは何か」と聞くと，かじってみたりテーブルをこすってみたりしたあげく，「わからない」と言う。さらに別の患者は，鍵という言葉を告げると，ドアに差し込んで回す仕草をするが，「絵を描いてみろ」と言うとまるで描けない。形を見る知覚心像，「カギ」という音韻を認知する聴覚心像，鍵の意味を理解する観念心像が相互に独立していることがわかる。

注意向け

　最後に，概念の生成について考えてみたい。人間をとりまく現実は無限である。その中から，人間が特定の対象に注意を向けるから，それがほかから切り取られ分節されて，名前がつけられてゆく。注意を向けるということが知覚の前提であって，それがなければ知覚は成立しない。しかも知覚されていない現実は当然のことながら，知覚されていない現実としてすら知覚されることがない。注意が向けられず，分節化されず，名づけられてもいない現実は，その

存在も意識されないということである。類概念としての宗教もこれと同じである。

3.3.3 宗教概念廃棄論に抗して

確かに，宗教概念の生成の過程を考えるならば，宗教の本質を問う問いは本来は誤った問いであり，宗教概念の使用自体が間違っているように思える。宗教概念はこれまで成立の経緯と前提理解が問われることもなくグローバルに使用されてきたが，近年その問題性が鋭く問われ，宗教概念廃棄論さえ見受けられる。

しかしながら，いかなる概念も歴史的に形成されたものであり，その際，現時点から振り返ると政治的に，認識論的に，あるいはその他の点で問題のある成立経緯を引きずっているものがある。重大な問題のあるもの，たとえば差別主義的なものが淘汰されることもあれば，経緯などまるきり問題とされないまま流通してゆくものもある。

植民地主義的・人種差別的イデオロギーを担っていた「有色人種」「白色人種」という言葉も，状況によっては有用な医学用語となる。たとえば，皮膚メラニンの多い人種が日光の弱い高緯度の地で生活することによって，あるいは逆に皮膚メラニンの少ない人種が低緯度の日射しの強い地域で生活することによって，種々の健康障害に陥ることがあるが，そのときには，予防や治療の面で「有色人種」，「白色人種」という概念は有用になる。概念は，異なる使用状況の中で異なる使用価値を持つようになる。形成された文脈を離れて，概念はひとり歩きするということである。

マルクスが『ルイ・ボナパルトのブリュメール十八日』の中でこう言っている。「人間は自らの歴史を作る。しかし，その歴史を一から意のままに作り上げることはできない。人は，自発的に選択した境遇ではなく，過去から伝えられた境遇に身を置きつつその歴史を作るのである。逝きし世代すべての伝統が，生ける者の脳の奥深く死霊のごとく取り憑いている」。学問の世界でも，世代を越えて受け継がれる伝統がある。それは私たちの脳の奥深くに死霊のごとく取り憑いている。「宗教」は，宗教学の世界では当然最も主たる伝統的概

念であり，かつ世界中のあらゆる社会でこの概念はすでに日常生活の思考と言説の中で確たる地歩を占めている．こうなると，宗教概念を廃棄する理由がないというよりも，むしろ事実上もはやその可能性がない．

3.3.4 現実の言説には共通理解の核がある

　宗教概念廃棄論では，概念の多義性も問題とされる．外延が不分明な概念は，学問的に使用に耐えないというわけである．しかし，学問の中でしか用いられない学術専門用語であればさほど問題にはならないが，厄介なのは，一般の言説でも用いられる用語の場合である．

　日本で最も高い山はどこかと問われても，山の概念規定に疑問を覚える人はいないが，日本で最も低い山は何かと問われたときには，山の定義が問題となる．ちなみに，それは大阪にある標高 4.5m の天保山で，大阪湾で浚渫した泥土を積み上げただけの堆積物にすぎない．これが山だと言われると，誰しもが山の概念規定に疑問を覚える．この山を前にして，人は「何粒から堆積になるのか」というソフィストの問いを想起するであろう．同様に，川の定義など誰も意識しないが，日本で一番短い川は和歌山県那智勝浦町にある全長 13.5m のぶつぶつ川（2008 年 10 月 21 日，和歌山県指定）であると言われれば，定義を疑問に思う人がいるであろう．定義に関して，ここでの疑問は二種類あると思われる．

　一つは，定義主体の正当性についてである．日本では国土地理院が「三角点を設置した場所」しか山として認定しないのだが，天保山を念頭に置くとき，おおかたの人はこの認定方法に納得しないであろう．ブリタニカ百科事典では，相対的に 2,000 フィート（610 m）の高さを持つものを山としている．川の場合には，河川法によって指定されるのだが，これも同じである．特定の国家，特定の行政機関，特定の学術的組織などによる定めがただちに普遍的正当性を認められるわけではない．湖沼については湖沼学や陸水学に基づく定義があるものの，これに語の一般的・日常的使用を規制する正当な権利があるわけではない．

　もう一つの問題点は，定義主体が複数あること，その結果として定義から曖

味さを払拭することができないという点である。語の意味については，国家，学問世界，一般社会などがそれぞれに定義なり語感なりを持っていて，しかも相互に一定のずれを含んでいる。湖沼のうち大きなものを湖，小さなものを池あるいは沼と呼ぶが，学問的に確定した明確な定義はないし，湖，池，沼，川幅の広がった所の区別は明確ではなく，社会・時代ごとに語法が異なっている。山と丘と高原の区別と定義も同様である。

　ほとんどすべての語について言えることであるが，言葉の定義と意味については，以上のような問題がつきまとう。概念の理解に厳密な社会的一致はない。しかし意味のある言説が成り立っていると人々が感じるためには，グラデーションのある共通理解があらねばならない。言説が成り立つ限りでは，社会全体で共通理解の核はあるのだ。「宗教」にも共通理解の核がある。何か特定のものが指示されて，それが宗教か否かを問われれば，おおかたの場合は誰でも答えることができる。しかし，宗教と非宗教の間のグレーゾーンにある現実・現象を指示すると，研究者であれ一般人であれ，躊躇を覚えるのである。

3.3.5　語の意味は使用で決まる

　さきに，「形成された文脈を離れて，概念はひとり歩きする」ということを指摘しておいた。言葉は生き物で，絶えず変化する。変化をもたらすものは語の現実の使用であり，それが意味を規定している。身近な例を挙げて説明したい。

　2011年12月に，ようやく航空自衛隊の第5世代ジェット戦闘機の概念に適う次期戦闘機がF35にひとまずは決まった。学者には関心が薄いかも知れないが，国防に関わる重要な選定である。「第5世代戦闘機」の概念は1981年のアメリカ空軍先進戦術戦闘機計画に遡り，この概念の定義は，精度の高い火器管制装置や高速飛行を可能にする前進翼やステルス性など，いくつかの要件から成っていた。しかしその後の技術的・戦術的な検討の結果，定義を構成していた多くの要件がはずされてしまい，結局第4世代戦闘機との大きな差違はほぼステルス性だけになってしまった。逆に，今後新たな技術革新と新しい戦法の必要性に応じて，「第5世代ジェット戦闘機」の定義は当然変えられて

3.3 研究は不可避的に本質探求になる

ゆく。概念とか定義というものは，本来的にこうした宿命を負っている。

　宗教に関わる言説で言えば，「原理主義」「カルト」「スピリチュアリティ」といった語が典型である。原理主義は当初，1920年代に北米で生まれたプロテスタンティズム内の一傾向を指す，なかば固有名詞に近い言葉であったが，1979年のイラン革命に対して欧米のメディアがこの語を用いたことがきっかけとなって，広く一般の文化現象にも適用され，原理原則に頑迷に固執する態度が一般に原理主義と呼ばれるようになった。最近の日本の政界では，特に安全保障に関する考え方と態度のゆえに，社民党の党首までもが原理主義者呼ばわりされる。カルトも，元来は「個々人の癒しや神秘体験を重視する絆や統制の緩やかなグループ」（對島路人「宗教集団とそのダイナミズム」『社会学事典』丸善，2011）を指す集団類型論の一概念であったが，1960年代末から対抗文化運動の一部としての目新しい小宗教集団に適用されるようになり，いまでは「アブナイ新種の小宗教集団」といった程度の意味に用いられている。スピリチュアリティなどは鵺のような語であって，人々は頻繁にこの語を用いるが，その意味を尋ねると誰もきちんとした説明ができない（デネット，2010）。人間の倫理的実存形成の核をなすものという意味もあれば，テレビの娯楽番組における心霊話もスピリチュアルなのだそうである。

　「独壇場」という言葉はおかしい，「独擅場」と正しく言うべきだと主張しても誰にも顧みられないように，概念使用のこうした変化に対して，異議を申し立ててもあまり意味はない。現実の言説によって概念は共同的に規定され続けるのであり，語の意味は使用によって決まるのである。「宗教」の意味もそうであって，現実の用いられ方から意味を探るのが記述的な研究であり，自らの見方を基準にすえて対象を見ていこうとするやり方は，宗教学の世界では規範的と批判されるのが通常である。

　語の意味規定や定義は専門研究者のみのわざではない。それは一つのあり方にすぎず，たいていは一般人によって日常生活内でもなされる。そして学問世界での言説と一般社会での日常的言説は相互に影響を及ぼすが，たいてい後者のほうが影響力は強く，現代において言説の方向を決めるのに最も大きな影響力を持っているのは，言うまでもなくマスメディアである。それぞれの語の意味は，当初の学問世界での使用とは違って，大幅に拡張されたり方向を変えた

りする。これが言葉の常態なのである。

3.3.6　概念と実在と本質：実在するのは宗教か個別の営みか

　定義問題は実にさまざまな難問に複雑に絡んでいる。すなわち，実在とは何か，本質とは何か，同一性とは何かといった諸問題である。
　まず考慮されるべきは，宗教なるものが実在するのかという問題である。歴史的に言えば，何らかの個別の行為・実践があり，それに対して啓蒙主義以降に「宗教」という包括概念が構想されたのであれば，宗教は客観的実在というよりも，主観的解釈であると言える。しかも，普遍概念と個物との関係を考えるなら，そもそも概念に実在性を認めること自体に問題があるのかもしれない。概念が人間の意識の構成物にほかならないのであれば，概念自体が実在するわけではないということである。たとえば，哺乳類という存在が実在しているのではなく，実在するのは馬であり，熊であり，犬である。さらに言えば，実在するのは馬・熊・犬ではなく，目の前にいるこの存在であり，あの存在でしかない。おそらくこの言い方も厳密ではなく，「あの存在」，「この存在」という認知自体が既に現実そのものではない。現実の一部を特定の存在として切り取って名づけているのは，人間の言語による概念化作用でしかないからである。宗教概念の議論に即して言えば，宗教なるものは存在していないと言わざるを得ない。差し当たりは，実在するのはヒンドゥー教であり，仏教であり，ユダヤ教であり，イスラーム等々の個物であると言っておく。
　しかし，概念は実在しないなどと安易に言ってよいのでのであろうか。たとえば，二酸化炭素は実在しないと言えるだろうか。個々の二酸化炭素分子は，われわれがまだ知らないだけで，一つひとつ違いがあるかもしれない。また，空間や時間はどうであろうか。これらは概念であるが，実在するのではないのか。さらに決定的な例で言えば，「円」や「二等辺三角形」は実在しないのであろうか。
　こうして，概念としての宗教が実在するか否かを問うならば，問題は中世の普遍論争に関わってくることがわかる。この底なし沼のような，答えの出ない問題にはこれ以上関わらないが，宗教の実在性を問題にするなら，最後はここ

に行き着く。

3.3.7 共通属性は本質と言えるか

　草創期の宗教学では，諸宗教に共通する属性が宗教の本質をなすと考えられていた。確かに，普通はある名称で呼ばれるものには何か共通するものがあり，それこそがその名称が使用されるゆえんであると考えられている。初期宗教学はそれを宗教の本質と考えたが，問題はそのようなものがあるのか否か，あったとしてそれを本質と考えてよいのか否かである。初期の宗教学でも，現在の宗教概念論議でも，「本質とはそもそも何か」という問題が真正面から問われたことはなかったが，この問いの答えを知ることなしには宗教の本質を想定し，それを探求した初期宗教学の是非について議論することもできないはずである。

　人間を定義する際に，たとえば「人間とは理性的動物である」と言われる時，理性的という属性は本質として考えられてきた。しかし雑食性という属性もすべての人間に共通する。しかしこれは人間に偶然備わっている属性，すなわち偶有性であると言われてきた。それゆえ，ものをそれ自体たらしめるのみならず，それ自体以外のすべてのものから区別するような属性，すなわち個体属性こそが本質をなし，定義を構成しうる。言い方を変えると，Xの定義は，Xのあらゆる個別事例について妥当しなければならない普遍性を有し，同時にXにのみ妥当する固有性を基準として持たなければならない。これは現在の様相論理の立場にほぼ等しい。「Xの本質はYである」から，必然的に「Yであるものはすべて X である」が出てくる。

　　宗教の共通属性はないとよく言われるし，本書でもそう記されている箇所もあるが，論理的な屁理屈を言えば，共通属性は無限に存在する。「存在する」とか「人間が関わる現象である」という属性は，すべての宗教に共通する。個体属性を念頭に置かなければ，共通属性は論理的にはいくらでも考えることができる。

　デュルケムが彼の宗教概念を構成したとき，彼はおそらくここまで考えていた。彼が宗教を sui generis なものとしたのは，他の初期宗教学者たちや，彼

第3章　宗教概念批判とその吟味

以後のエリアーデなどとは違った根拠を考えていた。彼は定義が固有性基準を満たさねばならず，かつ様相論理の結論をも受け容れうる定義を考えていた。したがって，「社会の連帯を社会成員に確認させ，それによって連帯を強化するもの」は，一見世俗的な現象に見えても，彼にとって宗教に他ならなかったのである（デュルケム，1976，（下）342頁）。

しかしながら，固有性基準を満たす定義は，本当に本質を言い表していると言えるのであろうか。たとえば，人間だけが雑食性という属性を持っている場合には，それが人間の本質なのであろうか。雑食性を人間の本質と見ることに違和感を覚える人は，実は人間の本質について一定のイメージを持っているからである。ところがその人が本質と考えるものは，自分にとって大切で価値があると思われるものである。つまり何が本質かについての判断は，事実判断ではなく，究極的には信仰判断であり価値判断なのである。

筆者のこの考え方は，経験論者の考えとほぼ重なる。経験論者たちは，ものの定義はそれを表示する感覚的属性の報告にすぎないとし，すべての感覚的属性の根底にあるとされるアリストテレス的本質を拒絶し，本質と偶有性の区別自体を無意味だと考えるのである。具体例で考えたい。「虚数」，物理学の「速度」，化学の「ベンゼン環」といった学術用語は，一義的に定義されており，それらが何であるかについて曖昧さはない。この場合，定義は本質を言い表していると考えられる。しかし同じ学術用語でも，哺乳類はどうであろうか。三省堂の『大辞林』ほかを合成して言えば，哺乳類の定義とは「(1)大脳がよく発達し，動物中最も高等，(2)頸椎は普通七個，(3)皮膚は毛でおおわれ，(4)汗腺・皮脂腺・乳腺がある。(5)聴覚器は内耳・中耳・外耳に分かれ，(6)歯は門歯・犬歯・前臼歯・後臼歯に分化する。(7)心臓は完全な二心房二心室。(8)恒温動物で，(9)胎生」である。

これらの諸特徴のうち，どれが本質でどれが偶有性かを区別する基準はないように思われる。また，すべてが固有性基準を満たしているわけではない。(1)は程度問題であるし，(2)には例外があり，(7)は鳥類にも当てはまる。(8)に関しても，ナマケモノのように変温のものがいるし，(9)ではカモノハシやハリモグラなど卵生の単孔類がいる。要するに，これらの属性の重なり合った動物が哺乳類なのである。いくつかの固有性といくつかの偶有性の重な

りではあっても，この定義で困ることはない。例外はごくわずかであり，生物種は短期で変化しないからである。

　しかし，新種生物がごく短期間に次々と発生してくるような状況を想定するなら，この定義は意味をなさないか，少なくとも役に立たなくなる。たとえば，これらの特徴のうち，そのすべてを満たす生物種が現在の約4500種から激減して数種類しか存在しなくなり，逆に一つだけ欠く生物種が数千種，二つだけ欠く生物種も数千種存在するような状況になったなら，現在の哺乳類というカテゴリーは生物学においてあまり使い道がなくなってゆくであろう。いま述べたことは，「宗教」という概念を考える上で，平行する重要な論点を含んでいる。

　デュルケムが聖観念だけで宗教を定義しようとしたのは，固有性基準にこだわったからである。これは一つの戦略ではあるが，聖観念以外にも，常識的偶有性をいくつか加えていくのもまた，あり得る別の戦略である。第2章で常識的諸属性が共通属性でも個体属性でもないことは指摘しておいたが，哺乳類の定義と同じように，重要な偶有性として参考基準にはなるのである。

3.3.8　同一性とは何か

　さきに，概念としての宗教が実在するのではなく，差し当たりは，ヒンドゥー教，仏教などといった個別宗教が実在するのみであると言っておいた(3.3.6)。しかしながら，こうした個別宗教の名称も個々に異なる諸現象に対する包括概念にすぎない。

　特定の宗教がある社会から別の社会へ，同一の社会でもある世代から次の世代へ，個人から個人へと伝えられてゆく時，伝達の前と後とでその宗教が同一であるという保証はどこにもない。伝達者（集団）と被伝達者（集団）とは，それぞれ異なった生活状況の中で受け渡しを行う。受容には受取手の側の解釈が介在するのであり，そこには変容が不可避である。また，一人の個人であっても不変の自己同一を保っているわけではない。昨日の私は今日の私ではない。異なる私は自己に外在する宗教を絶えず受け取り直している。ここにも解釈が介在するのであり，昨日の私がもっていた宗教と今日の私がもっている宗

教との間には，原理的にはずれがある。

わかりやすくするため，空想的事例を構成しよう。たとえば，「人種間には優劣があって，それに応じた差別的待遇が当然あらねばならない」と主張するようになったキリスト教は，キリスト教なのであろうか。答えは微妙である。キリスト教徒を名乗る人の20億分の1の人がこのキリスト教を信奉するなら，この信念はキリスト教にあらざる異物として排斥され続けるし，一般の非キリスト教徒たちもそれを無視するであろう。しかしこのキリスト教を信奉する人が全キリスト教徒の99%を占めるようになるなら，事態は決定的に異なってくるはずである。

歴史の中，時間の中にあるものは絶えず変化してやまず，変化の中に同一性を認めることは，観察者の評価的・解釈的決断なのであって，同一性は客観的に実在するものではない。そして本質と呼ばれるものは，通常はこの同一性概念と重なる。変化の中にあってもなお変わらないものこそ，普通は本質と考えられているからである（「変化したものは末梢的表層であり，大事な本質は変わっていない」というわけである）。

諸宗教を貫く本質の存在を想定するにせよ，拒否するにせよ，本質なるものがそもそも存在しうるのか，あり得るならそれはどのようなものなのか，といった考察ぬきには，議論は深まりもしないし，前に進みもしないのである。

3.4 家族的類似性

さきに見たように，宗教学の出発当初には，諸宗教を比較すれば，その結果として「あらゆる宗教が共通に分かちもっている共通点」なるものが明らかになると考えられ，それが宗教の本質をなすと考えられた。そもそも言葉が用いられる時には，通常は言葉の基礎にそのようなものが想定されるものである。しかし，「ホウ素酸化物」とか「対数」といった，学問の中で厳密かつ一義的に定義された概念を別にすれば，通常の言葉の多くは，指示対象の間に共通の属性など見出せない。

実際，物事はたいていあやふやな境界線を持つ。「野菜」の境界と共通属性など，誰も言えない。「大衆文学」や「通俗文学」と区別される「純文学」と

3.4 家族的類似性

いうカテゴリーがある。しかし，文学のうちで，純文学とそうでないものとの境界など，画せるはずもない。また，「哲学」の意味を日常言語の使用から確定しようとしても，あまりに多岐にわたっており，無理である。さらに，芸術の範囲を確定できるものだろうか。CMソングや人気アニメや漫画，演芸などが芸術か否かは，各人の受け取り方と評価次第である。音楽ジャンルの区分けも，明確で説得的なものはない。スポーツニュースで競馬，競艇，カーレース，ビリヤード，ボーリング，社交ダンスなどが取り上げられることに，時として違和感を持つ人がいる。これも，「スポーツ」という語が当てはまるものに関する自分の観念とのズレが原因であろう。

ここでウィトゲンシュタインの言う「ゲーム」を考えてみよう（ウィトゲンシュタイン，1984a）。われわれは普通，次のように考えている。「ゲームと呼ばれるものには何か共通するものがあるに違いない。さもなければそれらをゲームとは呼ばないであろうから」。そこでまず，チェス，将棋，碁などといったゲームを見てみる。ここにはいつくかの共通属性がただちに見て取れる。例えば「コマを使う」といった性質がそれである。しかし次に，麻雀，トランプなどに目を移すと，「盤を使う」などといった共通属性が浮かび上がる。その際，最初にあったいくつかの共通属性が消えて，後者のみに特有の性格が現れてくる。さらにボールゲームに目を転ずると，前のゲーム群と共通する特性のうち，多くが残るものの，消えて行くものも多い。盤ゲーム，カードゲーム，ボールゲーム，オリンピックゲームなどの競技がある。勝負という性質が共通するのであろうか。マスゲームなどにはそれがない。娯楽という性格が共通するのであろうか。選手個人にとっては命がけの競技もあるし，勝敗次第では国家間の戦争にすらなる競技もあり，これらを娯楽と呼ぶのは，かなり苦しい。こうして見ると，ゲームと呼ばれるすべてのものに共通するゲームの本質などといったものは存在しないことがわかる。あるのは，互いに重なり合い，交差し合う類似性の網目にすぎない。これは，一つの家族を構成する人々の類似性，すなわち体格，顔立ち，毛髪，声，歩き方，笑い方，気質などに比することができる。ウィトゲンシュタインはこれを「家族的類似性」と呼ぶ。

宗教もこれと同じように，ある宗教群を見ているとある共通属性が目に付くが，別の宗教群に目を転ずると別の特性が浮かび上がってくる。こうして全体

第3章　宗教概念批判とその吟味

を通観すれば，「すべての宗教に共通する特性としての本質」などというものは，ことごとく消え去ってしまう。

　こうして，宗教の定義を構成しようとしても必ず破綻してしまうのであるが，このことは「反省的判断力」の問題としても捉えることができる。カントは，特殊が所与として与えられていて，それらに対する普遍を見出す能力を「反省的判断力」と呼んだが，問題は，普遍を構成する際に，あり得る特殊が眼前にすべて与えられているわけではないという点にある。普遍を構成したあとに，性質を若干異にする特殊が次々に与えられる。定義が随時改変されてゆく所以である。デネットによれば，今日世界中に主要な宗教は数十あり，このほかにあまり知られていない宗教が数千あって，さらに毎日二つ三つの宗教が生まれる（デネット，2010）。このように，考慮するべき特殊例が増えるにつれて，普遍を調整し続けなければならず，際限がない。この一事を考えただけでも，「宗教とは〜である」という全称命題の形で，すべての宗教に当てはまるような属性を語ることは，そもそも無理だとわかるであろう。しかも厄介なのは，どの事例を普遍に包摂するべき特殊と見なしてよいのかという難問もここには孕まれているのである。
　そもそもこの問題の根底にあるのは，世界は切りよく分類されているわけではないということである。世界が客観的に分類されているわけではない。世界に分類の網をかぶせているのは人間である。しかし人間が個物から作り出した普遍概念で現実の世界が切りよく切り分けられることはなく，余りがどこかで生じる。これは概念化の宿命である。

　宗教の諸現象を家族的類似性として捉えることは，宗教と非宗教との境界線をもうけるという定義の役割そのものを放棄するに等しいという批判がある。しかししょせん定義というものは多様な現象を人為的・一面的に区切って概念化したものである以上，普遍の客観的妥当性を持つものではない。
　このようにして，宗教の共通属性を探る試みは，現実の宗教の多様性の前に挫折する。したがって，すべての宗教を包括する普遍的な定義を構成する企ては，今日では放棄されている。これが宗教の定義に関わる現状である。現代の宗教学は，この問題には実は拘泥していない。たとえ宗教全体の境界がはっきりしなくとも，仏教なりキリスト教なり，個別宗教史の研究では対象がはっきりしているわけであり，何も困ることはないからである。宗教研究というのは，宗教とは何かという問題だけを追求しているわけではないのである。
　しかし，宗教という家族的類似性を考えるというのが，宗教の定義を考える上で最も妥当な態度であるとは言えるものの，やはりもっと具体的な指標を望むのが世間の常識というものであろう。これまで述べてきたように，もしも定

義が宗教と見なされるすべての現象に当てはまる普遍性を有し，かつ同時にそれ以外の現象には当てはまらず，宗教現象だけに当てはまるという固有性を持たなければならないとするなら，宗教の定義を構成するのは不可能である。ここで有益な参考になるのが，生物分類である。たとえばさきに例として挙げた哺乳類の定義を想起してほしい。普遍性に欠ける特殊な属性もあれば，固有性に欠ける属性もある。今後の長い生物進化を仮定するなら，哺乳類の現在の定義も再考されざるを得なくなる事態もあり得よう。しかしそれでも，現段階で哺乳類とは何かを理解し哺乳類の研究をする目安としては，今の哺乳類の定義には十分な使用価値がある。このことは宗教の場合に転用できる。

宗教の定義は，宗教言説の可能な限り広い領域に目を配る必要がある。それに照らすと，デュルケムの定義における「聖」は，基本要素として最も広い汎用性を備えている。当該対象がどのような属性を持っていようと，持っていなかろうとも，それを聖なるものとし，一定の禁忌をもって他と区別して尊重することがないならば，その対象は宗教とは関わりがないと考えてよいからである。もちろん，デュルケムの定義ですら，さきに述べたような種々の難点を抱えており，聖としての尊重の仕方と程度には相当な幅がある。しかし，これを基本としつつ，それに加えて常識的諸属性の重なり合いを考えるというのが実際的には最も妥当だと思われる。神崇拝，霊観念，いわゆる超自然性，非日常性，死生観，究極性などといった諸特徴は，普遍的属性ではあり得ないものの，現に宗教と呼ばれているかなり多くのものにおおむね当てはまる。「盤を使う」「コマを用いる」「娯楽性」「勝負」といった属性が多くのゲームに当てはまるのと同じである。「宗教」とは，こうした諸属性の重なり合うゆるやかな集合体なのである。

第4章　宗教と非宗教の境界

　前章では，宗教の定義にまつわる難点の一つとして，宗教と宗教でないものとの区別がつけがたくなるということが指摘された。デュルケムにならって宗教の共通属性として聖性を挙げようとも，それにはあらゆる程度の差違が認められ，中間は限りなく灰色に近づく。こうなると当然，宗教と非宗教の境界領域にあって宗教なのかそうでないのかがはっきりしない現象が現れ出し，聖性も宗教だけの共通属性とは認めがたくなる。
　しかしながら，本当にこれは定義の欠陥なのであろうか。むしろ現実自体が切れ目のない連続体なのではなかろうか。一方の極には，誰が見ても宗教と認められるような現象があり，もしそれを宗教として認めないならば，宗教という語が意味を失うような現象がある。他方の極には誰が見ても宗教とはまったく無縁な現象があり，もしそれをも宗教と呼ぶならば，やはり同様に宗教という語が意味を失うような現象がある。そして両極を結ぶ線上に無限に多様な現象が切れ目なく並んでいる。もしこれが実態ならば，デュルケムの定義は宗教と非宗教とを厳密には峻別できない欠陥定義であるというより，むしろ実態に即した定義として積極的に評価することができる。
　以下では，宗教性が繰り返し問題となる諸現象をいくつかに分けて検討してみたい。

第 4 章　宗教と非宗教の境界

4.1　ファシズム，共産主義などの政治上の主義

　ファシズム，共産主義，サンディカリズムのような政治的主義は，その宗教性が従来しばしば指摘されてきた。最も歴史の古いものは共産主義に対する指摘である。特にプロレタリアートによる最後的革命とその後の社会の展望，つまり人が能力に応じて働き，必要に応じて受け取るような人類史の究極の姿を含むその歴史理解は，メシア待望のユダヤ的終末論やキリスト教の終末論の引き写しにも見え，科学的に立証されるものではない。しかしそれへの信念が人々を革命運動に駆り立てたのであり，単なる学説にそうしたことは可能ではない。しかも現実の社会主義国において実在した個人崇拝，カトリック教会に近い党の階層制組織，教典の位置に立つかのような指導者たちの著作，自らを科学と称しながらも，いかなる議論によっても決して意見を変えることのない態度，というより議論による検討自体を許さない態度，宗教儀式と見まがうほどの革命記念式典，社会科学上の一学説にとどまらない人々に対する教説の拘束性，伝道にも比することのできる説明を越えた見解の押しつけなど，宗教性は数々枚挙できる。ひとことで言えば，それを否定し侮蔑するならば，厳しい制裁が待ち受けているもの，すなわちタブーによって他から分け隔てられ保護されている聖なるものが共産主義の中には多々あるのである（共産主義の宗教性については，ベルヂァエフ（1951），エリアーデ（1994），トインビー（1967）などを参照）。

　以上に述べた諸点に関して，まったく同じことがナチズムにも言える。ただし，科学性に固執するマルクス主義とは異なり，ナチズムの主張にあっては，宗教性がいっそう前面に出ている。

　ナチズムは大衆を結集するための「物語」を必要とした。ヒトラーの『わが闘争』においては，「民族と人種」の問題には一章がさかれ，アーリア人種の神話，そしてそれと表裏一体をなす反ユダヤ主義が展開されている（『わが闘争』Ⅰ部第11章）。しかもヒトラーによれば，政治的信条は信仰へと高まらなければならない。さもないと「人間存在の基礎がはなはだ動揺する」。吟味や精査が可能な意見は人を生かすことがなく，疑いを許さぬ信仰こそ人間存在の基礎であり，行動への原動力なのである（同上，Ⅱ部第1章）。したがって不寛

容こそ，ナチズムにとっての絶対的前提である（同，第5章）。半ば扇動とカムフラージュのため，半ば本気で，ナチス指導者の多くが独特な神学，ナチズムの精神的支柱となる神学を持っていた。このこともナチズムの宗教性を示す事実と考えてよいであろう（Richard Steigmann-Gall（2003）を参照。ナチズムの宗教性に関しては，さきに挙げたエリアーデ（1994）と Barth（1957）を参照）。

　こうした宗教性・神話性の必要に関しては，アルフレート・ローゼンベルクが『二十世紀の神話』においてより明確かつ自覚的に述べていた。彼によれば，神話は信仰対象として人間に最高の価値を与え，未来を形成するための戦いへと人を動かす。それは民族的覚醒を促し，民族の統一を可能にする。それは反駁を許さないかたちで現実を創造してゆくのである。要するに，神話は集団の基本的価値を表現し，その価値が実現する未来をイメージさせ，それによって人々に行動の目標を与えるのである。

　政治上の社会運動が宗教ないし神話に基礎を持つということを最も明瞭に述べたのは，サンディカリストのジョルジュ・ソレルであった（ソレル，1976）。彼によれば，大衆に受け入れられる神話がない限り，いかなる革命的運動も引き起こすことはできない。大きな社会運動に参加する人々は，自分たちの行動を自分たちの主張が最後的に勝利を収める戦いとしてイメージする。このイメージをソレルは神話と呼ぶ。神話は客観的事実の叙述ではなく，集団の意志の表現なのである。これまで，カトリック教徒は最も苦しい試練のただ中にあっても意気阻喪しなかった。彼らは歴史をサタンと教会との戦いとして想像していたからである。一切の事象・困難はこの歴史過程の一挿話であり，最後は教会の勝利に終わる。同様に，革命運動に対する迫害が，サタンとの闘争というこの神話を復活させた。サンディカリストのゼネストもマルクス主義の革命も神話である。おしなべて革命の神話は宗教と同じである。これとは逆に，主知主義的な意見・学説・理論は人を行動に駆り立てない。それらは神話によって動く人を動揺させることも押しとどめることもできない。意志と信念は論駁され得ないが，意見や見解は検討されうるし，吟味されうる。したがって学説にとどまる限りでの社会主義を放棄させることは容易なのである。

　以上の議論との関連で，共産主義と国際ファシズムとを現代の新しい宗教と呼ん

第4章 宗教と非宗教の境界

だ思想家に,キリスト教神学者のカール・バルトがいる(Barth, 1957)。彼が挙げている,宗教と一般的世界観とを区別する標識を整理すると,次のようになる。
　(1) 世界観は排他的拘束力を持たないのに対して,宗教は排他的拘束力をもって迫ってくる。(2) 世界観を肯定する際,人はそれを基礎づけようとするが,宗教を肯定する際にはそのための根拠を挙げることもできないし,挙げようともしない。(3) 世界観は根本的には人間の実生活と関わらないが,宗教は何よりもまず人間の実生活を差し押さえる。
　確かにバルトの言うように,ある一定の世界理解を妥当性のあるものと見るものの,それによっていささかも自分の生活が規定されない場合には,それは単なる「観」,すなわち見方・意見・理論にとどまる。同様に,他者の生活に関しても,妥当性があると認める世界理解によって規制しようとしないなら,やはりそれは「観」でしかない。「あなたが同調して一緒に行動してもしなくても構いません」と言うなら,その政治的主義はただの意見である。「これは真理なのであるから,あなたは行動を共にしなければならない」と要求する政治的主義は説得であり,伝道であり,これは宗教の特徴であろう。
　この標識により,バルトは共産主義と国際ファシズムとを宗教と見なす。しかし彼自身も自覚しているのではあるが,これら二つの運動は無限の多様性を示す。したがってロシア共産主義は宗教であるが,ドイツ社民党と社会民主主義は宗教と呼ぶに当たらないとする。ロシア共産主義とドイツ社民党の区別は納得できるとしても,その間にはさまざまな思想傾向と運動が介在しており,各々が相異なりつつも重なり合い,それゆえここには一つの連続体がある。
　ということは,この区別に対応している宗教と非宗教の区別にも,当然同じことが言える。すなわち,宗教と非宗教との間そのものにも明確な境界線は引き得ないということである。

　この節を総括するのに最適な議論は,1951年に書かれたエリック・ホッファーの『大衆運動』であろう。それによれば,大衆運動の主義主張がいかに多様であろうとも,大衆運動の担い手たちには一つの共通属性があるため,諸運動はみなよく似た相貌を呈する。すなわち,他者に耳を貸さず自らの主義に心酔し,大義のためなら死をも辞さない忠義と服従を示し,異質なものに不寛容で激しい憎悪を向ける精神と態度,ひとことで言えば狂信性である。ホッファーはこの精神と態度を,宗教的ラディカリズムのうちと,共産主義・ナチズム・いくつかのナショナリズムのうちとに見ていた。これらの「〜イズム」は,絶対的な献身と崇拝の対象になっている点で神々の地位に立っている。彼の次の言葉は,伝統的宗教に取って代わった現代の神々を的確に表現している。「現代は神なき時代ではあるが,無宗教とは正反対の時代である。狂信家はいたるところで行軍中であり,彼は人を改宗させるか,何ものかに敵対する

ことを通じて自分のイメージどおりの世界を形づくろうとしている」。

4.2 フランス革命祭典，アメリカの市民宗教，世俗的ナショナリズムなど

フランス革命の種々の祭典が宗教的礼拝式の側面を強くもっていたことは，歴史家たちによってつとに指摘されてきた（以下については，立川 (1989)，竹下 (2010) を参照）。実際，革命において起こった「非キリスト教化」運動は，一面ではカトリシズムを破壊しようとしたが，他面ではカトリック礼拝に代わる新しい市民的礼拝を創造しようとする試みであった。これを背景として「理性の祭典」など，革命の理念を喚起する祭典が行われるようになる。皆が同じ歌を歌い，一つの旗のもとに結集し，皆で特定の像を崇め，全員が同じ行進と礼拝に参加する。これは典型的な宗教儀礼である。

この点を宗教社会学の議論として最初に展開したのは，デュルケムである。共同体の諸個人が密接に結合している時，そこから祭儀が生成し，聖性が表現される。デュルケムによれば，その祭儀と聖性は，固有に宗教的な祭儀と同じである。「キリストの生涯の主要な日付を祝賀するキリスト教徒の会合，「出エジプト」あるいは十誡の公布を祝賀しているユダヤ教徒の会合と，新しい道徳的憲章の制定，または国民生活の何らかの重大事変を記念する市民たちの集会との間に，どんな本質的な差異があろうか」（デュルケム，1976，（下）342 頁）。

しかしながら，1794 年にロベスピエールが導入した「最高存在の祭典」になると，デュルケム的視点で革命祭典と見てよいのか否か，相当疑問になる。自由の理想があれば，おのずと民衆が結集して祭儀が生まれると考えたのはルソーであったが，ロベスピエールはその考えを逆転させて，「民衆を強制的に集合させることによって，彼らを自由平等なる共和国の市民につくりかえる」（立川，1989，229 頁）ことをもくろむ。自然発生的な祭儀が強制的訓育の手段と化しているわけである。しかも，この祭典は 1801 年には廃れ，19 世紀のヨーロッパ中に広がるかなり剥き出しのナショナリズムが前面に出てくるようになる。もっとも，デュルケムはこうしたフランスでの経緯をも念頭におきつつ，「人工的により醒ました古い史的憶念によって，一つの宗教を組織しよ

第4章　宗教と非宗教の境界

うと」しても，不毛に終わることは付言している。

　アメリカ合衆国の建国の理念や，現実の政策の根底に，ある超越的な価値観が絶えることなく流れていると主張したのは，思想的にデュルケムの直系の弟子たる社会学者ロバート・ベラーであった（ベラー，1976）。近代的人権思想や共和制民主主義などを掲げる合衆国は，現代世界の輝かしいリーダーたらんとする宗教的使命を帯びている。そうした国家の存在目的と価値理想とが，キリスト教から借用された超越的象徴によって表現され，神聖化される。この市民宗教には，聖典があり（「独立宣言」など），聖なる儀式・儀礼があり（大統領就任式など），聖者・預言者・殉教者があり（ワシントン，ジェファーソン，リンカン，ケネディなど），聖日があり（独立記念日など），聖地があり（アーリントン墓地など），聖歌があり（国歌など）と，宗教の必要条件はすべて備えている。

　しかし肯定的に見られ得たアメリカ市民宗教もいつしかただのナショナリズムと成り果て（あるいは最初からそうだったのか），おのれの価値観を強引に自己以外の世界に押しつけるという意味での宗教性のみを示すにいたっている。「宗教国家アメリカ」とか「原理主義の国アメリカ」といった表現は，否定的側面からのみ見た強引なアメリカの政治的宗教性（あるいは化けの皮がはがれた世俗的ナショナリズム）を指摘しているわけである。

　ナショナリズムはネイションの基礎にエスニックな共通性があると考えるわけでは必ずしもない。アメリカのナショナリズムは，そう考えるわけではないナショナリズムの典型であり，エスニシティに関わらない「普遍性」の論理を合理主義・自由主義と同一視する。アメリカのナショナリズムは，まず「普遍的な」価値理念を前面に掲げ，その先駆的担い手が自分たちであるとしてナショナリズムを正当化する。ここでは，まず一つの価値尺度を普遍的なものとして宣言し，次にその尺度上で自民族を他民族の上位に位置づけるのであり，普遍主義と自民族優越の特殊主義とが結合しているわけである。これに応じて，アメリカのように，革命によって新しい国家体制を作り上げた国では，普遍主義的な理想と国家体制神話とが固く結合することになる（この段落に関しては，塩川（2008）を参照）。

4.3 祭り

　七五三，クリスマスなどの祭りの多くが，宗教と非宗教との境界にただよう。祭りを宗教的祭りとそうでないものとに分けることは不可能である。
　七五三は，元来は氏神に対する収穫の感謝を兼ねて，子供の成長を感謝し，祝い，子供の加護を祈って神社・寺などに詣でる宗教的な年中行事であった。しかし，今やそれは人生の節目をしるす通過儀礼としてのみ受け取られ，その宗教性はほとんど意識されない。
　クリスマスは，そうしたものの好例である。本来それは，キリスト教の聖なる祝祭である。しかしそれは，今や宗教文化の垣根を乗り越えている。西洋諸国のみならず，日本でも，韓国でも，中国でも，インドネシアでも，インドでも，おそらく地球上の他の多くの国々でプレゼントが贈られ，パーティが開かれ，サンタが街頭に立ち，セールが催され，ケーキその他の特別な食べ物が食べられる。
　クリスマスだけではなく，祭りは宗教から非宗教へと越境する傾向をもつ。祭りは，しばしば季節的リズムと一致して行われるが，本来的には共同体の労働のリズムに合わせて全員が集合し，それによって共同体の連帯を確認強化するために行われる。しかし祭りは，生業の区切りを画して労働の手を休め，楽しくすごして生気を取り戻すというレクリエーションの機能をも果たす。この側面から見ると，祭りにはさまざまな娯楽的要素が見て取れる。この方向で祭りが発展すると，多彩な造り物や演出がきわだつ祭礼へと移行してゆく。
　祭りにおける祝祭の楽しさは，人々に祭りを忘れ難いものとさせ，それがまた祭りの継続と多方面への発展につながり，祭りは宗教性を薄めた種々のイベントになっていく。たとえば祝祭の楽しさと人々の集合は，商人の注目するところとなり，外来の祭りもが積極的に取り込まれる。クリスマス，新年，バレンタイン・デー，ホワイト・デー，復活祭，母の日，父の日などは，この例である。また，行政主導で，地域おこしの手段に使われることも増えた。新しい文化運動を展開する場合にも，しばしば祭りが中核に据えられ，観光資源として活用される。各地の映画祭，音楽祭などがその典型である。こうした祭りの発展が，ひるがえって宗教的な祭りに反作用することもある。宗教団体が娯楽

を提供し，人々をひきつける手段となる祭りを考案するのである。

4.4 宗教性の薄れた慣習

わが国で，社会的慣習かそれとも宗教行事かで繰り返し裁判上の問題になるのが，忠魂碑である。実際，判決も揺れた。日本は日清，日露の戦争以降，第二次世界大戦までの五十余年の間，戦争をくり返し，その都度多くの国民が戦場や病院で死亡した。それらの人々の勲を長く後の世にたたえようとした人々の建てた記念碑が忠魂碑で，各地にある。

第二次世界大戦後には，日本政府は全国に建っていた忠魂碑の撤去を命じると共に，それまで戦争で命を失った兵士を葬る際に行なっていた「慰霊祭」をも禁じた。それは，連合軍最高指揮官マッカーサーの命令であった。「忠魂碑や戦死者の村葬は軍国主義の象徴であり，その復活に連なる」と判断し撤去を求めたといわれている。それを公費で再建しようとした際に，神道の行事か無宗教の社会的行事かが問われたのである。

地鎮祭も，私人が行うときには問題が生じないが，公的機関が行うときには，政教分離が問題となる。慣習ではあっても，場合によっては宗教行為と見なされるわけである。

なお，忠魂碑と地鎮祭の宗教性の問題は，それぞれ箕面忠魂碑訴訟と津地鎮祭訴訟という最高裁判所での判例がある。箕面市は，市立箕面小学校の敷地内にあった忠魂碑を移設するために公費で移設先の土地を購入し，それを遺族会に無償で貸与した。これに対して，箕面市長を相手取って憲法違反との住民訴訟が起こされた。最高裁では，忠魂碑は地元民が戦没者の慰霊・顕彰のための記念碑であり，宗教的施設にあたらないと判断された。また，津市は市立体育館の建設に際して地鎮祭を行い，神職への謝礼などに公金を支出した。この支出に対して市議会議員が憲法違反に当たるとして住民訴訟を起こした。判決では，地鎮祭は，社会慣習に従った儀礼であって世俗的なものと認められ，その効果は神道を援助するものとは認められないと判断された。

4.5　社会的道徳運動・啓蒙運動・修養団体その他

　宗教と多くの点で類似しているものの，宗教と見なされないことも多く，宗教法人として登録もしていないし『新宗教事典』（弘文堂）にも記載がない団体がある。ここでは若干の例を挙げておくが，この種のものは結構見受けられる。

　御木徳一(とくはる)の創始した神道系の新宗教「ひとのみち教団」（現・パーフェクトリバティ教団）は，戦時中に解散させられたが，戦後，三分派として再興された。そのうちの一つが同教団の指導的信徒であった上廣哲彦による「実践倫理宏正会」である。主な活動は，生活倫理の実践と，朝型生活を推進するために，毎朝5時からの朝起会と呼ばれる集会の開催である。そこでは「朝の誓」を全員で唱和し，その後，会員各自が活動状況や生活倫理を実践した過程・成果などを発表し合う。同会は文部科学省より社会教育団体として「社団法人」の認可を得ており，宗教的な実践は行っていないと主張しているが，種々の点で「ひとのみち教団」の実践要素を多く受け継いでいる。

　ダスキンはミスタードーナツを傘下に持つ利益追求の企業ではあるが，毎朝，維摩経偈，毎夕，般若心経の「おつとめ」がなされる。経済活動もやる宗教団体という見方もできる（『新宗教事典』）。

　このほか，2003年にワイドショーなどで大きく取り扱われ，有名になったパナウェーブ研究所は，スカラー電磁波なるものが自然環境を破壊し人類を滅亡させると主張し，それから身を守るために白装束を身にまとっている。同じ目的で，移動用の車両には渦巻き模様の図柄を貼りつけている。以下は同研究所のHPからの抜粋である。

　　多くの科学的データを元にマクロ分析を進めた結果，およそ3600年周期の遠大な楕円軌道をもつ太陽系内の通称「惑星ニビル」が地球に接近していることが判明しました。この星は2003年5月15日に地球に最接近し，現在太陽の近傍を周回，迷走しており，地球にも重大な影響をもたらしているのです。当会は，地球環境の変化を様々な角度から多年にわたり調査及び情報収集し，それらの分析結果を各国政府の然るべき省庁へ訴え掛けて参りま

第4章　宗教と非宗教の境界

した。

　アメリカに目を転じてみると，自己啓発とか修養といった性格を持つ運動が数多く存在する。19世紀末のアメリカに出現したニュー・ソート（New Thought）と呼ばれる思想運動があった。この世に悪の存在を認めず，心の正しい持ちよう次第で人間はどんな苦難をも乗り越え，幸せになることができるといったプラス思考の哲学である。この系譜に位置するものが，現代の自己啓発運動であり，日本でもはやっている。一時ビートルズのジョージ・ハリスンがはまったことで有名になったTM（超越瞑想）は，自分たちを宗教とは見なさず，科学的技法であると主張する。目指すのは，精神の静寂，ストレス軽減，心身の充電などといったものであるが，日常的活動の能率向上，学習能力・知性・創造性の発達などがもたらされるとも謳う。しかし同時に「ヨーガ飛行」＝空中浮遊などといったことも主張しているのである。このほかに，スピリチュアル・オカルト系ともいうべき諸運動がある。人類の霊的レベルが向上して世界が新時代を迎えるという考えがはやり，ニューエイジ文化と呼ばれたりして，宇宙人や霊と交信するというチャネラー（霊媒）が全米各地に現れた。さきに言及したUFO信仰系のサイエントロジーやラエリアン・ムーブメントなどの諸運動は，これと同一線上ないし連続線上にある。ともかく，性格上相互に重なり合い連なっていく形で多種多様な集団が存在するのである。

　こうした現象は，しばしば自ら宗教ではないと主張もし，客観的にも宗教か否かは判断が微妙であるが，錯乱でも科学でも事実誤認でもなく，消去法で考えると，やはり宗教と見なすべきなのであろう。

第5章　信じるとはどういうことか

5.1　信者・信仰の標識

　近年のマスメディアから流れる宗教がらみのニュース，すなわち詐欺，強制わいせつ，思考操作，テロリズムなどのニュースに影響されて，日本人の目には，宗教の信者は頭のおかしい人，狂信の輩，よくても合理的思考力に欠けた人，思いこみの強い頑迷な人のように見える。宗教に関して一社会の多くの者がこれほど悪いイメージを持っているのは，世界的に見て例外である。ところが，こうした漠然としたイメージではなく，宗教の信者であること，宗教を信じていることがどのような事態をさすのかを正確に理解している者は，さほど多くはいない。宗教を信じるとはどういうことかを考えるために，考察を進める端緒として宗教人口統計を取り上げてみたい。
　ある統計によれば（21世紀研究会，2002），現在イスラーム人口の多い上位10カ国は，1. インドネシア（1億8000万人），2. パキスタン（1億2800万人），3. バングラデシュ（1億900万人），4. インド（1億800万人），5. トルコ（6400万人），6. イラン（5900万人），7. ナイジェリア（5800万人），8. エジプト（5500万人），9. アルジェリア（3000万人），10. モロッコ（2800万人）となっている。
　　この統計自体も興味深い。イスラームということで日本人が連想するのは，やはりアラブ世界であろう。しかしこの統計では下位にしか登場してこない。人口の絶対数が違うのである。そしてインドネシアが最大のムスリム人口を抱えていること

第5章　信じるとはどういうことか

を意外に思う日本人は依然多い。次に，インドに1億人を超えるムスリムがいることに驚く人も多い。これも原因をたどるなら，インド史の重要な一側面に触れることになるであろう。また，政教を分離するという原則に立って近代化を進めた現代トルコの政治・社会情勢を理解する上で，6400万人のムスリム人口がいるという事実は重要である。

ところで，この宗教人口統計は何をもって信者の標識としているのであろうか。この統計にはその基準はまったく記されていない。ムスリムの基準というものがあるのであろうか。初期イスラームでは，神と預言者と二，三の戒律とを認める信仰告白が，帰属の十分な条件とされていた。ムスリムには通常，五行の実践を求められる。信仰告白，礼拝，喜捨，巡礼，断食の五つである。簡単に説明するなら，信仰告白とは「アラーのほかに神はいない。ムハンマドはアラーの使徒である」と唱えることである。礼拝では，1日5回，聖地メッカの方角に向かって祈る。巡礼として，聖地メッカに生涯一度は礼拝にいくことが望ましい。断食とは，1年に1カ月間，日の出から日没まで飲食を断つことである。とはいえ，統計への算入に際して，これらの実践が信者の基準になっているわけではない。そのような調査は現実には不可能である。通常は入信儀礼としては，成人男性二名を証人として，望ましくはイスラーム法学者の立ち会いのもと，上記の信仰告白文を唱えればよい。これがムスリムの条件である（ただし宗教統計はこの基準で信者を数えているわけではない）。

　信者の基準を考える上で，何らかの意味で入信儀礼があるものは，基準もある程度はっきりしている（ただし入信儀礼があっても，教団が公表する信者数と実際の信者数とが同じわけではない）。キリスト教では，入信儀礼は洗礼であるから，それを受けた者が信者となる。創価学会では，ご本尊を授けてもらった段階で信者と見なされる。世界救世教では，「お光りさま」を授けてもらった者が信者となる。入信儀礼がない宗教の場合は，信者の見定めがもっと困難である。極端な例であるが，神道の信者が現在の日本で8000万人を越えるのは，神社が当該氏子区域に住む者を氏子として数えるからである。日本人なら，正月や何らかの祈願をする際に寺社に参詣したり，葬式では仏僧に経を読んでもらったり，七五三で神社にお参りに行ったり，結婚式では神父や牧師に司式してもらったりすることがあっても，そしてそれらは宗教行動であるにも

かかわらず，自分をそうした宗教の信者であると考える人はあまりいない。このように，宗教ごとに信者基準が違っており，結局のところ信者であることの共通する外的基準は存在しない。

しかも厄介なのは，宗教集団に所属はしているものの，当該宗教の信仰も持たなければ実践に参与もしない者の存在である。キリスト教ではしばしば「名目上の・名ばかりの」(nominal) 信者という言い方がなされる。洗礼を受け，その教会・教派に所属することになっているものの，ただそれだけという人である。このほか，統計上の大きな問題は，どの宗教集団にあっても，脱会者はまずもって考慮されないことである。洗礼というかなり明確な入信儀礼のあるキリスト教でも，形式上の正式な手続きを経ない限り，事実上の脱会者は教会員から除かれることがない。

5.2 信仰の度合い

宗教集団に所属しているという意味での信者ではなく，ある宗教の教えを信じ，それに従って生活し，儀礼に参与するという意味での信者は，当然のことながら程度に関して無限の多様性を示す。一部でイメージされているような頑迷固陋で狂信的な態度などは，世界中の全宗教の実態全体から見れば少数派である。

かつて内村鑑三が憧れのキリスト教国アメリカに着いた時，早速スリの被害にあった。キリスト教国にスリがいるとは，というのが彼の受けたショックであった。おそらく現代なら，イスラーム圏の人間について，「ごりごりのムスリム」といった類似のイメージがあるのではないかと思われる。これらは幻想である。では，信じるとはどのような人間のあり方を指すのであろうか。

卑近な例で説明したい。ある人がやせたい，あるいは体力をつけたい，スポーツで上達したい，と常々言っているとする。しかしその人は，ケーキやドーナツを食べまくり，余暇にはゴロ寝しかしないし，普段は移動するのに車に乗り，エレベータを使う。こうした場合，その人の願いと目的意識は本物だろうか。本当に願っているなら，行動は違ったものになるはずである。しかし全然願っていないというのとは明らかに違う。答えは単純ではあるまい。

第5章 信じるとはどういうことか

　宗教を信じるという場合もこれと同じである。来世での因果応報を信じつつ，個々の生活の場面では利己的な生き方をする。宗教の厳格な立場から見れば，そのような人は信じているとは言い難い。しかし来世での因果応報などまるで信じていない人から見れば，やはりこの人は信者ではなかろうか。キリスト教の聖書には，厳しい掟が書かれている。「みだらな思いで他人の妻を見る者は誰でも，既に心の中でその女を犯したのである。もし，右の目があなたをつまずかせるなら，えぐり出して捨ててしまいなさい。体の一部がなくなっても，全身が地獄に投げ込まれないほうがましである。もし，右の手があなたをつまずかせるなら，切り取って捨ててしまいなさい。体の一部がなくなっても，全身が地獄に落ちないほうがましである」。これを神の言葉と信ずるキリスト教徒で，実際にこれを実行したという人は聞いたことがない。ということは，キリスト教徒は，かつて一人としてみだらな思いで女性を見たことがなく，手で悪しきことをなそうとしたことがない人なのであろう。さもなくば，キリスト教徒とは，さきの言葉を現実には神の言葉として信奉していない人たちなのであろう。聖書自体には「主よ，主よ，という者が信仰者ではない」旨が書かれているが，厳格な宗教的基準から見るのではなく，一般的な視点から見れば，その人が信者でないとは決して言いきれない。

　生活原則としてのイスラームは非常に厳格で，人々の生活の全体を隅々まで規定していると言われる。しかしイスラーム圏にも泥棒や人殺しは他の地域に劣らずいる。イスラーム圏であれキリスト教圏であれ，売春は行われている。宗教は生活規制の点で無力では無論ないが，宗教が命じたり勧めたりしているものは必ず完全に実行され，宗教が禁止しているものは何一つ決してなされることがないなどということは，起こった試しがない。社会的逸脱行為の発生率を規定しているのは，宗教ではない。宗教が生活規制原理として逸脱とどの程度関連しているかを証明した研究も，いまだない。

　何をもって「信じている」と言えるのかが不分明であるだけではなく，そもそもそれは不動の状態ではなく，絶えず変動する。クルアーンには，困った時には神にすがるものの，それが過ぎると神を忘れる人間のことが書かれているが，信仰の度合いは決して一定しておらず，状況次第で変化する。「信者」というと確定した状態のように聞こえるが，そのようなものは存在しない。もち

ろん現実には，信じることにはある程度の持続性がある。しかし新たに信じる人もいれば，信じることをやめる人もいるし，別の信仰へと鞍替えする人もいる。持続期間の長短は程度問題でしかなく，原理的には，信じるのはその都度の行為でしかない。

　キリスト教世界やイスラーム世界の人間が，方角や日時についての陰陽道的観念に従いつつ，同時に仏壇に手を合わせ，神社に初詣にも行く日本人の宗教生活の実態について聞くと，非常に驚く。彼らからすると，これは信じていることにならないように思われるかもしれないが，やはり信じているのである。こういった宗教生活は，日本に固有のものではない。革命以前の中国人は，学校では儒教の倫理を教育され，家屋の建築に際しては道教の神占祭司の意見に従い，死者を弔うには仏教の経典を読誦する。ここにはその場限りの信徒，いうなれば浮動票的信徒しかいない。信じることは，運動の中にあるのだ。

　ということは逆に，「無宗教者」とか「信じない」というのも，静的な状態を指すのではなく，その都度の行為でしかないということになる。ふだんは宗教や神を信じないと言いながら，初詣に行ったり，一応は地鎮祭をしたり厄払いをしたり，願い事が叶うようにと絵馬奉納にいったり，縁起でもないと言われていることはあえてしないでおく。人生の困難にあっては，神仏であれ何であれ，人は何かにすがろうとする。星占いや血液型も一応は気にするし，スピリチュアル相談にもある程度耳を傾けたりする。

　これらを勘案すると，問いが残る。信ずるとは，どういう事態を指すのか。信者であることは定義可能なのか。結局，信じる・信じないという事柄は，宗教概念と同様に，一方の極から他方の極まで一連なりの連続体だということがわかる。

5.2.1　何を信じるのか

　さらに，「信じる」という事態の理解を複雑にしているのは，信じているとはいっても，どのような内容をどのような意味で信じているのかが一義的に確認できないという点である。まず，信じる対象が言語化されている場合を取り上げよう。

第5章　信じるとはどういうことか

　旧約聖書の「ダニエル書」3章には，新バビロニア帝国の王，ネブカドネツァルが命じた偶像崇拝を拒んだ3人のユダヤ人が燃えさかる炉の中に投げ込まれるいう記述がある。炉から吹き出る炎は激しく，3人を投げ込んだ男たちさえ焼き殺したほどであったにもかかわらず，神に守られた3人はいささかも損なわれず，髪も焦げず，衣服ももとのままであった。この種の奇跡物語は，旧新約聖書にあふれている。問題は，宗教を「信じる」とは，こうした教典上ないし教理上の話を字義通りに信じることなのかということである。もしそうならば，おそらく現代のキリスト教世界でキリスト教を「信じている」人は，著しく減るであろう。もちろん世界と人間の創造物語を細部にいたるまで文字通りに信じると主張する人もいれば，ノアの箱船を実際に探し出そうとしている人もいる。しかしそうした人々は現在ではきわめて少数派である。（アメリカ合衆国とは違って）現代西欧のキリスト教徒で進化論を正しい，ないし現段階では最も妥当性のある学説であると考えない人は少ない。つまり大方の人は，現代科学の諸学説を聖書の記述以上に正しいと考えている。では，この人たちは一方ではキリスト教を文字通りの意味で信じ，他方ではそれと対立する科学の学説を同時に信じているのであろうか。双方が相容れない以上，それは考えがたい。

　ここで主として二つの道があり得る。第一に，字義通りには理解し得ない内容については，何らかの比喩的解釈を施して納得するのである。たとえば，「ダニエル書」3章の物語については，「ヤハウェのみを拝し，彼に依り頼むことの重要性と正しさとを教えている」と解釈するわけである。あるいは第二に，信仰内容の取捨選択をするという道がある。字義的な理解が不可能な記述については，趣旨不分明なものとして判断を停止して頭の片隅に追いやり，自らが大事だと思うもののみを尊重するのである。「人にしてもらいたいと思うことは何でも，あなたがたも人にしなさい」という黄金律に代表される倫理規則を偏重するような18世紀以降の西洋キリスト教の倫理化傾向は，その代表的な例である。こうしてみると，「信じる」という行為は，かなり多面的であることがわかる。

　ところで，以上のキリスト教の例は，決して現代だけの問題ではない。かつてなら人々はどんな内容でも文字通り信じることができたと考えるのは，現代

人の先入見にすぎない。実際，新約聖書自体にも「どうしてそのようなことがあり得ましょうか」という懐疑が随所に表明されている。人々はいつでも自己の世界像と信仰内容とがぶつかる場合には，何らかの「調停」をしていたのである。

　そうであるならば，同様に，この種の調整は他の宗教的伝統でもなされていたし，なされていると考えられる。宗教の信者ならどんなことでも文字通りの意味で信じ込んでいると見るのは，偏見である。ただし，信者が自分は信仰内容を文字通りに信じていると，主観的には思い込んでいることは十分にあり得る。その意味では，信仰内容をどこまで文字通りに信じていて，どこから「調整」が行われているのかといったことは，容易に見定めることができない。ある人があることを信じると言い，別の人がそれを信じないと言ったとしても，両者が実は同じことをしているのかもしれないのである。人間は自己自身を完全に理解してはいない。人間は自分自身にとって透明ではあり得ないのだ。この問題はウィトゲンシュタインの宗教論を取り上げる節で再考したい（8.2参照）。

　次に，信じる対象が言語化されていない儀礼のような場合には，何を信じているのかという問題は直接的にはまったく突きとめがたい。儀礼の意味について説明した文書はなく，行為者に聞いても，その主観的説明はてんでんばらばらで，「訊かれたのでとりあえず答えたまで」といった返事しか返ってこない。しかし実践者は何か意味を感じているはずである。そうでなければそれは早晩廃れる。もちろん人間は意味を感じなくなっても伝統的慣習であるというだけで儀礼を維持することがある。しかし実践者がまったく無意味だと感じていることは，ただ存在しているだけでも時間と労力を浪費するだけであるから，いつかは行われなくなる。儀礼の意味は，実践者自身が主観的には自覚していないだけに，「何を信じているのか」という問いに対する答えは，突きとめがたいのである。

5.3　愚か者が宗教を信じるのか

　フレイザーらの20世紀はじめの宗教学者・人類学者たちは，結局のとこ

第5章 信じるとはどういうことか

ろ，未開人の呪術・宗教的な信念と慣習を錯誤と愚かさに由来すると見ていた。現代の多くの日本人も心のどこかで同様に考えているのではないだろうか。「宗教を信じるのは合理的・批判的思考力に欠けた人，その意味で愚かな人なのではないか」，と。宗教に対するこうした見方は，次のような人類学の報告を読むと，確かに首肯したくなる。いったいなぜ人はかくも奇妙な信念と慣行にとらわれているのだろうか。

Connan Orande「ナシレマ族の身体儀礼」*American Anthropologist*, 58, 1956.

　ナシレマ (nacirema) 原住民は，人間の体は何もしないでいると必ずや衰弱し病気になってしまうと固く信じている。だから彼らにあっては，生きるうえでの願望はひとえに，儀礼の強力な効果を用いて身体の健全を守ることに向けられる。どの家庭にもこのために据えられた祭壇が最低一つはある。通常それは，壁に作り付けられた戸棚で，その中には奇妙な形をした魔除けの品や不思議な薬が数多く保管されている。それらはいずれも，その筋の専門家から手に入れたものである。そのなかでも権威があるのが呪医たちで，彼らの助けに対しては相当の返礼をしなければならないことになっている。彼らは，実用的にはどのような意味があるのかよくわからないが，ともかくみな特徴的な服装をしており，形は違うがやはり全員が同じ特徴的な服装をした人々と一団をなしている。呪医は依頼人に直接薬を与えるわけではなく，どんな薬がよいかを秘密の言葉で紙片に書き付ける。依頼人はそれを理解できないにもかかわらず，ありがたそうに拝受し，それをもって薬草師のもとに赴く。彼は書き付けを理解し，これまた贈り物と交換に魔除けの品を与えるのである。

　ナシレマ族は，口腔に関しては病的なまでの恐怖と関心をいだいており，その状態があらゆる人間関係に超自然的としか言いようのない影響力を持つと信じている。口腔儀礼を怠りでもすれば，歯は欠け，抜け落ち，歯茎は出血し，しまいには顎の骨が収縮を始めるとまで信じていて，友人からは見放され，恋人からは捨てられ，部族内の地位上昇は絶望的になると信じて疑わない。口腔の状態は性格とも強い関係があると考えられていて，例えば知

5.3 愚か者が宗教を信じるのか

力・精神力の高さと密接に関係すると信じられている。したがって，たとえ嫌がる子供を力づくで押さえつけてでも，意味があると彼らが信じて疑わない口腔儀礼を行う（われわれの目には残酷に見える）。この儀礼を彼らは毎日，部族員によっては日に3回ほども行う。もちろん彼ら自身は喜々としてこれを行うのではあるが，調査観察者であるわれわれ異文化の者には，率直に言って吐き気を催すような儀礼である。

筆者は直接目撃してはいないが，報告によれば，彼らはまず，何の害も与えるわけではない数百匹かそれ以上の豚を一カ所に集め，それらを次から次へと殺戮し（文化が違うと言えば確かにそれまでだが，聞いただけでも凄惨な光景である），あげくはその皮をはぎ，それから毛を刈り取ったうえで毛の束をこしらえる。次にこの束に，気持ちの悪い粉（その成分と効用を彼らは自分では検証したこともないのに，その効果のほどを疑わない）をまぶし，こともあろうにそれを直接に口腔に差し込むのである。この粉たるや，実に不快な味がする代物で，われわれの誰もが，それを口に入れることなど想像できない。さらに，異文化人のわれわれには笑いを禁じ得ないのだが，彼らは口腔内であの束を上に下に，右に左にこねくり回すのであり，その際の彼らの（いささか差別的な表現かも知れないが）間の抜けた顔はとても表現できない。驚いたことに，この動作はでたらめにやっているわけでは決してなく，かなり厳格に定められパターン化されていて，部族員のほぼ全員が習得しているように思われる。

ここに引用した人類学的報告は，実は現代アメリカ人の生活慣習を描いた架空の報告である。nacirema を逆から読めばよい（ギデンス（1997），42頁以下に紹介されている Horace Miner, "Body Ritual among the Nacirema", *American Anthropologist*, 58, 1956 を改変し，ついでに筆者名も「こんなん・おらんで」に変えた）。現代人は合理的であり，未開人は非合理であるとこれまでしばしば言われてきたし，現代のわれわれも自覚せずに心のどこかで思っているかも知れない。「未開の文化は愚かで，現代のわれわれの文化には合理的妥当性がある」。さきに述べたように，この考えを草創期の人類学者，特にフレイザーはもっていた。彼はこの線上で，人類史は呪術・宗教から科学へと進んできた，

第5章 信じるとはどういうことか

とも考えた（さきにも述べたが，彼は，今後の歴史でそれらがどう推移するかは必ずしも明らかではないと，一応言ってはいる）。われわれはフレイザーを嗤えるだろうか。心のどこかで同じ発想をいだいていないだろうか。この架空の報告書を読んで，愚かで非合理な人々という印象をいだかなかっただろうか。なじみのある自文化の行動思考様式は，「当然」で「合理的」で「すぐれたもの」「よいもの」に見え，異文化の行動思考様式は愚かで非合理で奇妙に見えるものである。同様に，世俗的な人は宗教を，宗教者は他宗教を非合理で奇妙なものと見ていないであろうか。

マーティン・ペイジ『野蛮会社』という本の「訳者あとがき」に，以下のような文が記されている。

　　辛辣な観察眼と柔軟な想像力と，一歩距離をおいて眺める自由な遊びごころ……こういう精神で人間社会を眺めると，普通気がつかない思わぬ発見をすることがある。ここにマーチン・ペイジという英国のジャーナリストがいて，昨日はアフリカ今日はアメリカと，世界を股にかけて歩き回っているうちに，現代を代表する大会社もアフリカの土人部落も，道具立ては違っても，することに大して違いはないという証拠を……いくつも見つけ出した。今をときめく大会社の社長さんのすることが，土人の酋長とよく似ている。……土人の部落に働く原理は，人間社会どこにも働いている。……毎朝社員に社歌を合唱させて，士気を鼓舞する世界に冠たる大メーカー。しかしアフリカの何とか族にも同じような風習がある。

無論，一見して外見が似ているからといって，そこに本質の同一性を認めることはできない。しかしこの『野蛮会社』で取り上げられている事例は，単なる外見上の類似性を示しているだけではない。内容の詳細を紹介することはできないが，人間の構成する社会とそこに働く原理が，基本的には同じものを含んでいることを，本書は示していると言える。宗教が誤った愚かな信念であり，現代人は徐々にその呪縛を脱しつつあるという見方は，多くの人が共有している。以下はそのことを示す朝日新聞の記事である。

5.4 宗教を信じる人は非合理的なのか，あるいは人間はそもそも合理的か

2008年5月14日「宗教は子どもじみた迷信」＝アインシュタイン，手紙で指摘

「宗教は子どもじみた迷信にすぎない」。物理学者アインシュタインが知人にあてた私信で，自身の宗教観をこう表現していたことが明らかになった。この手紙は今週，ロンドンで競売に出される。落札額は8000ポンド（約160万円）と見積もられている。

ドイツ語で書かれた手紙は1954年1月3日付。宗教に関する著書を哲学者エリック・グートキンド氏から贈呈されたアインシュタインは同氏への返信で，「わたしにとって『神』という言葉は人間の弱さの産物という以上の何物も意味しない。聖書は原始的な言い伝えで，非常に子どもっぽい」と述べた。アインシュタインはユダヤ系だが，ユダヤ教の選民思想も否定する見解を示している。

こうした見解はありふれており，ダーウィン信奉者である進化生物学者ドーキンスも同様の見解を述べている（ちなみに，彼は自らがアインシュタインと同じ意味での宗教性を持っていると告白している。アインシュタインやドーキンスに対する批判はあとで展開したい）。実際，現代では，宗教を信じる者は愚かで非合理的であるのに対して世俗人は合理的であるという先入観が強いように思われる。この先入観を次に吟味してみたい。

5.4 宗教を信じる人は非合理的なのか，あるいは人間はそもそも合理的か

5.4.1 行動経済学

人間がどれほど不合理かを論じた研究は山ほどある。ここでは三つの領域からその種の議論を取り上げる。

まず，行動経済学という比較的新しい学問分野があるので，それを取り上げよう（以下の議論については，次の文献を参照。友野，2009, アリエリー，2009, モッテルリーニ，2008, セイラー／サンスティーン，2009, 多田，2008, カーネマ

ン，2011)。これは従来の標準的経済学のアンチテーゼとして出てきたと考えてよい。標準的経済学には前提となる人間理解がある。それによれば，人間は自己の利益を追求する存在である。この規定には，いくつかの条件が付帯する。まず，利益とは物質的利益を意味する。そしてそれを追求する際には，合理的計算に基づいてそれが最大になるように人間は行為する。さらにその際には，人間は自己を完全に統制して自己の不利益になることは決してしない。しかも，人間は利益追求において他者を顧みることが一切ない。おまけに付け加えておけば，この人間の合理性とは，自分の好みが一義的であり，矛盾がなく，変化することがない。額面通りにか便宜的にかはともかく，また暗々裏にか明示的にかはともかく，標準的経済学では，人間とはこのようなものであると想定している。

しかし，人間は利益を考慮する際，正しい計算など本当にできるものであろうか，その意味で合理的であろうか。一つの実験を見よう。

三つのカップがあり，そのうちの一つには豆が入っており，あと二つは空である。豆の入ったカップを当てれば賞金がもらえ，はずれれば何ももらえない。あなたが任意の一つAを指定する。すると正解を知っている私は，残りの二つBとCのうち，空のカップをあけて見せ，「再度答えてほしい。ただし答えを変えても変えなくてもよい」と言う。答えをAのままにすべきか，あけられないままにされたカップにするべきか。

答えは，「変えるべき」である。しかし多くの人が間違え，「選択を変える必要がない」と答えた。人間の計算などというものはこの程度なのであり，数学者でさえこの問題にしばしば引っかかるのである。

　答えの根拠を示しておかないと，読者としては気持ちが悪いであろうから解説しておく。任意の一つAを選べば，そこに豆が入っている確率は1/3である。BとCもそれぞれ1/3であるから，それらのいずれかに豆が入っている確率は合わせて2/3である。そのうち，豆が入っていないほうが示されるのであるから，残りのカップに豆が入っている確率は2/3となり，答えを変えれば，当たる確率は変えない場合の2倍になる。

アンカリング効果と呼ばれる現象も比較的よく知られている。国連加盟国のうちアフリカ諸国がどれくらいあるかを尋ねる。その際，1から100までの数

5.4 宗教を信じる人は非合理的なのか，あるいは人間はそもそも合理的か

字が書いてあるルーレットを回して，当たった数字より大きいか小さいかをまず答え，そのあとで問題の国の数を答えさせる。ルーレットの数が 10 の時には，回答の中央値は 25 であったが，数が 65 の場合には，回答の中央値は 45 になった。質問とは無関係な数字が回答に大きな影響を及ぼしたわけである。

　これ以外にも，人間の不合理な（ないしは限定的にのみ合理的な）行動形態が行動経済学では数多く指摘されている。それらを逐一枚挙はしないが，通常の経験に照らしても人間の選択は標準経済学が想定するような合理的なものではない。標準的経済学が想定する経済人に最も近い人種はウォール街を支配している人々かもしれないが，この人々こそが途方もない計算違いをしたのではないのか。卑近な例でいえば，ひとは本当は気に入っているわけでもなく，高い買い物かも知れないと感じていても，衝動買いしてしまうことがしばしばある。また，ダイエットをしているのに甘いものをつい口にしてしまう。健康によくないとわかっていても，酒やタバコはなかなかやめられない。お菓子屋の店先で大好物のどら焼きとシュークリームとを見たとき，どちらを選択すべきかに関して計算などそもそも成り立つわけがない。この矛盾と非合理的衝動に満ちた生き物が人間である。

ヒューリスティクス

　現在の日本には無数の商品があふれている。それらがどの店でいくらで売られているか，またそれらの使用価値・品質がどの程度のものかについて，あらゆる知識と情報を得て効用計算をしている人，あるいはできる人がいるであろうか。たとえ全情報を得ることが可能だとしても，その真偽確認には厖大なコストがかかり，それをすること自体が明らかに不合理である。かといって，情報を真偽確認なしに信ずる，つまり鵜呑みにするのであれば，それも不合理ではなかろうか。

　現実の人間の選択は，すべてを勘案した最適化基準で行われるわけではない。満足が一定水準以上であったという経験ないし予測があれば，ひとはそれを選択する。これを「満足化原理」というが，行きつけの店ができたりするのは，こうした行動原理によるのだ。人間は効用の計算結果を比較して決断して

第5章 信じるとはどういうことか

いるわけではない。実際，それはそもそも不可能であって，計算の結果が出ないうちは選択ができないというのであれば，人間は身動きできなくなってしまう。とすれば，満足化原理という行動原則は，生きていく上ではむしろきわめて合理性の高い行動原理だと考えるべきであろう。

人間が判断や意志決定をする場合，合理的計算を尽くし，それに基づいてそうするのではなく，種々のヒューリスティクスに依拠する。それは，簡単に言えば，取るべき行動を決めるための不完全ではあるが十分役に立つ便宜的方法のことである。ものを調べる時に，いい加減なことが書いてある場合もあるが，とりあえずYahoo!知恵袋を見てみるというのも，その一例である。人間が生活の仕方を学習する際には，集団内の大半の人が取っている行動をまねるというヒューリスティクスを用いる。これは文化の内在化という過程そのものである。社会化とは，集団内の他者の行動を批判的に吟味することなく素直に従うことによって可能になる。ということは，人間が人間である根底には，実は合理性などに還元できない無批判的従順があるということなのである。

伝統とは，この無批判的従順という人間の生得的特性の上に成り立つ。人間が考える葦であるというのはごく限られた状況でのみ言えることであって，通常人間は考えない。生活状況が変化したために伝統的行為様式では対処しきれなくなった場合にのみ，人間は知性を行使する。人間は考えざるを得ない立場に追い込まれてはじめて考えるようになるということである。

ここで一つ考えなければならない問いが浮上してくる。宗教はヒューリスティクスの一種なのではなかろうか。この点に関して，一つの仮説を示しておきたい。

日本はやや例外的であるが，キリスト教圏やイスラーム圏では，なぜ人は通常周囲の人々と同じ信仰を持つようになるのだろうか。ピーター・バーガーは，ある信念を信奉する人が自分の周囲に多くいればいるほど，本人にとって，その信念の主観的信憑性が増すと考えた。これはその通りだと思うし，いくつかの検証データもある。しかしながら，それではなぜ周囲の人々はその信念をいだき続けているのかがわからなくなる。これは，多くの人が円になって後ろにいる人のひざに腰掛け合うというのと同じで，現実には誰も腰掛けられない。しっかりした支えがどこかにあるのでなければならない。

5.4 宗教を信じる人は非合理的なのか，あるいは人間はそもそも合理的か

宗教は本来は事実判断の体系ではなく，行動規範の体系ないし行動の枠組みを提供する。要するに価値観の基礎である。価値観の妥当性証明は，論理的検証によって与えられるのではなく，現実に生活が（単に物質的にだけではなく，価値的・意味的にも）支障なく送れるか否かによってなされる。宗教は生活形態の変化に応じて自らのありようを変えながら，現実生活と一体になっていた。つまり，伝統となっている宗教と生活形態とで何も問題なく人は生きてこられたし，生きている。それなら，今後もそれに従って生きていくことに何ら疑問をいだく理由がないのである。生きていく上でのヒューリスティクスという現実的な基礎があれば，人は宗教を意識の上でも保持してゆく。宗教のいのちはここにあるように思われる。

5.4.2 人間はだまされやすい

1920年のインドで，オオカミに育てられた2人の少女が発見された。発見されたときにはオオカミのようで，人間らしいところは微塵もなく，四つ足で歩き，生肉を好んで食べ，しかも手を使わず口でそのまま食べた。夜中に活動的になり，オオカミのような吠え声・うなり声をあげ，言葉は話せなかった。アマラと名づけられた小さいほうは発見後1年して亡くなり，カマラと名づけられた大きいほうは9年を生きる。カマラについては，養育者であったシング牧師夫妻が献身的な努力をした結果，夫妻との間に多少の愛着関係を築くことができた。しかし，知的な能力はほとんど発達することがなかった。

この話は，ヒトが人間に育てられないとどうなるかを示す例としてよく知られている。幼児期や児童期の環境や教育がいかに重要かを如実に示す例として，教育関係者が好む話でもある（鈴木，2008）。しかも日本では小学校の道徳や高校の倫理の教材にもなっており，その真実性を生徒が疑うとなれば，生徒の学習態度こそ逆に問題になるであろう。

さて，この話とその証拠を慎重に吟味した鈴木は，これが捏造されたものであることを論証する。彼の議論は，人間の思考の傾向・性向に関して教えるところが多く，人が宗教を信じるようになる経緯についても一定の光を当てる。

オオカミ少女の話には，証拠として写真が十数枚ある。写真を示されると，

第5章　信じるとはどういうことか

人は批判的・懐疑的思考を停止する傾向がある。内容次第で，ほぼすべての人が，あるいは過半の人，あるいは相当数の人が，写真で示されたことを真実と受け取る。UFOの写真，ネッシーの写真，雪男の写真，心霊写真がそうであるし，オウム真理教の麻原彰晃が空中浮遊している写真や世界救世教の岡田茂吉のまわりに白い霊気が漂う写真もそうである。

　この捏造話が真実として定着して行くには種々の原因がある。鈴木はそれを枚挙して説明して行くが，ここでは一つだけあげておく。人間の心理の中には，あってよい，あってほしい，あれば話が面白くなる，そういったことを期待する傾向がある。この素地があって，このほかの条件が重なれば，神話化されていつしか真実の話となる。この傾向は決して特殊な人だけのものではなく，誰しもが持っている。

　鈴木の本には別の例も載っている。ジェイムズ・ヴィッカリーという広告業者が1956年に，上映中の映画に「コカコーラを飲め」といったメッセージを1/3000秒だけ流したところ，コーラの売り上げが伸びたという。その後，サブリミナル効果と呼ばれるこの現象は，無意識を介して人の心を操作する技術として，驚きと怖れと強い興味とを呼び起こした。しかしながら，この話もサブリミナル効果も，デマである。どうしてこのデマがかくもまことしやかに全世界に広まったのか。

　鈴木の解釈では三つの背景が考えられる。一つはフロイトの学説がアメリカ社会に定着しつつあったことである。二つ目は，人の心を操り扇動できるという事実に関しては，特にナチス・ドイツに見られたように，大衆心理の操作の不気味な恐ろしさへの不安が広くあったことである（鈴木は言及していないが，朝鮮戦争時の洗脳という得体の知れないものに対する恐怖も底流にあったであろう）。三つ目は，1957年に『隠れた説得者』という本がアメリカではやり，意識下で人に働きかける方法が紹介されていたことである。人間は基本的に新しいもの好き・珍しいもの好きなのであろう。こうした下地が整っていたところでヴィッカリーの話は広まっていったわけである。

　ここで注意を喚起しておくが，何の根拠もない話でも，社会的責任を負っているはずのマスメディアがそれを流せば，人々がそうしたものに容易に引っかかるような下地を作ってしまう。霊だの予言だのスピリチュアルだのといったそれ自体とし

ては他愛もない話でも，重大な結果を招きかねない。視聴率が上がって人が喜べばそれでよいというものではないはずである。

鈴木はこのほかにも多くのまことしやかに流布している虚偽を取り上げている。これらからは，根拠を検証もせずに他人の話を真に受ける不合理な人間像が浮き彫りになってくる。すなわち，権威を盲信し，理解できもしない数字・数式に丸め込まれ，よくよく考えればうさん臭い証拠を安易に信じる，無批判的で不合理な人間像である。宗教の信者は愚かであり世俗的な人間は合理的・批判的であるなどといった考えは，思い込みにすぎない（以上の議論については，鈴木の研究のほかに，チャブリス／シモンズ（2011）を参照。このほか，ギロビッチ（2009）もこれと関連した興味深い議論を展開している）。

5.4.3 疑似科学

「非合理な呪術宗教性を脱した近代は理性的な科学の時代である」という理解は，啓蒙主義以来の時代理解である。理性に対して批判的反省の目が向けられるようになって，現在ではこうした時代理解を信仰箇条のように口にするのには若干の恥ずかしさを覚えながらも，人々はやはりこの理解をいだいている。しかし，この理解は妥当なものであろうか。まず，呪術宗教性が非合理であるか否かは別途慎重に考える必要がある。現代が呪術宗教性を脱したのか否かについても同様である。ここでは，これらの諸問題はひとまずおいて，現代が理性的な科学の時代であるという見方，多少正確な言い方をすると，現代人は経験的な領域の事実に関しては科学に基づいた認識だけを持つという見方，を検討しておく。

現代社会においてニセ科学ないし疑似科学という非合理が多くまかり通っている事態について，多くの人が論じている（池内，2008，シャーマー，2003，ほか）。マイナスイオンとかクラスター水，アルカリイオン水に還元水，ブラックシリカなど，実際には効果が証明されていないにもかかわらず，その効用が世間では既成事実と化している。浄水器に一定の意味はあろうが，頻繁に手入れをしなければ効果はすぐに薄れてしまうし，雑菌が繁殖してかえって汚染

第5章　信じるとはどういうことか

した水を飲んでいることになる。根拠のない磁気ブレスレットや磁気ネックレスを自分で使用するのは自由であるが，そんなものを販売して本当によいものであろうか。腹に塗るだけで腹が引き締まる塗り薬や飲むだけでやせられる温泉水など，ダイエット薬品・食品がやたらに流通する。納豆がダイエットに効くという話も，一時は日本中で信じられた。霊視だの透視だのと無根拠のでたらめを言いまくっている女占い師やスピリチュアル・カウンセラーと称する放言癖の男がテレビでもてはやされる。

このように疑似科学がはびこる原因について，池内了が明快な議論を展開している。ここでそれを紹介することはしないが，疑似科学を叩く池内自身の議論でさえも，場合によってはかなりうさん臭い疑似科学に堕しており，疑似科学がいかに根深いかの逆説的な例証となっている。

　池内によれば，アメリカではやっている疑似科学の特徴の第一は，キリスト教原理主義の勢力が強いために，聖書の記述を重視する疑似科学が盛んであることで，その典型が創造説である（創造説が宗教的信念か疑似科学かは考慮の余地があるが，ひとまず疑似科学であるということにしておく）。アメリカ社会では進化論を受けつけない人が多く，日本ではそれが受容されやすかった原因はどこにあるのか。池内によれば，「その違いの原因は，一神教で特にプロテスタント（宗教改革で「聖書に戻れ」と説いた宗派）の強いアメリカと，多神教（あるいは無神論）の日本との差異，とするのが自然だろう」（15頁）。なぜこうした因果理解が自然なのか，理解に苦しむ。まず，なにゆえにここで一神教と多神教の区別，神の単数と複数の違いが関係してくるのか。たとえ一神教でも人間の起源についての言及が一切なく，逆に多神教でもそれについて創造説を唱えていたならば，後者のほうが宗教的信念と進化論との軋轢は大きいと想定するのが自然であろう。次に，プロテスタンティズムとカトリシズムの違いが重要であるならば，池内は，それぞれが支配的な国や文化圏で進化論の受容程度に明確な違いが出ることを確認したのであろうか。ついでに言えば，アメリカのキリスト教原理主義はプロテスタントの流れにあるが，進化論を抑圧しようとする傾向に強く危機感をいだき，その傾向に反対しているのもアメリカの（数の上では主流派ではないが）「メインライン」プロテスタンティズムである。さらに池内は，「万物に神が宿るという思想から，サルの先祖と人類の先祖が同じであることに違和感はないのは事実だろう」と言うが，この発言も理解できない。アニミズム的思想と進化論とは何の関係もない別物であるし，どういう因果連鎖があるのか不明である。池内の考えは合理的推論ではなく，感覚ないし印象にすぎない。それを因果関係にすり替えるのは，疑似科学の一特徴である。

5.5 合理性とは何か

　宗教が非合理であり，非宗教的なものが合理的であるという見方が予断ないし偏見であることは，以上のような三つの領域からの議論によって例示的に示されたであろう。人間の合理性など，実はかなり限られたものでしかない。

　ところで，上記の三つの議論には，ある重大な欠陥がある。たとえば，行動経済学は人間の合理性が限られたものであることを主張し，そしてその主張自体には実証性があるものの，そもそも合理性とは何かということに関する基本的考察を欠いているため，きわめて視野の狭い一面的議論に終わっている。そこで以下では，合理的であるとはいかなることかについて考察を加えてゆくが，まず最初に確認するべきことは，合理性とは決して単一の事態ではなく，さまざまな観点に応じて異種のものがあるということである。経済学が主張し，行動経済学が反駁するような合理性は，その中の一種にすぎない。それゆえ以下では，諸々の合理性について網羅的に列挙し，類型を整理しておく。考察の下敷きにあるのはヴェーバーの合理性理解である（ヴェーバーの合理性概念の検討としては，白井（1977）がすぐれている）。

5.5.1 理論的合理性

　最初に挙げるべきは，理論的合理主義である。これは，思想家が体系的な世界観を構築するような努力に典型的に現れる。たとえば，それは宗教の教義形成に見られ，哲学者の思想構築に見られ，あるいは学問の理論形成に見られる。そこでは個々の言説が論理整合的に結合され，全体が無矛盾に構成される。したがって逆に，言説間に論理的整合性が欠けていて全体が支離滅裂であるなら，そうした言説は非合理であると見なされる。この観点から見るならば，緻密な論理から構成されたキリスト教，イスラーム，仏教などの教義体系がいかに合理的であるかが，よくわかる。

　しかしながら，理論的合理性は，自らの観点とは異なる観点から見れば，非合理なものとして現れてくる。理論的合理性は，本性上あるいは定義上，論理的首尾一貫性と体系性とを純粋な形へ突き詰めようとする固有な力学を持って

いる。こうなると，理論的合理主義は，たとえば宗教的合理主義なら，宗教的価値の追求・実現とは無縁の言葉の作業に終始したり，哲学的合理主義なら，現実の生から遊離し，それとは無縁の空中楼閣を築いたり，学問的合理主義なら，実践的目的を何ら顧みない頭脳の遊びに堕したりする。また西洋音楽の場合で言えば，（音の高低は振動数によって決定され，振動数の比が簡単な整数比で表されるほど二つの音は調和するといったような）物理学的・数学的理論に従って音組織を体系化する傾向が理論的合理主義であるが，これをあくまでも貫徹しようとすれば，音楽的・美的表現欲求の抑圧になりかねない。以上のような諸ケースにおける理論的合理性は，実質的な価値の無視ないし抑圧として機能し，したがってその価値原理から見ればはなはだしい非合理として対立する。要するに，理論の合理性が極限まで突き詰められるならば，それは最後には自己目的化し，そもそも何のための合理化かという問いの前には完全な非合理として立ち現れるようになるのである。これを逆の方向から言うならば，価値の実質的尊重は，理論的合理性のある程度の犠牲を必ずや伴うということである。

5.5.2　形式合理性

　以上の理論的合理性とほぼ並行する関係にあるのが，形式合理性である。これは主として法と行政の領域での合理性を問題とする。司法と行政の領域において，現実の諸問題の処理・解決に際して，司法・行政担当者のその都度の個人的な気分や感情や好み，神託や卜占やくじといった偶然的手段などが用いられるならば，それは形式的に非合理である。これに対して，物事の処理が一義的に計算できるような形で規則に規制されているならば，それは形式的に合理的である。この合理性は，主として近代の政治・法・経済の諸領域に見られる合理性で，規則に従って問題の処理が行われ，したがってその処理が予測可能・計算可能であるという事態を指している。成立史に即して言えば，法と行政における形式合理性とは，近代資本主義経済の活動を計算可能にする条件として要請されたものであった。形式合理的な法と行政は，計算可能な経済活動という実践的目標と結びつく形で生み出されたのである。それゆえ，社会主義

国や途上国への投資に際しては，いつでも法と行政の形式（非）合理性が懸念材料になっていたわけである。

　この合理性も理論的合理性と同様に，価値との関連で首尾一貫して貫徹されることはまずない。というのは，法と行政の制度的整備は，本来は生の特定の実践的要求に応えるためのものである。しかしながら，法と行政の形式合理性は，それが突き詰められる場合には，純粋に論理的な整合性へ向かって突き進む。そして論理的純化は生の実質から何ほどか遊離せざるを得ない。なぜなら，形式合理性は，定義からして，形式によって一切をあまねく規制しようとする原理であるがゆえに，実質の捨象を内包しているからである。たとえば，法と行政は人間を対象として扱うが，その人の個性や個別事情は無視され，すべての人は形式的に一般化され，ついには一つのモノと見なされる。ここに官僚制の否定的側面が明確になる。形式合理性が行政の上で突き詰められたものが官僚制なのである。この弊害が意識されるたびに，形式合理性の意義と価値が疑われ，社会はそれを後退させざるを得なくなる。

　身近な例をとろう。模範的な社会人として清く正しく生き，社会に大いに貢献しながら永年生活してきても，不法入国者は国外追放となり，国内で結婚した妻や国内で生まれた子供たちから引き離される。これが社会に貫徹されるべき人道的正義という価値理念に反すると社会的に見なされる場合には，半ば規則に目をつむった例外的措置が取られたりするわけである。

　教皇の決定は枢機卿による選挙という形式的合理性のある手続きに則って行われる。しかし，選挙方法に問題はなかったにせよ，明らかに不適任な人物が選挙されてしまった場合には，この形式合理性はキリスト教的理想に照らしてはなはだ不合理なものと映る（「何であんなやつが？！　決め方がダメだったんだ」）。このように，形式合理的ではあるが，ある価値基準に照らすと不条理な事態は多いにあり得る。テロリズムが発生する条件の一つはこれである。テロが広く共感を得る場合には，形式合理性の生み出した現実の不条理が強く感じ取られているからであり，同じことであるが，それが実質的な価値と不適合であることが強く感じ取られているからである。それゆえ何らかの価値を尊重し実現しようとすると，法と行政の形式合理性は抑制されたり変更されたりする。この場合，事態の推移は計算不能，すなわち不合理となる。このように，

形式合理性は、自己の固有法則性を貫徹できない。何らかの実質的な価値意識が必ずどこかで介入してきて、形式的合理性を押しとどめるからである。

そもそも法と行政の形式合理性は、経済活動の計算可能性を目指して成立してきたとはいえ、その実現にのみ関心を持っているわけではない。それは利害関係者の取引上の誠実さをも当然前提的に求めている。処罰の対象にならない限り、彼らは規則に合致して振る舞いさえすればよいというわけでは決してない。法の形式合理性においても、法の精神ともいうべき倫理的正義は決して無視されることがない。法の形式合理性の基礎には、それが暗黙裏に前提している正義・誠実といった価値原理があるわけである。換言すれば、形式合理性が無目的に追求されることはあり得ず、必ず何らかの（それ自体としては論理的に基礎づけられない）価値を前提とする。たとえば法の下での平等という理想が据えられると、形式合理性はそれを一般的に妥当させようとする。これは近代的人権思想からすれば、実質的にも合理的である。しかし白人至上主義から見れば、これは価値に反しており、実質的には非合理なのである。一方の合理性の尊重は、他方の合理性との相反を伴うのである。宗教であれ非宗教的現実であれ、どのような現実領域であっても形式的合理性と実質価値とは常に緊張関係にあるのである。

5.5.3 目的合理性と価値合理性

ヴェーバーは、『社会学の基礎概念』において、感情的行為と伝統的行為という二つの非合理的な行為の類型と区別して、目的合理的行為と価値合理的行為をあげている。

まず、彼の定義によれば、目的合理的行為とは、ある目的を達成するために適していると考えられる手段に従って行われる行為である。したがって簡単に言えば、目的合理性とは、目的と手段との適合性であるが、この適合性は主観的なものである。それゆえ、その適合性が誤った判断に従っていると客観的に見なされる場合には、この合理性は目的と手段の適合性を志向しているという点では合理的ではあるが、客観的には限界を持った合理性である。ヴェーバーがこの合理性を考えていたのは、主として経済の領域での活動である。しかし

経験的に明らかなように，経済の領域での予測は不確かであって，目的-手段の適合性という合理性は，実際にはきわめて限定的にしか成り立たないのである。

ヴェーバーは目的と手段の適合性が客観的にも妥当である場合を整合合理性と呼び，単なる主観的合理性である目的合理性と区別する。彼の社会学の中では意味のある区別ではあっても，この区別は論理的には成り立たない。科学的証明ですら暫定的であって，事態の因果関係が最後的・究極的に確定されることはあり得ないので，この合理性は論理的な可能性ないし類型にとどまるからである。そうであるならば，目的合理性とは，目的と手段とが文化内の世界観に即して適合的であると判断される場合に成り立つ合理性であるということになる。それに即していない場合には，主観的にのみ合理的であり，客観的には非合理と見なされる。いうまでもなく，文化的世界観のほうが妥当性を持っていなかったと，のちになって判断されることもあり得る。

このように考えるなら，目的合理性の観点から見れば非合理な呪術的行為や伝統的行為も，目的合理性の性格を十分に帯びてくることがわかる。それらも一定の目的を成就するための手段的な位置にあると，文化的には見なされているからである。ただし，ヴェーバーは目的に関しても手段に関しても「一義的かつ明瞭に把握されたあるいは意識された」といった形容を付している。これが，呪術的行為・伝統的行為における目的手段関係と近代経済などにおけるそれとが異なる点である。しかしながら，後者にあっても行為の日常化は自覚的な目的・手段の関係理解を半ば無自覚化する。意識されている状態にはかなりの幅があり，切れ目なく連続している。その限り，呪術的行為・伝統的行為における目的合理性と近代経済などにおけるそれとの相違は，程度問題として相対的なものにとどまらざるを得ない。

次に，価値合理的行為とは，行為自体が持つ倫理的・美的・宗教的などの価値を志向してなされる行為である。本来の倫理は，見返りに自己の利益という結果を顧慮してなされるわけではない。美術作品の制作は，本来は，金銭や名声などの結果を顧慮してなされるわけではない。宗教的禁欲は，本来は，それ自体がたとえば神の栄光を賛美する聖なるわざである。これらの行為は，それによってさらに何らかの価値がもたらされなくとも，それ自体が固有の価値で

第 5 章　信じるとはどういうことか

あって自足している。ここでは，行為は自己目的である。目的合理的行為が行為の結果に価値を見る手段的有意味性を持っているとするならば，価値合理的行為は，(美を実現するとか，神の栄光を地上の行為で表すといった) 行為自体に価値を見る自己目的の有意味性をもつと言えよう。

　価値合理的行為は，目的合理性の立場から見れば，非合理である。何かの役に立つわけでもなければ，何かをもたらすわけでもないように見えるからである。言い換えれば，自己目的とは，「それは何の役に立つのか」という問いには決して答えられないからである。しかし反面，目的合理的行為も非合理である。確かにそれは，「それは何の役に立つのか」という問いに対して，差し当たりは答えることができる。しかしこの問いと答えは，無限遡及するか，どこかに行き着くかのいずれかである。前者は現実にはなしえないし，論理的にはどこにも行き着かない。後者ならば，行き着いた答えは，それ以上の目的に従属することなく，それ以上根拠づけられもしない自己目的になっているはずである。ゆえに，目的合理性は，究極的には非合理に行き着く。

　このように，現実に存在する，あるいは論理的にあり得るあらゆる合理性は，生の現実の前で必ずや非合理を孕まざるを得なくなるか，あるいは異種の合理性原理から見て非合理にならざるを得ないかのいずれかとなる。さらに言えば，そもそも，人間の生が合理的であらねばならない，合理的であるのが望ましいというのは，生の現実自体からは生じない要請である。この要請そのものは生に課せられた特定の価値判断にすぎず，したがって非合理的である。人間とその生が合理的である，またあるべきであるという判断と要請は，近代人の偏見にすぎない。

　このように，合理的とは何かを突き詰めて考えるならば，宗教が非合理であるという判断は，視野の狭い浅慮であるか，おそろしく粗雑で単純な先入見にすぎない。

　宗教は，一面ではおそろしく価値合理的である。いささかも結果を顧みることなく，ひたすら自己の行為が宗教的価値を体現しているか否かだけに関心を寄せる。しかし他面では，宗教は通常の目的行為と異ならない。宗教は自己の求める救済を得るための手段である。大衆は，求める救済が得られない時，しばしば怒りと軽蔑をもって崇拝対象を捨て去る。大衆の宗教性が現世利益を求

める打算的性格を強く帯びていることは明らかで，この点での目的合理性ははっきりしている。

　宗教集団，とりわけ大教団を見ると，典型的な形式合理性が随所に見られる。時にはリーダーのカリスマ的指導が見られるものの，運営全体はたいてい規則に規制されている。教団の機構は組織が大きければ大きいほど官僚機構的になっている。リーダーの決め方も形式合理的である。そもそもヴェーバーが支配の正当性のうち，形式合理的な正当性を考える際のモデルがカトリック教会であった。

　教義の論理的首尾一貫性と体系性とを突き詰めようとする宗教の理論的合理性は，執念としか言いようがない。キリスト教の場合で言えば，「人間イエスは，神キリストである」というパラドクスさえ出発点に据えてしまえば，そのあとは整合的な理論体系になっている（なかなかそうは見えないかもしれないが，よくよく考えてみると一貫した体系であることがわかる）。生み出された神学体系の膨大さを見ると，並の理性使用でないことがわかる。無論この点は，ユダヤ教，イスラーム，仏教など，ほかの宗教にも言える。

5.6　信は知に先行し，知は信に基づく

　私たちは日本で一番高い山が富士山であることを知っている。しかし私たちは日本の山々をすべて自分で測量して，それを知ったわけではない。私たちはそれを先生から聞いたり地図で見たりして知ったのである。私たちが「知っている」と言っていることは，実は「習った」ということである。

　ところで，習うということの根底には，信ずるということがある。幼稚園で先生が園児に消防車の絵を見せながら，「これが消防車ですよ」と教えたとする。しかしそれを信じない子どもがいたらどうするか。先生は園長先生を援軍に連れてきて，自分の教えたことの正しさを裏書きしてもらおうとする。しかしさきの子どもなら，これも役に立たないであろうし，消防署員を連れてきて証言させてもむだであろう。教師が教えてくれることすべてをすぐさま疑う子どもは，何も学ぶことができない。子どもは先生と教科書をまず信じるのであって，信じることによってはじめてものを学んでゆく。つまり，学習は，人が

第5章 信じるとはどういうことか

何かを信頼する場合にのみ可能なのであって，学習は信ずることから始まる。知は信に基づくと言える。

　ところで，教師からものを習う子どもは，教師を信用してよいということを事前に習うわけではない。教えられるどんな事柄をも疑う子どもがいたなら，その子にとっては，相手の言葉の意味も自分の用いる言葉の意味も確実ではあり得ない。あてになる語り手とならない語り手がいるのは事実であるが，そのことを子どもが学ぶのは，学習のずっと後になってのことである。したがって，疑うことは信じることのあとに来るのであり，信は疑に先行する。疑うことは，信じて受け容れた確実なものを前提していると言ってもよい。

　とすれば，私たちはまず信ずることによって多くのことを学び，しかる後，自分自身の経験によってそれらの多くが確認されたり反証されたりするということである。つまり，検証は検証されざるものを前提にしてはじめて成り立つ。あるいは，何かを検証する際には，検証の対象とはしない何かをわれわれは前提している。

　この何かとは，私たちが一つひとつの学習を通じて次第に形成されていった信念の体系である。ウィトゲンシュタインはこれを「世界像」と呼ぶ。彼は言う，「私の世界像は，私がその正しさを納得したから私のものになったわけではない。これは伝統として受け継いだ背景であり，私が真と偽を区別するのもこれによってである」。繰り返しになるが，この伝統は，私が生活する中でたたき込まれたものであって，一定の思考過程と検証を経て意識的にそれを確信するようになったのではない。

　知識の根拠には終わりがある。根拠づけられた知識の基礎をたどっていくと，何ものによっても根拠づけられない信念に突き当たる。このような私たちの判断様式を比較対象として念頭に置くならば，宗教を根拠のない非合理であると見ることには，慎重な留保が必要であろう。宗教を根拠のない信念だと言ってみたところで，実はほとんど何も言っていないに等しいのである（本節については，ウィトゲンシュタイン「確実性の問題」を参照）。

5.7 認識することと肯定・賛美すること

　人間が現実に生きるということは事実の確認などではないし，客観的に確認された事実から特定の生き方が論理的に，あるいは自動的に出てくるものでもない。生き方に根拠というものがあるわけではなく，それは，自覚的か否かはともかく，意志の決断に基づく。

5.7.1　歴史の事実認識と肯定

　さきに挙げた例を再度取り上げて説明したい。マルクス主義はしばしば自らを科学であるとし，その根底にある歴史観は希望や空想ではなく，社会科学的認識だと主張してきた。たとえば次のように言う。「共産主義の思想は科学に立脚していて……常に自然と社会の現実を客観的に観察し，分析し，総合して，その現実そのものの運動の法則を発見し，将来を予見するもので，……宗教的な信念と違って」いる（蔵原，1978, 13 頁以下）。人類史の「最後に到達する理想をもっていても，それに到達する現実的な道行きが示されないのが多くの在来の思想だったので，それにたいしてもそこに到達する現実の道を強調しているというのがマルクス主義の特徴である」（同 97 頁）。

　しかし，マルクス主義を科学と見て，このような仕方で宗教から区別するのは，無理である。客観的認識から生に対する一つの態度が一義的に出てくるわけではない。客観的認識に対して，人間は「いやなこった」と言って拒否することもできるからである。認識と態度決定とは違うのであり，事実を認識することとそれを肯定することとの間には無限の距離がある。歴史の最後を（逃れられない宿命などとは言わず）「理想」と表現していること自体，蔵原にあっては価値判断が認識に先行していることがわかる。しかも蔵原は，「科学は……推理や推測において誤ることも，もちろんあり，……ある学説やその結論を絶対なものとし，無謬なものとするといった態度は，……真に科学的な態度であるとは言え」ない（同 13 頁以下）と口では言っているものの，マルクス主義をこうした暫定的な性格のもの，すなわち間違っていることが判明したならただちに放棄されるべきものとは決して見ないのである。

第5章 信じるとはどういうことか

　もちろん，ある事実認識に対する人間の態度決定が，すべて宗教性を帯びるわけではない。出生率低下という事実予測に対する子育て支援策などの対抗政策は，一つの態度決定ではあるが，宗教ではない。態度決定が生の包括的な方向づけ，ないし人間全体の規制になっていてはじめて，宗教性が問題になると言えるかもしれない（ただしこれも絶対的な基準にはならない。通常，宗教的と見なされてはいても，生の断片的な規制にすぎないものも数多くあるからである）。
　事実認識と政治的主義・運動との相違を正確に見ていたのは，さきに挙げたヒトラーやローゼンベルク，ソレルたちであった。彼らは単なる学説と，人々を現実に運動へと駆り立てる信念との区別に執拗にこだわった。彼らによれば，主知主義的な意見・学説・理論は人を行動に駆り立てることがなく，生活を方向づけることもない。それに対して政治的主義が行動への原動力となるためには，それは信仰へと高まらなければならない。そしてそれは，意志決断によってのみそうなるのであって，その意志の起源は事実の確認などとはまったく別のところにある。蔵原に比べると，これらの人々のほうがよほど事態を正確に見ていたと言える。蔵原は事実の客観的な認識と記述をしているのではなく，事実と信じるものを肯定し，賛美している。まさにこの点で，それは限りなく宗教に接近してくるのである。

5.7.2　自然の事実認識と肯定

　いま一つ例を挙げて，宗教性と事実認識との間にある違いについて論じたい。
　ウィトゲンシュタインによれば，倫理的命題とは賛嘆の叫びのようなものである（ゾマヴィラ，2005，63頁）。ここで倫理的命題のかわりに宗教を代入することができる。
　リチャード・ドーキンスは，『利己的な遺伝子』などの著作で知られた進化生物学者であるが，同時に過激な宗教批判を展開する無神論者としても著名である。しかし彼も，見方によっては熱情あふれる宗教信者である。彼は次のカール・セーガンの言葉を引用する。

5.7 認識することと肯定・賛美すること

科学を検討し,「私たちの預言者たちが言ったものよりも,宇宙ははるかに大きく,もっと壮大で,もっと繊細で,もっと優美なものだ」と結論した大宗教がいったいどうしてほとんどなかったのだろう。……現代科学によって解き明かされる宇宙の壮大さを強調した宗教があれば,在来の信仰がほとんど得ることのできなかった崇敬と畏怖を引き出せるかもしれない。(ドーキンス, 2008, 24 頁以下)

この感覚をドーキンスも共有している。それゆえある人は彼を次のように評した。「彼は自然と宇宙に心を奪われて恍惚としている。私に言わせれば,それは宗教なんだ!」。しかしドーキンス自身はこの評価を受け容れない。「宗教というのは,正しい言葉なのだろうか? 私はそうは思わない」(同書 26 頁)。

ドーキンス自身の発言にもかかわらず,この評価はある意味では正しい。ドーキンスは自然に対する無根拠の恍惚を人に押しつけようとし,反対意見を排斥するのに相当熱心だからである。たとえば彼は次のようなアインシュタインの言葉に深い共鳴を覚える。

もし私のなかで,宗教と呼べるものがあるとすれば,われわれの科学が解明できるかぎりにおいての世界の構造に対する限りない賛美である。(同書 29 頁)

アインシュタインのこの態度は,不合理である。世界は単にあるだけであって,それ以上でもそれ以下でもない。「世界の構造に対する限りない賛美」は現象としての世界そのものからは決して出てこないのであって,アインシュタインの趣味判断にすぎない。賛美は事実認識に付与された人間の態度決定である。

自然の構造に神的な美しさを見て取る自然賛美は,昔からあったし,18・19 世紀にはありふれていた。この自然賛美はデザインの偉大さによる神賛美であった。そしてそれは現代のインテリジェント・デザイン論にも入りこんでいる発想である。したがってドーキンスは,この点では,実は心ならずも彼が反発する現代アメリカのインテリジェント・デザイン論と背中合わせなのであ

第 5 章　信じるとはどういうことか

る。

　この種の宗教性を自分と共有するものとして，ドーキンスはアインシュタインとセーガンを幾度も引用する。

　　アインシュタイン——体験することができるものの背後に，我々の精神が捉えることのできないものがあり，その美しさや荘厳さは，かすかな反響として間接的にしかわれわれに到達し得ないことの知覚。これが宗教性である。この意味で，私は宗教的である。（同書 35 頁）
　　カール・セーガン——もし「神」という言葉によって，宇宙を支配する一連の物理法則を意味するのであれば，そのような神は明らかに存在する。（同書 35 頁）

マイクル・シャーマーもドーキンスのお気に入りである。

　　100 インチ望遠鏡を通してはるか彼方の銀河をのぞきこむ。一億年前の化石や五十万年前の石器を手にもつ。グランドキャニオンのはてしない空間と時間の深遠の前に佇む。あるいは宇宙創造の様相をじっと凝視して瞬きもしない科学者の言葉に耳を傾ける。そういったこと以上に，魂を揺さぶることができるものが何かあるだろうか？　これこそ深く聖なる科学なのだ。（同書 507 頁）

以上のような主張を総括して，ドーキンスは次のように言う。

　　潜在的に生まれ落ちることができたはずの膨大な数の人間が実際には生まれないということを考えると，私たちが生きているということがどれほど幸運であるかを伝えようと試みた。巨大な定規の上をゆっくりと進むレーザー光線のスポットライトを思い浮かべて，人生の相対的なはかなさを［思い描いてみたい］。スポットライトの前あるいは後にあるすべてのものは，死せる過去の闇，あるいは未知の未来の闇に包まれている。私たちは，このスポットライトの中に自分がいると知るだけで途方もない幸運である。私たち

5.7 認識することと肯定・賛美すること

が太陽のもとにいられる時間がどんなに短くとも，もし，その一秒でも無駄にすること，あるいはそれが退屈だとか，不毛だとか，あるいは（子供のように）つまらないとか不平を言うのは，そもそも生命を与えられることさえなかった無数の生まれなかった者たちへの，無神経きわまる侮辱ではないだろうか？……私たちがたった一つの命しかもたないという知識は，命をいっそう貴重なものにするはずだ。……エミリー・ディキンソンはこう言っていた。「二度とやってこないということこそ，人生をこんなにも甘美なものにする」。(同書530頁以下)

ドーキンスのこうした発言に対して，総括的に論評を加えておく。アインシュタインが何を言おうとも，またカール・セーガンやドーキンスが何と言おうとも，世界と宇宙はあるだけであって，それ以上でもそれ以下でもない。美しいとか荘厳であるとかいった感情は，人それぞれであり，個人の趣味判断にすぎない。ただし，この点はドーキンスも理解しているようである。彼も最後の引用箇所の冒頭では，「これは趣味ないしは個人的判断の問題である」と断っているからである。

青い空，青い海，これらは一定の波長の光が，それに反応する人間の目に届いているだけである。頂上に白い雪を抱いた富士山やキリマンジャロも，主として珪素の堆積の上に，凝固した水がのっているにすぎない。

確かに人間という生命体の存在は，確率的にはきわめて低いのであろう。だが，現実の宇宙のありようがどうあったとしても，その様態はたった一つであることには変わりがない。確率的にはみな等しい。生きているだけで，自己の生への不平を言うのは，本当に「生まれなかった者たちへの，無神経きわまる侮辱」であろうか。そう言うのは，やはり恵まれた生を送っている人間だけである。たとえば，愛されることがまったくなかった者に人生をこのように評価しろと求めるのは酷ではなかろうか。

いのちを貴重だと思わせるものは，物理的・生物学的に低い確率などではない。それは，たとえば人と人との連帯関係なのであろう。魂を本当に揺さぶるものは，望遠鏡を通して見える銀河でもなければグランドキャニオンでもない。それは，たとえば人の勇気であり，誠実さであり，優しさであろう。宇宙

111

第5章 信じるとはどういうことか

を支配する物理法則を神と呼ぶのはドーキンスの自由であるが，そうしなければならない論理上の必然性はどこにもない．彼の態度と見解は，事実の確認から出てくるわけでは決してなく，「賛嘆の叫びのようなもの」なのである．

第6章　宗教の構成要素

　宗教を何らかの信念・思想・教説の集合体としてイメージするならば，それは一面的理解である。宗教を教団のような人間の組織体であると考えるなら，それも一面的理解である。宗教を一定の行事の営みと考えるなら，それもまた一面的理解である。宗教を神秘体験・心霊体験と考えるのも一面的である。宗教の様相はもっと多様である。宗教とは，個人ないし集合体の特有な体験，感情，程度はさまざまではあるが言語化された信念，場合によってはその文書（教典），一定の定型化された行為（儀礼・巡礼・修行など），生活の営み方，信者の作り上げる組織，宗教実践のために使用される特別な道具（祭具）や建造物（道場・教会・会堂・僧院など），聖地・霊場・巡礼地・廟などの空間と場所，一定の象徴体系などから構成される複合体である。そしてそれぞれの要素が，それこそ無限のバラエティを示す。

　以下では宗教のさまざまな構成要素を概観してゆくが，どのような宗教にもこれらの要素がすべて備わっているわけではない。確かに，成立宗教とか既成宗教，制度的宗教や組織的宗教などと呼ばれるものには，体系的な教義や儀礼，教団，教祖などといった諸要素がたいてい備わっている。これと対照的に，一般庶民を主たる担い手とし，日常生活と密着した形で営まれ，教義・教団・教祖などといった宗教としての明確な輪郭をもたない宗教が存在する。それが民俗宗教，民間信仰，庶民信仰，英語で言えば folk religion とか popular religion などと呼ばれているものである。したがって以下に述べる諸構成要素とは，主として成立宗教に関わるものである。

113

第 6 章　宗教の構成要素

6.1　信念

　宗教の最も基本的な要素は，信念と儀礼である。信念は宗教の意味世界を言葉で，儀礼は行為で表現する。

　信念・教説を見てみると，緻密な理論のあるものと，それをほとんど欠いているものとがある。理論化のレベルの違いを見てみると，キリスト教や仏教などの壮大な教義体系を備えた宗教もあれば，神話だけの宗教や断片的信念の集合体もあるし，自然発生してきた自然宗教のように，明確に言語化されたものをほとんど欠く宗教もある。しかし，明確に言語化された教義があったとしても，一般信者がそれをほとんど知らなかったり理解していなかったりすることもしばしばである。

　内容的に見てみると，体系的な教説を有する宗教では，現実の全領域をおおう議論，たとえば神観，人間観，世界観などが展開される。顕在的な形で言語化されていなくとも，宗教は通常，潜在的可能態としては人間論・世界観を含んでいる。

6.2　儀礼

　儀礼とは，聖なるものに関わる慣習化・定型化された行動である。これを機能にしたがっていくつかに分類することができる。以下に主だったものを挙げておく。

　1）聖は俗から隔離された存在である。それゆえ儀礼の目的は，なによりも聖と俗との不当な接近と混合を避けることにある。ここでは，何かをすることが命じられるというより，むしろ何かをしないことが命じられる。禁忌，物忌み，こもりなどがこれに当たる。

　基本的には聖は俗なるものの否定・払拭という性格を持つ。宗教生活と俗生活＝日常生活は，互いに対立し反発する。それゆえ後者に特徴的な行為は，宗教生活では禁忌される。飲食・性交・所有など，物質的・身体的欲求が否定されるわけである。断食，性的禁欲などがこれに当たる。

　2）聖が人間から隔離されているばかりで人間と関わりを持たないのであれ

ば，聖は何の役にも立たず，存在理由を失うであろうし，そもそも人間にとって存在しないに等しい。それゆえ実際には，人間は自分から俗的なものを剥ぎ取ることを条件として聖と親密な関係に入ることができる。こうして，聖との接近を目指す儀礼がある。これによって人間自身が変えられ，俗から遠ざかった分だけ聖へと接近する。浄化され，聖化されるのである。1)に挙げた禁忌もある程度そうであるが，お祓い，浄め，禊ぎ，潔斎，垢離などが，これに当たる。また，これは俗界から聖界への越境であるから，イニシエーション＝加入式がなされる。これを経た者は聖なる特質を得たと社会的に認められるので，しばしばこれは第二の誕生と見なされる。

　ここに禁欲主義や苦行の意味を見て取ることができる。俗界たる日常生活は，人間の自然的欲求を満たす場である。したがって，俗と相容れない聖は，自然的欲求の否定を必要とする。デュルケムは，この関係には，社会的なものと個人的なものとの関係が象徴化されていると考えた。社会的価値は個人的欲求の否定を根底には含むので，時として価値が断固として集合的に表明されねばならない場合には，個人の欲望の熱狂的な否定がなされねばならない。苦行はそのことの宗教レベルでの表現だというわけである。

　3) これまで述べた儀礼は，聖との交流のための手段的・準備的儀礼だと言える。ということは，聖との交流・交歓そのものを現実に遂行する儀礼があるということである。供犠ないし儀礼的食事はその典型である。信徒たちは神に神の食物たる供物を捧げ，その後自分たちもそれを食することによって神と一つになり，同時に同じものを食し合う自分たちも一つのコミュニオンとして一つに溶け合う。デュルケムに従えば，供犠には社会的機能がある。定期的に共同体が祭儀のために集合し，そこで供犠が行われる時，共同体は一つであるという連帯・統合が確認され，確認されることによってそれが再強化されるのである。

　拝礼・跪拝，歌唱・詠唱・奏楽なども，聖に関与する営みである。こうした諸礼拝がないままなら聖は人々の意識から消え去るが，これらは聖に改めていのちを与え，共同の信仰を再賦活するのである。

　4) 聖による意味づけの儀礼と呼ぶべき儀礼がある。元来，空間には中心も原点もなく，区切りのないのっぺらぼうの広がりにすぎない。しかしそれは，

われわれの住む世界とその外側に区切られる。前者はコスモス，つまり意味のある秩序世界であり，後者は得体の知れない混沌である。コスモスには聖界へ通じる，それゆえ聖化された座標軸や原点がある。宗教史で大地のへそとか宇宙軸（axis mundi）とか言われるものがこれである。寺院，大聖堂，都市などの建造儀礼は，その場所を聖なるものと関係づけ，浄化する。場所の浄化は，一般に，宇宙創造の再現である。

空間と同様に，時間も元来は等質の連続体にすぎない。しかし流れ去る世俗の時間も，祭儀において神話的太初の時，つまり聖なる原時間が再現され，それに連なることになる。それよって日常の俗的時間は聖なる神話的時間に回帰する。儀礼は，神話的太初の時の再現であり反復なのである。

要するに，地上的現象界は自らのモデルとして天上的イデア界を持っており，儀礼において真実在である自らの原点に回帰し，それを反復することによってそれに与るものとなる。なべて俗的活動が意義と価値と効力を有するのは，それが聖なるモデルをを再現・反復する儀礼を通じてのみなのである。

祭儀における神話的過去の再現は，特に記念的儀礼と呼ばれるものに顕著に認められる。それは神話史を再現する。それは過去を想起させ，演劇表現によって過去を現在とする。こうして記念的儀礼は，人々に，神話的過去に由来する自分たちの本来的自己と本来的共同体とを表象させ，人間観・世界観を改めて意識に刻み込む。このような記念的儀礼は，現代の世俗的な記念式典にもそのまま見られる。合衆国民は独立記念日において自分たちの社会の由来を再度意識に刻み，聖なる使命に対する自覚を新たにする。パリ祭も同じである。

5）贖罪的儀礼と呼ばれる，不幸に直面して，ないし不幸を想起して，これを嘆くことを目的とする儀礼がある。幸いな出来事の共有が人間同士を接近させるように，共通の不幸も，それを共同で嘆くことによって人々を接近させるのである。

6）聖なるものに特定の願い事を祈願する儀礼もある。豊穣・豊漁などへの祈願がこれであるし，祈り一般がそうである。

以上が主たる諸儀礼であるが，ところで，信念と儀礼のうち，いずれが宗教にとって一層本質的であるのかという問題が，繰り返し問われてきた。タイラーなどの初期のイギリス人類学派にとっては，宗教とはもっぱら観念であ

り，思想であった。ほぼ同時代に，正反対の解釈も提起されていた。マレットは，宗教を「考え出されるものではなく，踊り出されるものだ」と言って，観念を重視する主知主義的な宗教理解を退け，感情の激発に基づく身体運動＝儀礼を宗教の中心的なものと見ていた（マレット，1964）。社会統合機能を宗教の本質と見たW・ロバートソン・スミスにとっては，儀礼こそ宗教の最も肝要な要素であった（スミス，1985）。そこにおいてこそ社会の一体性を成員が感じ取り，社会的連帯が強化されるからである。スミスの強い影響を受けたフロイトの宗教論も，儀礼中心である。同じくスミスの影響を受けたデュルケムにとって，儀礼は信仰を再活性化させる手段である。儀礼は表象・観念にいのちを与え，それが人々の意識から消失しかけるときには改めて蘇生させる。現実の効力を持っているのは，儀礼のほうである。

　人類がなぜ宗教儀礼を持ち，維持しているのかということを説明する理論は多々ある。そのなかで，デュルケムの挙げる社会統合の機能は，最も有力な説明理論の一つである。しかしこのほかにも，以下に述べる文化の秩序構成と維持の機能も重要である。

　人間は渾沌である物理的自然に意味を持たせることで文化という秩序をもたらした。自然環境は元来はのっぺらぼうの連続体にすぎない。そこに人間は時間的にも空間的にも一定の区切りを与え，分節化された秩序ある世界を構築する。また自然環境は，元来はあるがままに存在するだけであるが，人間はそこに一定の意味を付与する。ただ存在し継起するだけの物理的現象の世界に，それが何であるか，なにゆえに存在するのか，いかにあるべきかという意味づけがなされて行く。人間はこれらを儀礼の形で象徴的に表現してきたのである。必ずしも宗教的な儀礼ではないが，たとえば，身近な例でいえば，七五三とか成人式や結婚式，葬儀などの通過儀礼は，一生を分節化し，その中で自分がどの位置にいるかを明確にして自己とは何か，人生とはいかなるものかを知らしめる重要な役割を果たす。こういった宗教のコスモス化という問題は，第7章で宗教の機能を取り上げる時に詳しく論ずることにする。

6.3 教団

宗教は，基本的には孤立した個人の孤独な営みではない。宗教は同信の徒が集って集団を形成する。これが教団である。ただし，組織化の度合いには当然，差がある。最も組織化が進んだキリスト教，特にカトリック教会のようなケースもあれば，同じく世界的な大宗教ではあっても，イスラームのように教会制度をもたないものもある。とはいえ，シャリーアという法体系，法学者たちをはじめとする指導者などが実質的な役割の点では教会制度として機能している。しかし，論理的には純粋に個人的な宗教というものがあり得るであろう。とはいえそれは，定義からして他者に伝達される可能性をもたないため，創始者一代で消滅する。これに対して，サイバーネット宗教として有名になった宗教のような場合には，直接的で濃密な人間関係が忌避され，インターネットを介した宗教が発展する可能性がある。この場合には，人のつながりはほとんど教団とは呼び難いであろう。

ところで，なぜ宗教は集団を形成するのであろうか。普通，宗教集団の必然性は伝統の保持，つまり世代を越えた継続性という点に認められる。このほかの説を，ここで紹介しておく。

デュルケムによれば，宗教は共同体が持つ自己意識を，すなわち社会の自己意識を本質とする。個々人は同一の信念と儀礼を共有し，それらの表明を通じて同一共同体への帰属を確認し，強化するのである。ということは，宗教集団の必然性は，宗教の世代間伝達にあるのではなく，第一義的には，宗教が成り立つ場面そのものの中にある。言い換えると，社会成員が同じ信念と儀礼を共同的に確認する必要性の中にこそ，宗教集団の必然性があるのである。

6.4 聖職者

宗教集団は，しばしば職業的な宗教者，聖職者を持つ。しかし，例外も多い。キリスト教のアーミシュやクエーカー，内村鑑三の始めた無教会主義などは，聖職者をもたない例である。ただし，聖職者の定義は難しい。聖職者の指標としてよく挙げられるのは，知識なり技能なり生活なり血統なりで特別な資

> **コラム 3：インターネットと宗教**
>
> 『現代宗教事典』（弘文堂）に従えば，サイバー宗教とは，インターネットをはじめとする情報通信空間に接続することによって布教や儀礼などの行為がなされる宗教を指し，特に，サイバースペースを中心的な活動の場とする宗教を指す。サイバー宗教ではなくとも，ネットでのつながりは種々の形で現れている。以下は 2006 年 12 月 26 日付けの読売新聞の記事である。
>
> 初詣シーズンを前に，インターネット上で「参拝」「祈願」ができたり，お守りやお札を販売したりする試みを巡って，神社界が揺れている。全国約 8 万カ所の神社を管理・指導する神社本庁は，「ネット上に神霊は存在しない」と，自粛を求める通知を出した。しかし，導入している神社からは「神社に親しみを持ってもらえる」「遠方の人の助けになる」との声もあり，本庁では頭を抱えている。
>
> インターネットの普及が宗教のあり方にどのような作用を及ぼすかは，一時さまざまに取り上げられた話題ではあるが，基本的には大きな影響はない。インターネットは宗教の既存のあり方をいろいろな面で補助するであろうが，教団と信者，そして信者同士をかすかにつなぐだけであろう。ゆるい連帯が好まれるのだという意見はあるが，それは衰退への道に他ならない。純粋にネット上だけのつながりしかない宗教は知られていないし，ましてや他者との直接的な交わりをまったく欠いた宗教は存在しない（たとえ存在しても誰にも知られることがないのであるから，実質上存在しない）。通信教育などの機械的対面による教育が補助的には可能ではあっても，教育があくまでも対面状況の中での人格的相互作用を基本とするように，宗教も人間相互の対面状況での関わり合いを基本とする。機械が人間に取って代われるものと代われないものとがあるのだ。

質・資格を有していると見なされていたり，特別な地位に任ぜられたりして指導的な活動をしていて，かつ主として宗教活動で生計を成り立たせていることである。

ユダヤ教のラビも聖職者ではないと言われることがあるが，やはり聖職者と見なすべきであろう。彼らは，ユダヤ教指導者としての知識と訓練があり，その職に任ぜられるからである。ヘブライ聖書＝旧約聖書の研究をするなど，中世キリスト教の神学者にも似ている。古代から中世ではラビは他の職を持つものとされていたが，16 世紀以降はラビの職業化が進んだ。イスラームにも，宗教的指導者はいても，聖職者はいないと言われる。しかし，ウラマーや法学者は，聖職者にきわめて近い。彼らは自らの主張に基づいてそのような者

になれるわけではなく，イスラーム諸学を修めてそれに通暁している者と見なされている。認定の制度化がはっきりした形をとっていない場合でも，ともかく認定そのものは社会的である（本人の主観的自己認識だけということはない）。しかし，自らの生計を宗教的指導以外でまかなわない者は，やはり聖職者と呼ぶべきであろう。確かに11世紀頃までは世俗的職業に就いている者も多くいたが，10世紀以降に各地に広まったマドラサはウラマーの養成教育制度となり，ここで一定の資質を身につけた者はマドラサの教師，モスクの礼拝指導者，カーディー（イスラーム法による裁判官＋モスクの管理なども担当する行政官）などの職に就いた。明らかにウラマーの職業化が起こっているのである。それゆえウラマーや法学者は聖職者と見なすこともできる。

ところが聖職者を「宗教活動を職業とする者」のことだとすると，この定義からはずれてしまう場合が出てくる。知識なりで特別な資質を有していると見なされていたり，特別な資格・地位に任ぜられたりして指導的な活動をしていても，宗教活動だけでは生計を成り立たせることのできない者たちがいるのである。しかしながら，「本来は宗教活動を職業とする」ということと「宗教的指導だけでは生計が成り立たない」ということとは別の事柄であり，後者は単に「食っていかれない聖職者」という意味である。当然これらの者は生計のために外面的には世俗の職業を営んではいるが，潜在的には聖職者と見なすことができる。むろん最終的には，これは線引きの問題である。スポーツの世界でプロ，セミプロ，ノンプロ，アマチュアの境界線を明確には引き得ないのと同様である。その意味では，聖職者という議論の多い概念を用いるよりも，専門宗教者とか宗教の専門家といった漠然とした表現を用いたほうが適切かもしれない。

6.5 生活

多くの現代日本人の宗教生活のように，宗教が特定の時や場所に限定されているケースは少数派で，むしろ宗教は，多くの場合，日常生活から隔離された営みではなく，日常生活を規定し，その意味でその隅々に浸透している。宗教は通常，このように生活と一体になっている。それを示すために，生活の基本

である衣食を例に取り上げてみたい。

　どのような文化にもドレスコードはあるが，宗教には固有の規定がある。まず，職業的宗教者には，たいてい特別な服装が決められている。平信徒にも，被服規定がある。

　近年，衣服規定に関してヨーロッパで政治・社会問題になるのが，ムスリム女性の衣服である。フランスでは，政教分離原則（ライシテ）を掲げる当局とイスラーム系移民との軋轢が話題となった。2010年には政府が，学校や一般道路など公共の場でのブルカ着用を禁止する法案を提出した。イスラームでは，女性に頭部を覆うかぶりものを要求する。最近では，日本の大学でもイスラーム圏からきた女性が多く，スカーフをかぶっているので目につくであろう。フランスではスカーフを着用して学校に登校する女子生徒が政教分離政策に違反するかどうかで，これまた政治問題化した。これらが問題になるのは，政教分離と信教の自由との関わりからだけではなく，それらが女性の人権抑圧の象徴と見る西洋の自文化中心主義のゆえでもある。なお，女性が頭部を覆うこの慣習は，元来はユダヤ教，キリスト教に由来するが，この二宗教では今は女性たちは日常ではかぶりものをしない。

　飲食・食物規定としては，ユダヤ教のカシュルートという食事規定がよく知られている。いかなる文化にも食物規定は存在するが，カシュルートはとりわけ細かい。レビ記11章などに記されているが，詳述すると長くなるので，ごく簡単に言及しておく。食べられる肉は，ひづめの割れた反芻動物の肉である。したがって豚や兎は食べることができない。水生動物の中では，ひれと鱗のあるものは食べてもよい。甲殻類，貝類，軟体動物は食べられない。鳥については，猛禽類のほか，食べてはいけないものが個別に挙げられている。肉と乳製品を一緒に摂ることも禁止されているので，チーズバーガーなどは食べられない。ユダヤ教の中でも，改革派はカシュルートを廃止している。

　わが国にもムスリムが多く暮らすようになって，イスラームの食事規定，すなわち許容される食品＝ハラールと，禁止される食品＝ハラームに関心が向けられるようになった。ムスリムがイスラーム文化圏以外で暮らすとき，一番日常的に問題となるのは，やはり豚肉である。ライオンや虎など，牙や爪のある動物も禁止されているが，これらが食卓に出される文化はほとんどないのに

対して，豚は現在かなり普遍的であるからである．厄介なことに，スープなどに使用されていたら，見た目には分からない（ムスリムはラーメンを食べられない）．植物油を使って揚げ物をしていても，そこでトンカツを揚げたなら，野菜や魚の天ぷらも食することができない．さらに厄介なのは，現代の製薬では，細菌の培養に際して豚に由来する酵素がしばしば使用されることである．こうなると，多くの医薬品が使用禁止となりかねない．

異文化に暮らすムスリムにとっては，ハラールの肉でもハードルがある．たとえば牛でも，ムスリムが，「アラーの御名によって．アッラーは最も偉大なり」と唱えながら，他の手段ではなくナイフで喉を切断して屠殺しなければならない．非イスラーム圏でそうした屠殺がなされることはないので，実際には母国から輸入することが多い．魚にはそうした制約はないものの，ムスリムは刺身を食べない．醤油にアルコールが含まれているからである．ハラールの特別な醤油を用意しなければならない．

このほかにも，ヒンドゥー教の食事・食物規定も有名であるし，仏教，ジャイナ教にも不殺生＝アヒンサーの規定に絡んでそうした規定がある．モルモン教（末日聖徒イエス・キリスト教会）にも，アルコール，たばこ，コーヒー，紅茶などを摂取しないという規則がある．

宗教が職業に制約を課す場合もある．経済の領域で影響が大きいのは，利子を取る金融業が禁じられる場合である．キリスト教は長らくそれを禁じていたが，必要に迫られてまずユダヤ人にそれを押しつけ，15世紀からは利子を容認する神学も現れ，さらにはまずプロテスタンティズムがその禁制を解き，カトリシズムもその後を追った．イスラームでは，いまもそれを禁じているが，（方便とまでは言えないにしても）独特の方策を用いることによって，利子取得と見なさなくともよい金融が存在している．

6.6 体験

宗教の原点は体験であると，しばしば言われる．これこそ宗教の核心であって，他のものはすべてそこから派生した，その付随物にすぎないとさえ言われる．確かに偉大な宗教者とその体験は，興味深い逸話に満ちている．苦行の

> **コラム4：宗教による徹底した生活規制**
>
> 　アーミシュも，宗教に基づく厳格な生活様式を維持していることでよく知られているので，多少詳しく見てみたい。この派は，1693年，スイスでメノー派の説教師ヤーコプ・アマン（Jacob Ammann）がメノー派から分離して始めた。アマンにちなみアーミシュと呼ばれる。再洗礼派の流れを汲むので迫害を受け，それを逃れるため，信教の自由を保証するウィリアム・ペンの招きで18世紀にペンシルヴェニアに入植した。現在ペンシルヴェニア州を中心に，オハイオ州，インディアナ州などに20万人程度が暮らしていると言われる。「信仰のない者たちから出て行き，彼らと分離せよ」という聖書の教えに従い，自分たち以外の世界との分離を生活原則とする。このため内部の結束と連帯が強い。
>
> 　現在も18世紀の移民当時とほとんど変わらない生活を送り，近代文明を受け入れない。自給自足の農業を営み，トラクターではなく馬で耕作する。電気，ガス，水道，テレビなどは外部とつながるという理由から使用しない。動力源は水車や風車などで，水は井戸から汲み，明かりは石油ランプ，暖房には石炭または薪ストーブ，移動には馬車などを使用する。ただし，最近では移動にバスも使用するので，彼らが居住する諸州を通るグレイハウンドバスでは，頻繁に彼らを見かける。電話は急病などの連絡用に必要なので，庭に電話ボックスを建てて使っている。
>
> 　身なりは虚飾を排し，男は普通，黒いベストと上着，黒いズボン，つばのついた黒い帽子，女は黒や青の無地のドレスに白い帽子，黒い靴下，白いエプロンをしている。18世紀に虚栄のしるしと見られていたボタンは禁止されており，鈎ホック，ピン，紐などで服を留める。既婚男性はあごひげを生やすが，絶対平和主義の立場ゆえに軍人のシンボルだった口ひげは生やさない。
>
> 　聖書に「この世の知恵は神の前では愚か」と書いてあるため，教育も自分たちでやり，8年間に読み書き，算数，保健など，実用的なことだけ教える。彼らは公立の小学校教育を受け入れている。子どもたちが周辺社会の子どもたちと一緒に学ぶことが必要だと考えたからである。学校内に文明の利器があることも，学校内にある限り，受容できた。問題は中等教育である。アーミシュは，アーミシュとしての人格形成の点で中等教育の時期を重視していた。彼らは，望まれる人格は親と共に働くことを通して形成されると考えていた。そこで彼らは，14歳まで学校に行けばよいとしていた。しかし州法では，義務教育は17歳までで，農業従事者の子どもは特例として15歳までとなっていた。最終的には，1972年の最高裁判決でアーミシュの教育観が認められた（森（1996），亀井（1999）を参照）。

後，ガンジス川中流のブッダガヤの菩提樹のもとで沈思瞑想し，悟りを開いたブッダ，あるいはメッカの近くにあるヒラー山の洞窟で天使ジブリールによる啓示に接したムハンマドの物語は，宗教体験の印象深い物語である。特に西洋

のキリスト教的伝統の中で誰でも知っているのが、『使徒行伝』9:1-19 が伝えるパウロの回心物語である。

6.6.1 パウロの神秘体験

　パレスティナのユダヤ人社会の枠を越えてキリスト教を地中海世界に伝える上で決定的な役割を果たしたのはパウロであった。しかし元々の彼は伝統的なユダヤ教を固守しようとし（この時点での名はサウロ）、それから逸脱しているように思われたイエスの弟子たち、つまりキリスト教徒たちの熱心な迫害者であった。彼は「殺害の息をはずませながら」ダマスコの町に赴き、キリスト教徒を見つけ次第縛り上げてエルサレムに連行しようとした。ところがダマスコの近くにきた時、突然、天から光がさして彼を照らした。彼が地に倒れた時、声がして「サウロよ、なぜ私を迫害するのか」と語りかけた。彼が「あなたはどなたですか」と尋ねると、「私はあなたが迫害しているイエスである」という答えがあり、ダマスコの町に行くよう指示される。同行していた人たちにも、声は聞こえたが誰の姿も見えなかった。パウロは目が見えなくなり、手を引かれてダマスコに入った。ダマスコにはアナニアというキリスト教徒がいて、パウロに会いに行けという神からのお告げを受ける。「あの者は、異邦人や王たち、またイスラエルの子らに私の名を伝えるために、私が選んだ器である」。アナニアはパウロに会いに行き、彼の上に手を置く。するとたちまち目からウロコのようなものが落ち、パウロは元通り目が見えるようになる。こうしてパウロは、キリスト教をユダヤの枠を越え、世界に向けて伝道する宣教師になる。

　こうした一種の神秘体験は、ウィリアム・ジェイムズの『宗教的経験の諸相』の中に多く語られている。この書は、個人が経験する宗教的心理・感情に考察対象を絞り、実証的方法で経験の内実を明らかにしようとする。具体的に言えば、自らの宗教経験を言語化できるだけの自意識を持った人々の手記・告白・自伝などの資料を縦横に引用して、宗教経験の様相を示そうとするのである。こうした文書に見られる宗教経験は、予想できるように、宗教的傾向が異様に強い人々の半ば病理的特徴である。その意味では、ジェイムズは、宗教が

制度でもあるという認識は持ちつつも，宗教を異常な心理現象と見ていた。

コラム5：よく知られた神秘的宗教体験

　パウロの体験がどこまで史実かはわからないが，類似の体験を紹介しておく。
　『告白』第8巻第12章29に記されたアウグスティヌスの回心体験は広く知られている。アウグスティヌスは若き頃，世俗的名声を追い求め，性的快楽に溺れてもいた。彼はそうした自分に絶望し，耐えられなくなっていた。それゆえキリスト教へ改宗したいという熱望を持ちながらも，やはり性的快楽は断念しがたく，改宗に逡巡していた。それゆえ彼はこう祈る。「わたしに純潔と節制とを与えて下さい。でも，今すぐにではありません」。386年，ミラノの庭園にあるイチジクの木の下で涙にくれて瞑想していた彼の耳に，隣家から子供の歌う声が届いた。「手に取って読みなさい。手に取って読みなさい」。そこで彼は聖書を手に取り，偶然あけた「ローマ人への手紙」の一節を読んだ。「主イエス・キリストを着るがよい。肉欲を満たすことに心を向けてはならない」。心は光に満たされ，心を覆っていた闇は消え，もはや何の疑いも残らなかった。己のすべてを捧げる決断をした回心の時は，『告白』の中にこのように記されている。
　日本の新宗教の中からも一例を挙げておく。天理教教祖，中山みきは，1810年，13歳で中山家の跡とり善兵衛に嫁ぐ。彼との間には，一男五女が生まれたが，天保初年（1830）にあいついで幼い次女と四女を失った。しかも天保8年（1837）には，長男秀司が突然左足に激痛を覚え，歩けなくなった。地主の長男が農業のできない体になれば，中山家の前途は閉ざされる。必死になって依り頼んだ医者も薬も効果がなく，最後に山伏が呼ばれ寄加持が行われた。それは，山伏が巫女を神がかり状態にして，憑いている神々や霊を判定し，それに応じた祈祷をするというものである。1838年10月24日早朝，この時の寄加持では巫女が不在で，みきがこれを務めた。するとみきは神がかりに陥ったが，これが三日三晩にわたって続き，その時間の長さと激しさとに，すべての者が驚き恐れた。みきの第一声は次のようなものであった。「われは天の将軍である。われは元の神，実の神である。この中山家に因縁あり。このたび，世界中の人々を救けるために天降った。みきを神の社に貰い受けたい。神の言うとおりするのだ。聞き入れるならば，世界中の人々を救けてやろう。もし不承知ならば，中山家は粉もないようにする」。これより三日三晩，夫および親戚の者と激しいやりとりの後，夫善兵衛はついに屈し，「みきを神の社として差し上げます」と答える。天保9年（1838）年10月26日のことであった。天理教はこの日を立教の日と定めている（村上（1979）を参照）。

6.6.2 オットーの宗教論

同様に，宗教の本質をこのような宗教体験に求めたのは，ルードルフ・オットーであった。彼が論じる宗教体験は，ジェイムズが論じた多様な心理とは違って，内容的には単一の体験である。後の宗教学に大きな影響を与えた有名な議論であるから，彼の『聖なるもの』を簡単に紹介しておく。

本書の内容と目的は，書名と副題に明瞭に示されている。それを直訳すれば，『聖なるもの—神的なものの観念における非合理的なもの，そしてそれと合理的なものとの関係』となる。オットーによれば，聖なるものには合理的要素と非合理的要素の両方が含まれている。前者は定義可能で，明晰判明な概念によって思惟しうるものであって，これは聖の必須要素ではあるが，聖の内実を汲み尽くしてはいない。むしろ聖を聖たらしめる本来的要素は，言語で言い表しえない非合理性にこそある。本書の狙いは，聖から合理的要素を差し引いた聖の非合理的要素を明らかにすること，そしてそれと合理的要素との関係を明らかにすること，具体的には非合理的要素の発展と並行してどのように合理化と道徳化とが進められて行ったのかを宗教史の中で確認することである。

ヌミノーゼ

まずオットーは，道徳的な最高善を意味しがちな「聖なる」という言葉に代えて，そこから道徳的・合理的要素を差し引いたものを表示するために，「神，神性，神霊」を意味するラテン語 numen からヌミノーゼなる新語を作り，その内容を明らかにしようとする。しかしヌミノーゼは，定義からして合理的・概念的には接近も理解もできない。そこで彼は，ヌミノーゼの客体が感情のうちに引き起こす心理的反応を，類似した感情，関係のある感情，正反対の感情などと比較対照し，それによって本来のヌミノーゼ感情を象徴的に示唆する。読者はそれを手がかりに，感情移入・共感・追感などにより，著者の指し示すものをみずから理解することが可能になるのである。もちろんこの場合，聞く者自身が同じヌミノーゼ体験を有していることが，理解の前提である。聖なるもの X は，厳密に言えば教えられず，ただ刺激され，覚醒されるだけなので

ある。

　ヌミノーゼに対する感情反応としてオットーがまず挙げるのが，被造者感情である。これは，絶対的に優越する対象の前で自らが無に沈み去る感じである。ここからさらにオットーは，ヌミノーゼの二つの主要な要素を挙げる。第一は，「戦慄すべき秘義」と名づけられ，これを構成するいくつかの要素が指摘される。まず，「戦慄すべき」という要素としては，それは薄気味の悪さ，恐れ，畏怖である。またそれは，絶対接近不能の感じを伴う優越・尊厳であり，さらには力・威力という要素でもある。最後にそこには，秘義という要素がある。それは理解可能な自然的領域を越えたもの，したがって理解を絶した絶対他者を前にしての驚きである。以上のような第一の要素が反発的であるのに対して，ヌミノーゼの第二の要素は人を引きつけ，その心を捉える。それは「魅するもの」と呼ばれ，人をえもいわれぬ法悦や狂喜に導く要素である。

　本書は，フランスの社会学者デュルケムの主著『宗教生活の原初形態』の5年後に出版された。デュルケムと同様に，宗教を聖によって定義し，聖を宗教研究の対象として定めたという点で，本書がのちの宗教学に与えた影響は大きい。しかしオットーが自らとデュルケムとの間に明確な一線を画そうとしていたことは，疑い得ない。デュルケムに直接言及することはなかったが，宗教を社会的現実からの生成物と見る還元主義的な（少なくともそう見られてきた）デュルケムの見方に対抗して，オットーは宗教を，人間的なものを越えた実在に対する人間の反応と位置づけ，それによって宗教の独自性を主張しようとしたのである。

オットーの限界

　彼の議論は非常に興味深いものの，容易には受容できない点がいくつかある。まず，こうした特異な体験を持つ人は，宗教の信者の中でごく特殊な人に限られるということである。ヴェーバーの言葉を借りれば，そのような人の宗教性は「達人宗教性」であって，ごく普通の人々の宗教性である「大衆宗教性」とは異なるものであると言わざるをえない。神社に初詣に行き，一年の幸福を祈願する人の大半は，決して特殊な体験があってお参りに行くわけでは

第6章　宗教の構成要素

ない。シーズンの優勝を祈願しに神社に行くプロ野球の監督とチームも同様である。お寺の檀家になっている人は，宗教的特殊体験に基づいて檀家になっているわけではない。特殊な体験は宗教の創始者や偉大な改革者のような特別な人にとっては重要な要素かもしれないが，一般に宗教的経験というのは，むしろ今あげたような普通の営みを指す。初詣に行く，神社で優勝祈願・合格祈願をする，柏手を打って初日の出を拝む，檀家の総代を務める。こうしたことは皆，人間の体験である。それらはすべて宗教に関わっている。したがってそれらはすべて，宗教体験である。

　私的体験を語れば，少年期に両親に連れられていった筆者の成田山詣では，以下のような行程であった。まず日暮里から電車に乗って成田で降り，にぎやかな参道を通って新勝寺まで歩く。境内に入るとたくさんの売店があり，竹光や木刀といったおもちゃをいじりながら本堂へ進む。急な階段をのぼって仁王門をくぐると，大きな鉢で皆が線香を焚いている。さまざまな祈願をしながら，その煙を身体のあらゆるところへなすりつける。大人たちは，その脇にある御護摩受付所で「家内安全」などの木札購入を申し込む。そこを出て，休憩所に行くと最大の楽しみが待っている。種々の食べ物屋や土産物屋が軒を連ねているのである。そのあと広大な成田山公園を散策し，池だの滝だの樹木だのを眺めて帰路につく。しかし，寺を出てもまだ参詣は終わらない。参道にはありとあらゆる店や旅館がひしめいている。そこで昼食をとり，店をいろいろのぞき，最後に日暮里の飲み屋へ寄ってから家路につく。これが親に連れて行ってもらう成田山詣での定番であった。

　さらに，彼の議論自体が成り立つわけがない。というより，論理的に破綻している。一切の自然的領域を越え，したがって理解を絶した絶対に異質で他なるものというものがたとえ存在したとしても，そうしたものは人間の認識対象にすらなり得ないはずである。一切の自然的領域にあるものと異質であるなら，その存在も本質も，ただちに目に立ち，たちどころに識別可能のように思われる。しかしながら，絶対的に異質なものは，それを識別する手がかりとなる目印を何一つ帯びてはいない。私たちは，分節化された言語でもって分節化された世界を認識している。私たちはこれを基礎にしてものごとを認識しており，この基礎を抜け出すことはできない。「戦慄すべき」だの「尊厳」といった概念が当てはまらないどころか，「存在する」といった分節化さえ適用不能である。それゆえ人間は絶対的に異質なものを決して思考の対象にはできないはずである。

それにもかかわらず，あえてオットーが絶対他者にこだわるからには，何か特別な背景と事情があるはずである。ここで，ほかの経験的諸学と異なる宗教学の特殊性が現れてくる。私の見るところでは，オットーはプロテスタント的キリスト教神学を宗教学の装いのもとに展開している。あるいは，宗教学という形式での神学を展開している（それゆえ彼は『聖なるもの』の序文で，この書が神学的労作として見てもらえることを望んでいる）。しかし，認識の対象が，自然的領域内にある一切のものと絶対的に異質であるならば，それが存在することも，それが絶対的に異質であることも，人間は自分からそれを発見することはできないのであって，それにもかかわらずもしその認識が生ずるというならば，人間は当の異質な対象からそれを知らせてもらうしかない。知り得ないものが，それにもかかわらず認識対象からの作用によって認識可能になるという事態は，まさしくプロテスタンティズムが伝統的に「啓示」という概念で表現してきたものに他ならない。

オットーは，宗教現象をあるがままに客観的に記述するといった宗教学の建前などにそもそも関心がない。彼にとっては，宗教の客観的な記述など不可能であるし，可能であっても無意味である。宗教学というのは自らの宗教性を出発点にするべきなのである。しかしながら，現在から見ての事後評価だと言われるかもしれないが，彼の『聖なるもの』はじつに中途半端である。ヴェーバーやデュルケムの研究にしても，宗教史学の研究にしても，客観的記述の立場に立った有益な研究は可能であるし現にある。かたや，学問の中には入らないものの，神学というものは，キリスト教のみならず，仏教であれイスラームであれ，人間と世界についてじつに多くのことを教えてくれるし，少なくとも深く考えさせる。それはそれで十分意味のあることである。オットーの研究は，経験科学としては役に立たず，神学・宗教思想としては見るべきものがない（当然この点は人によって判断が異なる）。宗教学の領域には，この手の神学的宗教学が少なくない。そうした用心を学習するためになら，この種の研究は役に立つかもしれない（オットーについては，久保田浩「政治・宗教・学問の狭間で――ナチズム期ドイツの「宗教学」」，磯前／アサド（2006）所収などを参照）。

宗教を構成する要素は上記に尽きるものではないが，主要要素は尽きているので，これ以上は論じない。

第7章　宗教の機能

7.1　機能的アプローチ

　ここまでの議論では，主として，宗教とは何か，宗教の属性と内実はどのようなものか，つまり宗教がどのような中身からできているのかという点に焦点を当ててきた。ここからは視点を変えて，宗教がどのような働きをしているのかという点を見てゆくことにする。宗教学の領域では，通常は前者を実体的アプローチ，後者を機能的アプローチと呼ぶ。実は，後者のアプローチのほうが，宗教のより深い理解に迫ることができる。一般的に言って，物事の本質は外形や素材にではなく，むしろその使用目的のほうにあるからである。たとえば，黒板が緑色に変わっても，緑板にはならず，やはり黒板と呼ばれる。これは用途に注目しているからである。水酸化カルシウムも，園芸店で売っているものは土壌中和剤であり，スポーツ用品店にあるものは白線を引くラインパウダーと呼ばれ，海苔の缶などに入っているものは乾燥剤と表示されている。また，植物の繊維をより合わせて作った太い紐は，同一素材で同一の形状をしていても，荷造りに用いるか，ものの長さを測る尺度に用いるか，罪人の背中を打つために用いるかで，それが何であるかの認識も異なり，当然呼び名も違ってくる。初期から現在に至るまでの電話や洗濯機も，素材，形状，大きさ，原理などまちまちであるが，何のために用いる機器なのかという一点から見て，それぞれ電話ないし洗濯機と称される。水を用いない洗濯機の開発が目指されており，おそらくそれは形も大きさも含めて，洗濯機の概念を一新するであろ

第7章　宗教の機能

うが、それでも衣類から汚れを落とすという働きから見て、人はそれを洗濯機と見なすであろう。対象を機能から見るということの重要性が理解されたことと思う。

　ある特定の宗教について解説してある本を読んで、その信念や儀礼の中身について知ったとしても、おそらく読者がいだいているであろう宗教に関する知的関心は満たされない。それは、いったいなぜ人々はこうした宗教を信じ、実践しているのか、依然として理解できないからである。現代の一般的な日本人が宗教に向ける関心は、宗教の信念や儀礼などの内実にあるというより、むしろ、そもそも人間はなぜ宗教を信じるのか、宗教を信じることで一体何をしているのか、何を期待しているのか、信じることで生活にどのような変化が生ずるのか、いったん宗教を信じると人はなぜ容易にはその宗教を捨てないのか、といったことにあろう。宗教の機能を問うことは、こうした問いを問うことにつながる。その意味では、これらの問いこそ宗教学で最も関心を呼ぶ問いであるが、実は答えるのが最も難しい問題でもある。というのは、宗教が個人生活の上で、あるいは社会生活において果たしている機能は千差万別であり、かつ信者が意識できるような機能が真の機能とは限らないからである。

　仏教の説話に、数人の盲人が象の身体に触れて、脚に触れた人はそれが木であると考え、牙に触れた人は槍だと考え、鼻に触れた人は蛇だと考え、耳に触った人は扇であると考え、尻尾をつかんだ人は縄であると考えた、というものがある。宗教の機能についても、似たことが言える。宗教の機能は、人が想像するより遙かに多様で複雑である。実際、宗教の機能については、これまで多くの研究者が実にさまざまな事柄を指摘してきた。それらの議論は相互に矛盾・対立しているのではなく、それらの一つひとつが宗教の機能に関する真実の要素を含んでおり、それぞれの説は排他的ではなく、それらの総合こそ宗教の機能の全体像を構成している。

　機能の確認がむつかしいことを理解するために、日常レベルで似た問題を取りあげてみよう。ある人が、バッハの音楽とルノワールの絵を好み、それらに引きつけられるという場合、両者を好む理由は同一であろうか。同じく「芸術を好む」といっても、そこには当然違いがあるであろう。では、対象が同じ音楽であるにしても、ある人がバッハとマドンナを好むという場合には、両者を

好む理由は同一であろうか。同じく「音楽を好む」といっても，そこにはやはり違いがあるであろう。バッハと同時代のある聖職者がバッハを好み，現代のある人がやはりバッハを好むという場合では，両者がバッハを好む理由は同一であろうか。理由が異なることは当然考えられる。ある人が少年期にバッハを好んでいたが，長ずるにつれ関心を失い，晩年になって再度バッハに深く惹かれたという場合，少年期と晩年におけるバッハ愛好が同じ理由からではない可能性は十分あり得る。

これと同様に，ある人がある宗教 A を信じ，別の人が別の宗教 B を信じるという場合，二人がそれぞれの宗教を信じる理由は違っているかも知れない。また，ある人がある宗教 A を信じ，同時に別の宗教 B をも信じるという場合，それぞれの宗教を信じる理由は違っているかも知れない。ある人がある宗教 A を信じ，別の人も同じ宗教 A を信じるという場合，両者の信じる理由が同一とは限らない。宗教の多様性を念頭に置くと，「なぜ宗教を信じるのか」という一般命題の形での問いを発するべきではない。むしろ「なぜ○○教を信じるのか」と個別的に問うべきである。しかし信者の人間類型と生活状況とが多様であることを念頭に置くなら，「なぜ○○教を信じるのか」という一般的な形で問うよりも，「なぜ誰々は○○教を信じるのか」と問うべきである。しかし厳密に言えば，同一人物が同一の宗教を信じるといっても，状況が推移するなら，やはり信じる理由も違っている可能性がある。わかりやすい例を出すなら，ルターは終生キリスト教徒ではあったが，自己愛から来世での救済を願っていた青年期と，自己の救済願望を捨てて神に一切を委ねるようになった時期とでは，まるで違った意味でキリスト教信者であった。倫理的行為にはげむことで自己の救済を目指すのと，愛と正義の神に一切を委ねきるのとでは，宗教性はまったく異質である。

7.2 救済約束と救済願望

可能な限り一般化された法則性に達したいというのは，学問の本性として当然であるし，一般人の関心からしてもよく理解できるとしても，安易な一般化を許さないのが宗教という現象なのである。それを踏まえた上で，人がなにゆ

えに宗教を求めるのかということについて、ごく一般的な確認をしておく。

人間の行為はおしなべて動機づけられた行動である。動機には二種類あって、「なぜ彼と話をしていたのか」と尋ねられて、「道を尋ねられたから」と答えるならば、話をするという行為の理由を答えている。これを理由動機（「〜だから」という動機）と呼ぶなら、「なぜ人は宗教を信じるのか」といった種類の問いは、普通はこの種の動機を尋ねているのではない。むしろこの種の問いは、信じるという行為に意味を付与する企図、つまり行為によってもたらそうと意図された目的を問うている。「なぜ彼を殺したのか」と尋ねられて、「金を奪うため」と答えるならば、殺人行為の目的を答えている。これを目的動機（「〜のために」という動機）と呼んでおく（シュッツ、1983）。

宗教も人間の行為である限りは、動機づけられている。そして宗教も通常の目的行為から区別されるべきものではなく、主観的には合理的な行為であるという点を宗教研究の出発点に据えたのは、M・ヴェーバーであった（以下の記述に関しては、ヴェーバー（1976b）の中の「世界宗教の経済倫理序論」およびヴェーバー（1976a）を参照）。

彼によれば、人々が宗教に引きつけられ、それに帰依するのは、宗教が与えると約束する「救済財」を得んがためである。救済財とは、救済がもたらしてくれる幸である。それを与えるという宗教の約束を救済約束、それを得たいという信者の側の願いを救済願望（あるいは救済憧憬）という。純粋に現世的な利益から来世の救済まで、救済財は各宗教によって異なるが、これらはいずれも信者の主観的救済財である。つまりそれが与えられると信者が自ら期待している幸である。しかしながら、経験科学的に見れば、信じることによって得られる心理状態のゆえにこそ、信者は宗教にコミットしている。つまり、客観的に見れば、救済財というのは、宗教的な思想や営みなどが人間に引き起こす感情と心理の状態である。宗教の救済約束が客観的な妥当性を持つか否かは差し当たり問題ではない。健康や長寿や富に恵まれるだろうという期待感・満足感であれ、危難から守られるだろうという安心感であれ、苦難の人生の中に意義を認める有意義感であれ、罪責からの解放感であれ、それらが究極的には何らかの浄福感となり、感情的心理的価値を持つからこそ、人は当該の宗教を信じるのである。

7.2.1 多様な救済

ここで最初に考えなければならないのは、救済財の多様性である。

「幸福な家庭はどれも似たものだが、不幸な家庭はそれぞれに不幸の趣を異にする」。言わずと知れたトルストイの小説『アンナ・カレーニナ』の書き出しである。ここで言われているのは、結婚生活が幸せなものであるためには多くの要素がすべて満たされる必要があり、そのうちの一つでも欠けてしまえば結婚生活は幸福なものにならないということである。例外はあるとしても、蓋然的一般原則としてはその通りであろう。

この原則は、人間生活全般についても当てはめることができる。人間が幸福と一般に言われうる生活を送るためには、多くの条件が備わっていなければならない。物質的な豊かさだけで幸せになるわけではないにしても、それを極度に欠けば人は通常幸せではあり得ない。病気や身体障害を持っているだけで不幸せというわけではないにしても、人は普通はそれを避けたいと願う。短命ではあっても生の内容こそが重要であるとはいうものの、たいていは長命は早逝より望ましい。名声・権勢のたぐいも、虚栄だの自己顕示だのと否定的に言われることが多いとはいえ、社会的な無視と侮蔑のうちに生きたいと積極的に願う人はまずいない。よき伴侶とよき子どもたちに恵まれることは、伴侶を得ないこと、悪しき伴侶と悪しき子どもを持つこと、あるいは伴侶はいても子どもに恵まれないことなどに比べると、一般的に言って幸せの重要な要素であった。アリストテレスがエウダイモニアという理想の人生について言っているように、それを構成する要素が一つでも欠ければ、その欠損に応じて人はそれぞれに満たされぬ思いをいだくものである。不幸・不満が多様な理由はここにある。

人が現実にはある生活状況にいないが、そうでありたいと願う時、それが宗教的救済願望の生ずる有力な場になり得る（むろん人は願望を非宗教的手段でも充たそうとする）。となると、生きる上での困窮・困難の多様性に応じて願望も多様になり、そして願望の多様性に応じて救済約束も多様になる。

人々は救済願望を必ずしも宗教と出会う以前に、あるいは宗教とは独立していだ

いているわけではない。宗教が人々に特定の救済願望をいだかせることもある。宗教が人々に世界と生を見る一定の解釈図式を与え、人々がそれでもって世界と生を見直すとき、人々が特定の救済願望を意識するようになることがある。こうした事態は、いわゆるマインドコントロールを駆使する宗教についてのみ言えることではない。地獄の責め苦の恐ろしさを植えつけた上で救済の約束をする救済宗教は、マッチポンプと非難されてきた。また、罪性などからの解放を約束する宗教も、罪性などという陰鬱な教説がなければ人々は萎縮することなく積極的で明朗健全な生活を送れたはずだ、といった批判にさらされてきた。基本的には救済の願望と約束は相互に出会い、相互に選び合うのではあるが、それがすべてというわけではないのである。

7.2.2 此岸的救済と彼岸的救済

宗教のイメージは人によってさまざまであるが、もし宗教の救済財として何らかの来世での至福のようなものだけを思い浮かべるなら、世界の宗教の実態からはかなりかけ離れることになる。また、多くの宗教的救済は、悟りの境地に達して蒙昧を乗り越え欲望を制御することなどといったものとも、だいぶ異なる。多くの場合、宗教的救済とは、まずもって純功利的な期待であり此岸的な幸いであって、地上的生活における物質的・社会的な苦難からの解放である。神々が約束するものは、何よりもまず富であり長命であり、その他此岸的境遇の改善であった。

　人々は合理的取引のような形で神々に帰依する。すなわち帰依者が神々にいくらかの功徳を捧げる代わりに、神々からお返しの功徳を期待する。「与えられんがために、われ与える」というのが宗教の根本的な特質である。この場合には、宗教は神崇拝ではなく、人間に役立つように神を強制する神強制であり、神への呼びかけは、祈りではなく、限りなく呪文に近づく。宗教儀礼の歌唱・舞踊・演劇・身振りや定型的祈祷文なども、神強制の要素を多分に含む。神は自らの力を実証しなければならず、神への働きかけがいつまでも功を奏しない時には、そのやり方が不適切だったとして祭司などの人間が責任を問われるか、あるいは当該の神が無力であるとして捨てられる。カトリシズムでは、聖人を適切に敬いながらも期待した効果が得られないと、人々は聖人にその責任を負わせて聖人像に唾を吐きかけ、もはやその聖人を顧みない。また司祭は

7.2 救済約束と救済願望

ミサの執行ではこの呪術的力を行使しているし，聖人像に結ぶ祈祷紐，祈りをあげた回数を数えるロザリオなどは，明確に呪術的性格を持っている。日本の諸宗教でも，願いを書いた紙片を神社の樹木に結ぶ行為，勤行唱題なども同様である。いたるところに見られる供犠も，神を強制する呪術的手段としての側面を持つ。

此岸的災禍を避け，此岸的な外面的利益を求めるのは，大衆宗教の根強く普遍的な傾向であるが，神が強制される存在からもっぱら祈願によってのみ近づきうる存在へと変わったとしても，その傾向はあらゆる宗教に備わった傾向であって，いわゆる彼岸の宗教にも明瞭に見られる。此岸的救済が含まれないことはきわめてまれであること，救済財の内容がいかに多様であるかということ，宗教倫理が救済倫理であるとは限らないこと，こういった多様性を以下で簡単に示しておきたい。

富への期待は普遍的に見られる。それは，たとえば生前の所業に応じた審判と来世での運命という彼岸的性格を色濃く持ったゾロアスター教でも明確に見られるし，彼岸性の強い仏教でも富と長命は道徳性の報いであると説かれた。ユダヤ教の神ヤハウェは富をもって敬虔なユダヤ人を祝福する。最も此岸性を払拭しているかのように思われているプロテスタンティズムにおいても，富は神に是認されている恩寵状態を確証するものと理解されるようになった。

ユダヤ教に関して言えば，ヤハウェは絶対的超越神であり，かつ人間に無条件的服従を強いるという印象が強いが，ユダヤ人の間でも，供犠は神との間の一定の取引の側面を持つ。宗教的戒律を遵守するのも，神の好意を得るための手段である。そしてユダヤ教徒にとってヤハウェが救済者であるのは，ヤハウェが奴隷状態にあったユダヤ人たちをエジプトから解放したからであり，彼らをいつかゲットーの屈辱から救出するからであり，人生の災禍の大半が起因する魔力から解き放つからである。確かにユダヤ教徒は，現世での現実の苦難に生きつつ，その償いが与えられるメシア的終末を望み見ていた。しかしそれは，現世における政治的・社会的変革である。すなわち，ひとりの英雄的ないし神的な存在がいつの日にか現れ，自分たちを屈辱から救い出し，栄誉ある支配的地位に就かせるであろうという変革である。この場合，信者自身はこの救済に与らないかもしれないということは問題ではなかった。子孫に対する配慮

は時代と文化を越えて普遍的に見られるものであり，自己存在の彼方で救済を望み見ているという点では，彼岸的救済と見ることもできる。

彼岸的宗教の代表とも言えるキリスト教を見ても，人々がイエスから与えてもらえると考えた救いは，目の見えない者，耳の聞こえない者，口のきけない者，歩けない者，重度の皮膚病の者など，ありとあらゆる病と障害の癒しといった此岸的な救済であり，不安や困窮や抑圧からの解放であった。ただし，キリストの再臨がいっこうに実現しないとわかった時には，人々が望む救済の力点は彼岸的救済願望へと移行していった。

一口に彼岸的の救済と言っても，その内容は各宗教で多種多様である。現世での生の安寧や愉楽・快適とさほど変わるとは思えない来世でのそうした状態が望まれる場合もあれば，生の無情ないし無常，そして無意味な慌ただしさからの解放が望まれる場合もある。意味の感じられない世界と人生に対する絶望から，世界および生の意味・価値に関する開悟が目指されることもある。初期仏教では，業と輪廻の際限なき円環から，永遠の静寂への救済が求められた。その意味で初期仏教は救済宗教ではあるが，いかなる救済神も知らない。あるいは倫理的・人格的欠陥の自覚から生ずる心の痛みから，倫理的・人格的完成が救済として希求されることもある。キリスト教がその典型であるが，こうした困窮とそこからの倫理的救済約束は，儒教にもイスラームにも縁遠い。儒教の倫理は救済倫理などではないし，イスラームの神は救済神ではあるが，人間を罪のうちにあってそこから逃れ得ない者と見るキリスト教や浄土真宗などとは違って，信者が神の命令に従うことは，イスラームにあっては人間の能力のうちにあるからである。

7.3　宗教と生活状況との相関

なぜ宗教を信じるのかという一般的規則性を探求するためには，やはり社会的大量現象に着目するのが差し当たりは有効である。いかなる内容であれ，人間が救済要求を持つということは，当事者が生きていく上でかかえている困窮の表れであるが，困窮内容の類似性は，それをいだく人々の生活状況の類似性と対応している蓋然性が高い。換言すれば，信者の側に見られる共通属性が信

者の信ずる宗教の救済約束と密接に関係している蓋然性が高いということである。もっと敷衍するなら，信者の生活状況の共通性の中に，宗教が当人の生活に及ぼしている作用が見つかる，つまり宗教の機能が見えてくるということである。ここには人が宗教を信じる理由の一端が見えてくる。

人間の属する社会層と宗教性との間には，しばしば一定の相関がある。というのは，身分・階級・階層などは一定の生活状況と結びついており，そのため特定の思想内容と調和的・親和的であるからである。この点での理論的貢献はヴェーバーによってなされた。彼の言う「選択的親和性」という概念に着目してみたい。これは，ある思想とある集団が歴史の中で相互に選びあったかのように結びつく過程である。たとえば，カルヴィニズムという宗教思想と近代資本主義という社会経済体制とは，一方が他方を産み出したという関係にあるのではなく，進展する資本主義経済の中で，カルヴィニズムと結びついた部分はいわば自然淘汰の原理が働いて，社会の全体を制覇するようになる。カルヴィニストたちは，たゆまぬ勤勉な労働を宗教的義務と見なし，そこから生み出される利益を欲望の充足に消費することなく，資本に再投下したからである。カルヴァンが本来目指していたこととは別に，カルヴィニズムは初期近代のヨーロッパにおける経済を担う人々の要請に特別に合致した禁欲的宗教倫理を提供したのである。

こうした社会層と宗教性との間にある相関ということで，いくつかわかりやすい事例がヴェーバーの『宗教社会学』に示されている。以下に紹介するいくつかのタイプの相関は，ヴェーバーの宗教社会学の中でもとりわけ注目されてきたものである。

7.3.1 社会的に抑圧された階層

傾向として，社会の最下層にいる無産階級や，無産化に脅かされている没落小市民階層は，とりわけ容易に宗教的伝道の手中に陥りやすく，しかもその宗教性は呪術的性格が強い。もう少し一般的に言うと，政治的であれ経済的であれ，社会的に抑圧された諸階層は救済要求の生まれ出る主要な階層である。というのは，いかなる救済要求もそれぞれが何らかの「困窮」の表現であり，そ

第7章 宗教の機能

して社会的な抑圧状態は当然種々の困窮を強いることになるので、救済要求が成立するきわめて有力な源泉となるからである。この階層は、自分たちが現在それ「ではない」ものに、此岸または彼岸における未来の生においていつかは「なる」と信ずることをもって心理的な補償を得ようとする。彼らに特徴的な要求は、苦悩・苦難からの救済である。彼らは、この救済要求を必ずしも宗教的な形で感じ、表明するとは限らない。たとえば近代プロレタリア階級がそうであった。また、宗教的な形を取った場合でも、その具体的な方向と内容はまちまちであった。しかししばしば、自らの善き業に対する報酬を求め、さらに不正な他者への報復を求めるという応報への要求が現れる。こうした打算的な報酬期待ないし報復願望は、呪術に近い。これが地球上のどこでも最も広がっている大衆信仰の形態なのである。

物質的な豊かさ、健康と長命、よき人間関係、名誉・名声などといったものは、一般的に言えばいつの時代でも大衆にとって幸福願望の主たる内容である。現代でも健康の回復や増進、美容、いわゆる「確実でうまい」利得・利殖の話が大量に発信されるのは、それだけそうした話が大衆の関心を強く広く呼んでいるからである。実生活に関わる希求が社会の広い範囲で強くいだかれていれば、そうした希求に応える各種の言説が大量に流されてゆく。そうした言説の中に、いつの時代でも宗教的言説もある。そして希求実現の現実的手段が乏しい社会層には、当然のことながら、とりわけ宗教的言説が持つ魅力は強くなる。社会的に抑圧された諸階層が救済要求の生まれ出る主要な階層であるというのは、こういう意味である。

ところで、現世利益の願望に応ずる救済約束を、信者たちは文字通りの意味で信じていたのか、そして現代でも信じているのだろうか。信者は主観的には宗教的信念を事実命題として受けとめているのであろう。しかし同時に、それは事実命題というより願望の表明である。だからこそ、一つの象徴的事実にすぎないが、たとえば英語では、"God blesses us."（「神は私たちに恵み深くある」）とは言わずに、"God bless us!"（「神よ、私たちに恵みを与えて下さい」）と言う。つまり、文法的に言えば、事実を事実として表現する直説法現在の平叙文ではなく、祈願を表明する仮定法現在（希求法）が用いられる。

現世的救済を約束するこうした宗教的信念に人々が固着する動機は何か。願

望の熱烈さだと差し当たりは答えてよい。しかしむしろ，置かれている抑圧・困窮状況にもかかわらず生きていかねばならない必然性こそ，人々を信念に固着させると言える。心が挫けそうになる現世の苦難を前にして，なお人々は生きてゆかねばならない。苦難に立ち向かって生きてゆく勇気こそが必要とされている。この勇気を与えることこそ，この種の宗教性が真に果たしている機能である。一方で「大丈夫だよ。きっとうまく行くから！」という励ましを見よ。他方で「神様がお見捨てになるはずがない」「○○のご加護（お助け，霊験等々）により，きっとあなたが願っている通りになる」という約束を見よ。これらは，機能上，等価である。この議論に関しては，8.2におけるウィトゲンシュタインの宗教論の部分を参照されたい。

7.3.2　特権階層

　抑圧された階層とは異なり，社会的に特権を与えられ，満ち足りている諸階層は，救済要求を普段ことさらに感じることはなく，およそそれとは縁遠い。むしろ彼らは，自らの生活状態を正当化する役割を宗教に押しつける。これは，すべての人間に共通する心理構造に根ざしている。幸福な状態にある人間は，たんにその現実に満足することなく，通常それを越えて，自分が幸福である正当な理由，つまり権利をも得ようとする。言い換えると，「自分は幸福であるに値するのであり，不幸な人は何らかの理由で不幸に値するのに違いない」という意識を持とうとするのである。

　こうした幸福と不幸の正当化を求める心理的自己満足の欲求は，あらゆる日常経験の中で認めることができる。政治的運命，社会的地位，経済状況，身体的健康状態，恋愛競争，その他いずれにおいてもそうである。これらにおける自己の幸運が単に事実としてあるのみであるならば，他者の不運に比して不当な偶然であるかも知れない。しかしそれを正当化できれば，心のやましさは一切感じないですむ。たとえば，不幸と神の怒りとを関連づけることが，一般的に行われている。ほとんどすべての民間宗教や，古代ユダヤ教，仏教などにおいては，身体的欠陥は，当人か先祖の呪術的・宗教的・道徳的罪過の結果である。その他何であれ，一切はいわば自業自得と見なされる。特権保持者が宗

教に求めるところがあるとすれば、それは以上のような内面的正当化なのである。これをヴェーバーは、「幸福の神義論」と呼ぶ。ちなみに、これとは逆に、現実に不幸な者が自らの現実を納得するために何らかの正当化や理由を求めるとき、それは「苦難の神義論」と呼ばれる。

7.3.3　意味の希求

　抑圧された階層の置かれた社会状況は、救済要求を生み出しやすい基盤であるが、このほかに救済要求が出現するもう一つの有力な源泉がある。
　知識人は、精神的困窮からの救済を願望する傾向を示しやすい。知識人が宗教的問題と関わるようになるのは、通例、物質的な困窮に迫られてではなく、むしろ世界を一つの意味あるコスモスとして理解し、その中に自らの人生を位置づけて、それを意味あるものとして理解したいからである。それは、人生の確かな方向を見いださんとする要求である。知識人は、このような精神的困窮から、言い換えれば精神の形而上学的要求から救済を希求するようになる。彼らは世界が単に存在するだけで、またもろもろの事象がただ生起するだけで、それ以上の何ものをも意味しなくなるにつれて、このむなしい世界と人生における一切の有意味性に絶望し、そこから世界と生とを意味あるものとして理解したいという欲求を切実にもつようになる。この生活情況は、彼ら特有の現世逃避の原因ともなる。生の真理と正しい生き方を求めての苦行、隠棲、出家、瞑想などといった行為がその例である。

　なお、このような知性主義的な倫理的救済宗教は、本来的には個人の内面性の宗教と言えるが、教団を形成する限りでは、そこに別の力学が働く。つまり社会的に広く信者を獲得するために、あるいは信者層が社会的に広がった結果、あるいは意図せずして地上的繁栄をもたらすことになった結果、教団は下層の大衆の関心事をも顧慮するようになる。そうすると必ずや大衆の要求への適応が不可避となり、変質してゆかざるを得ない。ほとんどすべての宗教が、大衆の要求に順応する際、再び何らかの現世利益的信仰を取り入れねばならなかった。無論その場合には、現世的救済財を獲得目標として直接的に肯定するのではなく、結果として得られた限りでのそれを肯定する、あるいは本来的宗教性へ導く手段になる限りでのそれを肯定する、という論理が採られる。「不求自得」とか「方便」といった仏教用語がこうした経緯と消息をよく表している。あるいはプロテスタンティズムにあっても、そ

れが禁欲的宗教倫理を貫徹した結果，大いなる富の誘惑に陥ることを警告する言葉が種々発せられた。富の誘惑は巨大であり，教説に変化が生じていった。目的としての富の追求は邪悪としつつも，結果として得られた富は神の恩恵にして救済のしるしと考えられるようになり，営利追求が正当化されるようになる。そうした中で，たとえばメソジストの創始者ジョン・ウェスリは，富の増加したところでは，それに比例して宗教の実質が減少するのだと言って警告を発し，ピューリタンの牧師リチャード・バクスターは，地上の財についての配慮は「いつでも脱ぐことのできる薄いマント」のように肩にかけておけと諫めた。しかしながら，禁欲の倫理が金欲の倫理になることはなかったにしても，このマントはいつしか鋼鉄のような固い外枠となっていったのである（この点について詳しくは，ヴェーバー（1989）の第2章第2節「禁欲と資本主義精神」を参照）。

ヴェーバーは知性主義と意味問題としての宗教との深い関連を指摘するものの，なにゆえにこの緊密な連関が生ずるのかについては言及していない。この問題に関して重要な示唆を与えているのは，デュルケムである。

生物学的な知能の高さが，あるいは高度な知的教育を受けることが，世界と人生の意味に対する絶望に直接つながるなどといった一般的関係は存在しない。むしろ逆に，社会が大きな変動過程に巻き込まれ，一つのまとまった意味世界として機能しなくなるにつれて，人は世界と生の意味を実感できなくなっていく。そうなればなるほど，人は虚無感にさいなまれ，世界と生の意味について反省の目を向けざるを得なくなっていく。人は基本的には無反省的に生きるものであって，反省的に生きるようになるのは，そうせざるを得なくなる必然性に迫られるからである。社会が意味世界として現実に機能している限り，人は世界と生の意味に関して反省的知性を向けはしないし，たとえそうする人が現れても，くだらないこと・ひまなことをしていると蔑まれるのみである。知性が懐疑を生むのではなく，懐疑が知性を呼び覚ますのである。言うまでもないが，知性が要求される社会的状況は，このほかにもあり得る。産業社会における競争などはその一つである。

第 7 章　宗教の機能

コラム 6：生と世界の意味を見失って

　社会的に抑圧された社会層の救済宗教というのは想像しやすいものの，知性主義の宗教性と聞いてもイメージがわかないかもしれないので，よく知られた実例を挙げておきたい。精神の形而上学的煩悶の例は歴史上にあふれかえっているが，近代日本でよく知られた例，というより非常にセンセーショナルであった例は，藤村操であろう。彼は精神的苦悶から宗教に救済を求めたのではなく，自殺によって生自体から物理的に逃れたわけであるが，知識人の精神的困窮がどのようなものかを示す好例かも知れない。

　藤村操は 1903 年 5 月 22 日，旧制一高在学中に華厳滝上の木を削って墨書した「巌頭之感」を書き残して滝に投身自殺した。以下が「巌頭之感」である。「悠々なる哉天壌，遼々なる哉古今，五尺の小躯を以て此大をはからむとす，ホレーショの哲学竟に何等のオーソリティーを値するものぞ，万有の真相は唯一言にしてつくす，曰く「不可解」我この恨を懐いて煩悶終に死を決するに至る。既に巌頭に立つに及んで，胸中何等の不安あるなし，始めて知る，大いなる悲観は大いなる楽観に一致するを」。

　高等学校で藤村のクラスの英語を担当していた夏目漱石は，彼の死にショックを受けたと言われているが，その漱石が『行人』で描いた一郎は，生きる道を見失い形而上学的に煩悶する典型的な知識人である。「死ぬか，気が違うか，それでなければ宗教に入るか。僕の前途にはこの三つのものしかない」。一郎は意味あるコスモスの中に生きていない。世界はただ存在するだけで意味をなさない。意味のない生に投げ込まれてある状態は苦痛以外ではあり得ず，それゆえ彼は気が狂うか命を絶つか，あるいは宗教の中に生きる道を見出すしかない。一郎の頭には「血と涙で書かれた宗教の二字が，最後の手段として，躍り叫んでいる」。しかしながら，宗教は生の要求・窮状に迫られて意識的に選び取ることが容易にできるわけでもない。それゆえ一郎は「水に溺れかかった人のように，ただひたすらもがいている」のである。

　こうした人物は，漱石が描き出すもろもろの主人公の典型である。『門』の宗助がその好例である。「彼はどうしたらこの門の門を開けることができるかを考えた。そうしてその手段と方法を明らかに頭の中でこしらえた。けれどもそれを実地に開ける力は，少しも養成することができなかった。……彼自身は長く門外に佇むべき運命をもって生まれてきたものらしかった。……彼は後を顧みた。そうして到底また元の路へ引き返す勇気をもたなかった。彼は前を眺めた。前には堅固な扉がいつまでも展望を遮っていた。彼は門を通る人ではなかった。また門を通らないで済む人でもなかった。要するに，彼は門の下に立ちすくんで，日の暮れるのを待つべき不幸な人であった」。

7.4 意味づけの機能

　世界と生の意味づけという機能にふれたので，ここからは生活状況との相関で宗教を見るのではなく，宗教の最も重要だと筆者が考える，そして他の多くの宗教研究者も重視する，この意味づけ機能をもっぱら見ていきたい。

7.4.1　世界と生の意味

　ドストエフスキー『カラマーゾフの兄弟』の中で，「大審問官」がイエスに対する悪魔の三つの誘惑を説き明かす場面がある。悪魔の第一の誘惑は，石にパンになるよう命じたらどうだという問いであり，第二の誘惑は，世界の全栄華を与えてやるから悪魔を拝めという誘惑であり，第三の誘惑は，神の子なら神が守ってくれるはずだから，神殿の屋根から飛び降りてみよという誘惑である。「大審問官」の委細は省くが，これは人間の生に必須のものについての議論である。すなわち，①人間は一定の物質的欲求を満たさずしては生きてゆけず，この欲求を放棄することはできない（しかし，これにつけ込んで勝ち得た服従には意味がない）。同時に人間は，②意味なしに生きられないし，さらに③真理性の保証なくして生きられない。大審問官の説明によれば，「人間生活の秘密はただ生きることばかりでなく，なんのために生きるかということに存するからだ。なんのために生きるかという確固たる観念がなかったら，人間はたとえ周囲にパンの山を積まれても，生活するをいさぎよしとせず，むしろ自殺の道を採ったに相違ない」。

　実際，人生の意味という問題は，人間にとって決して譲ることのできない不可欠の要件である。人間が他の誰とも接触することなく，ただ座ったり寝ているだけで衣食住の必要はすべて満たされたとしても，生きることはできない。それは生物として死なないでいるというだけであって，人間が生きるということとはまったく異なっている。人間が「生きる」という時，それは自分が生きている世界の意味およびその中で生きる自分という存在の意味を感じつつ生きることである。「意味を感じつつ生きること」が生の必須要件であることは，普段は意識されない。しかし人が生の意味を奪われると，そのことが明らかに

なる。アメリカ合衆国政府が生活保障をする代わりに先住民を移住させるといった政策をとったことがあった。先住民が失ったものは土地だけではなく，自分たちにとって意味のあった伝統的な人生過程自体であった。それは一生の過ごし方なのである。彼らの多くは，死なないでいるだけになった。

　近代産業社会での同様の事態を明らかにしたのが，デュルケムの『自殺論』である。人々が共同の価値観をもちながら相互に連帯していた社会が変化し弱体化していった時，人々の生を意味づけていた伝統的な価値観が希薄化し，社会的連帯は弛緩していった。その時にも社会的な役割は当然残っていたものの，それはもはや「やる価値のあるもの」，「やりがいのあるもの」ではなくなり，単に「やることになっているもの」にすぎなくなっていった。一つひとつの行為には人生の意味が表されるもののはずであり，人生と個々の行為とは一体であったはずだったが，今や遂行している役割と自分との間に距離ができる。何をしても，その役割行為の中に自分はいない。社会的役割と自己自身との間に，溝ができてしまっているのである（社会学者ゴフマンの用語で，これを役割距離（role distance）という）。近代化に伴って生じたこの状況が，近代社会の自殺率の急激な上昇をもたらしたというのが，デュルケムの見立てなのである。漱石の小説の中で，生の方向喪失に陥っている主人公たちは，たいていはこの種の人間類型である。

　さて，話を宗教に戻すと，人間が宗教に現世利益を求める時，それは「大審問官」の①に関わるのに対して，宗教の意味づけ機能は②と③に関わる。世界の諸現象に関しては自然科学的な説明もできるが，そうした説明は諸現象の機械論的な因果関係を語るのみで，諸現象および世界そのものの意味や目的を語りはしない。これに対して宗教の，たとえば神話なり教義は，その主要な機能として，世界自体の根拠と根源，目的，意味を説き，その意味ある根源的世界秩序の中に社会と人間を位置づけることによって，社会と人生に意味と価値を付与する。宗教が神々の行為や物事の起源を語る時，その行為や起源的事物は人間の行為やこの世の事物のモデルとなる。

7.4.2 カオスのコスモス化および苦難の神義論

　世界と生の意味という問題は，宗教自体の領域ではカオスのコスモス化というテーマで論じられる問題である。カオスとして論じられるのは，存在はするものの，いまだ形をなさず，したがって意味あるものとして見なし得ないものであり，宗教的原理がこれを形あるもの，秩序あるもの，意味のあるもの，すなわちコスモス（＝意味世界・秩序世界）に変換するのである。それゆえ，カオスのコスモス化という問題は，宗教の機能を考えるうえでは最重要の視角の一つであって，実際主要な宗教理論の多くがこの問題をめぐって展開されてきた。

　しかもこの問題は，ヴェーバーのいう苦難の神義論というテーマと密接不可分に連関している。現実生活での不条理な苦難体験は，意味ある日常生活の世界に深刻な疑念を投げかけ，それを崩壊させかねない危機だからである。それゆえ以下では，カオスのコスモス化という主要主題を論じつつ，その中に含ませる形で苦難の神義論をも論ずることにする。まず，議論のとっかかりとして，ベルクソンの静的宗教という概念を取り上げたい。

　人間は，災難や死といった，個人生活や社会生活に破壊的な作用を及ぼしかねない事態に遭遇するとき，それを事実として認知するだけであったなら，その不条理に意気消沈し，絶望するしかない。しかし人間は，事実の確認のうえに，その意義を説明してくれる表象を生み出す（彼はこれを「想話機能」と名づける）。受容しがたい経験に対するこうした防衛的反作用を，ベルクソンは「静的宗教」と呼んだ。これは，平たく言えば，意義と価値の破壊された世界を，不条理経験の理由を知ることによって意味的に再構築する企てである。換言すれば，それは混沌とした状況を意味のある秩序だった世界として了解し，再構築する企てである。

　ヴェーバーによれば，現実に不幸な者は，自らの現実を意味づけ納得するために何らかの正当化や理由を求める。納得しがたい不幸のうちにある人間は，たんにその現実を裸のままで受けとめるのではなく，通常はその理由と意味をも得ようとするのである。こうした心理的欲求は，幸福の神義論の場合と同様，あらゆる日常経験の中で認めることができる。自己の不運がたんに事実と

してあるのみであるならば，通例それは，受容しがたい偶然となる。しかしそれを説明可能な形へと正当化できれば，現実的苦難は除去できないまでも，意味的混沌の中に生きる苦悩からは免れる。そのようにして人間は再び意味ある秩序世界に生きうるわけである。

　この不幸の神義論の歴史上もっとも顕著な例としてヴェーバーが挙げるのが，ヒンドゥー教と古代ユダヤ教である。
　彼によれば，インドの下層カーストの宗教，あるいはユダヤ人の宗教においては，人々は自らの境遇が苦しいものになればなるほど，当然そこからの脱却を救済として願望するようになる。しかし救済は，神から命じられた義務の履行と結びついている。したがって彼らは，自分たちの身分に強い不満をいだいて現行の社会に反抗し，たとえ暴力に訴えてもそれを打破しようなどとはしない。むしろ逆に，神が定めた自分たちの立場にいよいよ強く固執しようとする。最下層のカーストは，よりよい境遇へと再生するための条件として，自らのカーストの義務を辛抱強く遵守する。同様に，軽蔑と迫害がユダヤ人たちを苦しめれば苦しめるほど，彼らを救済することになっているヤハウェと彼らとの絆は強くなった。最下層カーストやユダヤ人にとって，救済の唯一の手段は，彼らに定められた特殊な行動準則ないし命令の履行以外にはなかったのである。これをおろそかにする時には，自分の，あるいは子孫の救済可能性を台無しにすることになるからである。

エリアーデのコスモスとカオス

　カオスのコスモス化というテーマを自己の最も主要な論題とした宗教学者は，エリアーデである。彼はまず，元型（archetype）の反復という基本的な宗教史的事実を指摘する。彼によれば，地上の事物は天上の雛形＝イデア＝元型を模倣している。元型を分有しないものは，未分化で形態をなさぬカオスと同一視される。したがって，たとえばカオスの空間たる不耕の土地は，象徴的な天地創造の再現を通じて構造・形態・規範を与えられコスモスとなる。聖なる元型こそ絶対的実在であり，それに連なることは，時間のうちにある仮象存在が常住不壊の真実在と連なることであり，有意味性・正当性を得ることである。
　地上にあるものは，すべて天上のモデルを持つ。しかしこの世にあるものは，存在するだけで活力を失っていくので，元型の反復による周期的再生を必

7.4 意味づけの機能

要とする。さもなくばそれは無意味で実在性を欠いたカオスに頽落(たいらく)してしまうからである。

　以上の見方では，一方の聖なる元型＝コスモスと，他方の俗＝カオスとが二項対立の関係にある。しかしながら，時とともに損耗した世界が立ち返るべき原初は，コスモスたる聖とは限らない。それは反イデア＝形相なきカオスの場合もある。形態あるものは原初のカオスへと引き戻され，そこで古き形態が更新される。この場合には聖とカオスとが一致する。この世の形態あるものは，一定期間の経過後に原初のカオスへと引き戻される。それは，損耗した既存の形態がそこで更新され再生するためである。換言すれば，新しい形態の生成のために現在の形態が廃止されるのである。あらゆる形態が，一切が渾然一体となった原初のカオスへ回帰し，いったん解消する。バッカス祭やサトゥルナリアなどでは，狂騒の中で日常の規範が犯され，通常の価値・役割・身分が逆転する。こうした周期的・循環的な破壊と再生では，通常の秩序世界・意味世界が聖なるカオスへと回帰するのである。ここには，秩序世界→損耗によるその俗化→カオスへの帰一による聖化→秩序世界の再構築という循環が見られる。

　エリアーデにおいては，聖とは，ある時はコスモス化の原理であり，またあるときはカオスの持つ創造力である。このいずれの場合でも，目標は意味であり秩序（の更新）である。そして聖と対置される俗は，損耗したコスモスである。これは実在性の消耗したあり方であるから，その意味で非現実ないし疑似現実である。

　最後に，エリアーデにはヴェーバー的な苦難の神義論の考えも見られる。人間が苦難をただ事実として耐え忍ぶということは，確かにあり得る。しかし宗教的人間は，苦難を理由なき偶然とは見ず，その原因と苦悩の意味を理解しようとする。この時，苦難はわけのわからぬ不条理ではなくなり，単なる受動的事実から精神的意味を持った経験へと変換される。特に重要なのは，神々や英雄の経験した苦難の元型を知ることである。苦難を突き抜けた栄光を知ることである。それは，苦難が最後のものではないことを教え，苦難の意義を教える。それは単に慰めを与えるのではなく，苦難に存在意義を付与し，世界を調和ある秩序に組み立て直す。これは不条理のカオスから正当なる秩序＝コスモスの創出と言ってよい。

第7章　宗教の機能

ターナーのコムニタス

　人類学でこのテーマの代表的な議論を展開したのは，ヴィクター・ターナーである。彼は，ファン・ヘネップの通過儀礼論をもとにして，ある社会構造（＝人間の社会的地位関係・階級的序列組織）からの分離と別の構造への再統合との間にある境界状態に注目する。そこで行われる非日常的な儀礼では，構造の対極である反構造が出現する。それは，それまでの社会的属性がはぎ取られた生の人間同士が全人格的に対面する非構造であり，あるいは既存の身分の逆転といった別構造である。こうした反構造では，既存の分節と階層性を突破した同朋意識や平等主義が生まれる。このような反構造をターナーはコムニタス（communitas）と名づけた。それは構造の破壊と侵犯であり，その限りカオスと見なされうる。そこでは既存の価値や原理が再検討されるが，反構造を通じて構造はかえって明確に確認され再活性化されるのであり，個人は改めて構造へ再統合される。社会は構造とそれを再生させるコムニタスの間の循環なのである。

デュルケムにおける宗教と社会

　宗教現象におけるカオスのコスモス化という問題を社会構成の問題と重ね合わせて最も浩瀚な理論を展開したのはデュルケムである。彼以後の研究者は，彼の名を挙げようと挙げまいと，多かれ少なかれ彼の影響下にある。
　彼の社会理解は二元論的であり，宗教的な聖俗の二元論がこれに重なる。研究対象とした氏族社会は，普段は小集団に分散して労働に従事する。これは個人の経済的欲求が支配する俗なる期間であり，人々は共同体のことは考えない。しかし人々は周期的に祭儀のために集まる。これは，人々が共通の信念・集合的理想・公共の利益といった観念に強く支配される聖なる期間である。この分散と集中が，俗なる現実の世界と聖なる宗教の世界とに対応する。俗とは個人の欲求・経済が支配的となる道徳的凡庸の時期であり，人間は孤立した存在となる。これに対して聖は集合体の理想が支配的となる道徳感情の高揚期であり，人々は共通の理想のもとに結合する。その意味で集合的理想を欠いた社

7.4 意味づけの機能

会は存在しないのであって，社会は理想によって構成されている。デュルケムが，社会は宗教現象であると言ったのは，この意味においてである。

　以上の社会理解に彼の人間理解が対応する。それは，社会から切り離されアトム化した個人と社会的存在としての人間という二元的人間理解である。集合的理想たる宗教は人間を生物的存在・個人的存在を超えて高める。宗教なしには，人は人ではない。この意味で人間存在は宗教現象である。社会統合の度合いに応じて，言い換えれば宗教の力に応じて，人間は生物学的存在を，あるいはアトム化した個人を超越し，社会的存在としての人間になるのである。

　こうした本性を持つ社会が社会として維持されるためには，社会がいつまでも分散状態にあることはできず，周期的に成員が集合して集合感情が呼び覚まされる必要がある。ここに祭儀の必要性と機能がある。祭儀では成員が結集することによって参加者の意識が高揚し，社会集団が活性化する。あるいは，そこでは参加者の意識が一体となり，社会統合が強化されると言ってもよい。祭儀では成員が自らの社会を強く意識し，再確認し，それによって彼らのうちにある社会が強化され更新されるのである。

　このように，宗教は諸個人の意識総体から個人にのみ固有な意識内容をできるだけ払拭し，諸個人の意識を集合的な理想と価値観で満たし，それによって成員の意識を合一させる。拡散的で非社会的なエゴは，理想の共有によって結ばれた社会的自己となる。宗教表象は集合的理想の集中的表現であり，宗教儀礼の目的は社会の道徳生活を構成することにある。

　デュルケム自身はコスモス化とかカオスという語を用いてるわけではないが，以上の議論の全体をそうした用語で語り直すことができる。

　集合的理想は社会の構成原理であるがゆえに，明らかにコスモス化の力そのものである。そしてその所産たる社会は，非社会的な個人という非コスモス的要素を内包する限りでは，理想だけから成り立つ社会，すなわち純然たるコスモスにはなり得ないが，他方，どれほど分散の方向に進もうとも，純粋なカオスに解消することもあり得ない。純然たるカオスは論理的な可能性にすぎず，現実には存在し得ない。人間が共有するべき集合意識の内容がゼロになり，人間が相互にいかなる共通性も持たなくなり，したがって社会が存在するのをやめて単なる生物学的なヒトの時空間的共在状態となるような事態はあり得ない

のである。分散の論理的延長線上にはいま述べたような意味での完全なアトムと化した個人の集積があり、これがカオスである。現実の社会は、理念型としてのコスモスと論理的可能性としてのカオスとを結ぶ線分上にある。したがって現実の社会はコスモスとカオスの中間にある秩序世界として、（次に論ずるバーガーに倣って）ノモスと呼んでもよい。

デュルケムの宗教論・社会論の中でカオスと呼びうる事態はこれだけではない。社会が分散の方向に進むとき、その延長線上にあるのは彼が自己本位主義と呼び、人間があるタイプの自殺に追い込まれる状態である。これがいま述べた、個人がアトム化するカオス状態である。これとは逆に、ノモスがコスモスの方向に進むとき、その延長線上にあるのは、人間がもう一つ別のタイプの自殺へと追い込まれる極限的事態（集団本位主義）であり、これもやはりカオスと呼ばれてしかるべきであろう。集合的理想が個人存在を全体として呑み込んでしまい、個人が個人としての価値をまったく持たなくなる事態である。

　デュルケムの学説の中核をなすとは言いがたいが、ターナーのコムニタス論の先駆をなし、社会のコスモス化について重要な議論を含む「聖の両義性」という問題を取り上げておく。
　デュルケムは、吉なる聖と凶なる聖という二種の聖、ないし聖の両義性について論じている。吉聖と凶聖は、聖と涜聖、浄と不浄、神的なものと悪魔的なものという完全な対照をなす。凶聖は死や病気の原因となり、無秩序を生み出すと見なされ、それゆえ恐怖と驚愕の対象となる。それは、聖を破壊する原理という意味ではカオスと同一視されうる。吉聖と凶聖は、一面では聖と俗の対立と同様に、根本的に対立するものの、他方では両者の間に断絶はなく、一方から他方へ推移できる。いわば、別個の二綱ではなく、同じ綱の二変種であり、その限りではともに俗と対立する。
　このような宗教現象としての吉聖と凶聖を、デュルケムは社会学的に理解しようとする。まず、吉聖は、社会が自己を確認し、社会が追究する理想の実現という方向での威力である。それは集合的理想を覚醒させ強化する。これに対して、秩序破壊の方向を向いた集合力が凶聖であり、吉聖とは方向が逆になっている威力である。しかし、集団の秩序を脅かす悪い威力は、一側面から眺めた社会そのものである。すなわち、吉聖と凶聖は社会自体の幸と禍（あるいは順調と不全）とに対応し、強度の悦楽と強度の苦悩・衰微とに対応している。どちらも集合的状態であり、両方の聖もそれぞれに集合的反応である。ただし凶聖は、社会不全、強度の苦悩・衰微に対する秩序更新的な集合的反応なのである。凶聖が吉聖へ変換される理由はここにある。
　集合的感情は聖の根源であり、それをベースにしている限り、吉凶いずれにしても聖は聖であって、カオスは聖の側ではなく、俗の側にある。とはいえ秩序破壊的

である限り，凶聖はカオス的でもある。これを社会の分散化ないしアトム化としてのカオスと比べるなら，次のように言えよう。すなわち，分散化のカオスは集合性の減衰であって，凶聖とアトム化の違いは，積極的なカオスと消極的なカオスの違いである，と。「サタンは不浄な存在ではあっても，俗的存在ではない」のである（デュルケム，1976，（下）331頁）。

エリアーデの学説において，カオスは両義的に位置づけられていた。彼が宗教史的に指摘したことは，デュルケムの主張と重ね合わせて理解することができる。ターナーのコムニタス論も同様である。

バーガーの社会理論と宗教論

カオスのコスモス化は宗教現象であるとともに，社会学的現象でもある。両者の相関を社会学の領域で最も明確に論じたのは，ピーター・バーガーである。

彼は社会に関して一つの比喩を語る。社会は，人間が鬱蒼とした混沌の森をかろうじて切り拓き，明るい光の射し込むようになったささやかな開墾地である。この比喩が語っているのは，一面では，人間は他の動物とは違って環境の中で生活を安定させるための生得的・生物学的本能を持たないということであり，他方，社会は自然的所与ではなく，人間による構成の所産だということである。元来の無秩序を人間が文化装置によって一定の方向を持った秩序へと形成するわけである。

社会が人間の構成物であるなら，それは本来的に不安定であり，常に意味・規範・秩序などを喪失し，カオス化する危機に絶えずさらされていることになる。制度化はそうした社会を安定させ，維持し，後続世代に伝えていく。こうした事実性による安定化のほかに，制度を主観的にも納得のいくものにするのが正当化である。そのための最も重要な観念装置が宗教である。宗教は社会秩序を聖なる超越的実在によって根拠づけ，本来不安定な社会秩序に究極的な実在性と正当性を与える。

こうした社会理論と宗教論において，コスモスとカオスの配置は明確である。日常生活の世界は世俗的秩序の世界であり，彼の師であるシュッツの言葉を借りれば「労働の世界」であり最も現実性の高い「至高の現実」である。

第7章　宗教の機能

バーガーはこれをノモス（規範秩序）と呼ぶ。これに対して宗教は，ノモスを超越的に正当化して意味あるコスモスとする聖なる価値象徴である。これはコスモス化すなわち聖化の作用にほかならない。超越的神聖秩序たる宗教は，ノモスを形成し維持するコスモス化の力であり，ノモスはコスモスを一定程度分有する俗的経験的現実である。そして分有の度合いが低くなるにつれて，ノモスはカオスに近づく。ただし，純粋なカオス，すなわち人間の社会が完全崩壊して単なるヒトという生物が寄り集まっただけの集合体は，論理的仮構であって実在しない。

　社会の現実を社会成員にとって納得のいくものにする最も重要な観念装置が宗教である。しかしながら，社会的現実は絶えず無秩序化・無意味化の危機にさらされている。バーガーにとって，そうした危機が最も先鋭化・顕在化しやすい経験は，不条理な苦難，とりわけ死や死別といった限界状況である。彼の宗教論の真骨頂は，苦難の神義論にある。宗教は，主として，限界状況を克服させる観念装置なのである。

　バーガーによれば，社会は，人間が経験しうるすべての現実に関する定義をそなえている。たとえば，次のようなひとつながりの現実は，個々の個物・事実からそれを包括するより広い文脈へと現実を並べたものである。チョーク→黒板に字を書く→授業→中学校→教育制度→社会の再生産。これらは事実に関わる現実定義であるが，どのような状況ではどのような振る舞いが正しいかといった，規範に関わる現実定義も社会は持ち合わせている。むろん二つの定義は，実際には一体になっている。「授業」という現実定義には，教師が生徒を教える場であるという定義だけではなく，そこでは騒いではいけないという行動に関する定義も含まれている。ヒトが人間になる，つまり社会化するということは，こうした現実定義の編み目，すなわち意味世界に住み込むことを意味する。

　さて，社会が提供する現実定義は，人間にとって生活が順調に推移する日常性の定義だけではない。日常性を突然遮断するがごとく，思いがけず遭遇する事故・病気そして死などといった苦難，いわゆる限界状況は，それまでの順調であった日常生活の世界の意味を根底から揺さぶり，突き崩しかねない。苦難に遭遇した当人は，「なぜほかならぬこの私がこのような目に遭うのか」と問

い，激しい怒りにとらわれ，深い困惑と絶望に陥る。

しかし限界状況は不可避であって，なかんずく死は万人に訪れる。そうである以上，限界状況に関して「それはどういうことなのか」「それにどんな意味があるのか」といった疑問に対しても，社会は何らかの解答を用意している。したがって不条理な現象は，たとえそれが避けえないとしても，少なくともその理由を解き明かされ，意味づけられる。それによって不条理な経験も，主観的に理解でき，納得のいくものに変換されるようになる。こうした機能を果たす社会的装置の代表的なものが，宗教なのである。もし宗教がこの機能をうまく果たすことができ，人が限界状況との遭遇を必然性のある経験として捉えることができるようになれば，人は世界と人生に再び意味を見出し，日常性へと復帰することができるようになる。

苦難の神義論の一種と見なせる議論が，文化人類学の領域にもある。ある災いが起こると，その原因を説明し，対処法を規定する文化的システムがあり，それを文化人類学では「災因論」と呼ぶ。もとになっているのはエヴァンズ＝プリチャードの議論であり，彼の『アザンデ人の世界』によれば，アザンデ人は，事故や病気には必然的な理由があると考える。

これと同種の不幸の原因論は，ほぼ普遍的に存在する。それを信じようと信じまいと，不幸な出来事は必ず人間に起こる。それでも人は，バーガーの言う通り，少なくとも通例，最終的には，神義論を間違ったものと考えて捨てるのではなく，神義論に沿ったかたちで，不幸を何らかの意味ある試練として受け取り直し，苦難をも含んだ人生全体の意義に目覚めるようになるのである。

7.4.3 コスモス化する宗教の力

最後に，宗教が世界を意味づけ秩序づけるという時，宗教という信念と儀礼の体系自体にそうした現実構成力があるのか否かを考えてみたい。あわせて，苦難の神義論という機能を果たす宗教に，人々を現実に苦難から回復させる力があるのか否かをも考えてみたい。巨大な難問なので，最終的な解答にはとうてい到達できないが，答えへの基本的な方向が示せればよしとしたい。

神話と宗教は言語（やその他の象徴表現）を通して世界を意味づけ秩序づけ

る。この語られる言説世界と，人々が実際に生活を営んでいる現実世界との間に対応がある限りは，言説世界は説得力を持つ。もう少し正確に言えば，人々が生活を営んでいる日常世界が現実に一つの価値信念共同体として統合されていて，人々の間に実際の連帯があるならば，それを一つのコスモスとして象徴的に表現する宗教的言説世界は，人々にとって説得力のあるものとして受けとめられる。逆に言えば，価値信念共同体として人々が日常の生活を営んでいるならば，それを価値のないもの，あるいは反価値的なものとして表象する言説は，けしからぬ・瀆聖的なものとして排斥の対象となる。価値表象というものは，機械論的な科学的世界像に照らして妥当性が判断され，それに従って受容されたり排斥されたりするのではない。

　近現代でも自らの国家・社会・民族・政党・政治指導者などを神格化・神聖化する種々の神話・奇跡譚が作られてきたし，今も作られているが，外側にいる者にしてみれば「ばっかじゃなかろか」と思うものの，当事者たちにとっては，それらを信じるのはじつに自然なのである。ナチズムを超越的に正当化する神話が種々存在したし，日本の超国家主義に関してもそうしたものが存在した。あとになってみれば，それらを信じた自分たちの愚かさをいぶかったり悔いたりするものの，決して洗脳されていたわけではなく，それぞれの時代に生きた国民にとって，それらは大いに信憑性のあるものだった。イデオロギーとは，そういうものである。宗教も意味ある生活世界のイデオロギーだと考えることができる。イデオロギーと科学的合理的思惟との調停が必要とされる場合も一時的にはあるものの，長い目で見れば合理性との衝突など大きな問題ではない。

　神話や宗教などの言説そのものが単独で現実構成力を持つと考えるのは，呪文を唱えると現実がその通りになると信じるのに等しい。かつてのドイツや日本を全体主義的にしたのは，全体主義的神話ではない。神話がそうした国家を形成したのではなく，そうした国家のあり方が全体主義的神話を自己表現として必要としたのである。したがって，今そうした神話を語っても，共感するのは極少の極右集団ぐらいのものである。現代世界の随所で噴出している対外戦争，国内の紛争と騒擾，犯罪多発，自傷自殺の蔓延，経済破綻，道徳秩序の紊乱，社会的連帯の欠如，社会にとって壊滅的な人災・天災など，こうした破壊

的なカオス状態は，宗教の欠如に起因するのではない。また，いかなる内容であれ，宗教を導入すれば解決するというものでもない。現代のイラクやアフガニスタンその他の混乱をきわめた社会にどのような宗教の布教師を送り込もうとも，混乱のもとになっている現実的要因に働きかけることがないなら，まったく意味はない。宗教はカオス的社会を現実にコスモス化する必要十分条件でも必要条件でさえない。したがって，「原因」という語の定義からいって，宗教はコスモス化の原因ではあり得ない。

ただし，ここから宗教はまったく無力であるという結論を引き出すなら，完全な誤解である。そもそも，現実生活に対してまったく無力なものは，まったく無意味なものであって，一定期間，惰性によって存続し得ても，早晩捨てられる。逆に言えば，人類史でこれほど長く一貫して存在してきたものは，現実生活にとって必須で決定的な意味があったはずである。それは，潜在的あるいは論理的な可能性としては無定形でありえた世界と人間性が，実際には一定の意味と価値に基づくコスモスとして構成されているという現実を，宗教が表現しているからである。表現するというのは，なくてもよいものが付加されることとは異なる。それなしには，コスモスは維持できないのである。表現があって現実は存続できるのであり，両者は不可分の一体である。

戦争ではしばしば自国の国旗を守るため，あるいは敵国の国旗を奪うため，兵士は命をかける。布切れ一枚のために命をかけるのは愚かである。しかしその布切れはただの布切れではなく，国家そのものであり，そのために兵士は闘っている。象徴と実体は当人の意識の中では一つになっている。目に見えるものへ具象化されることによって，社会意識は鮮明になり，強化される。社会というものは，物理的に実在しているわけではない。可視的に実在しているのは，生身の個々人でしかない。その個々人の間にある不可視の連帯と関係が社会である。それを表現するものなくしては，その実在は感じ取ることができないのである。コスモス化する宗教の現実的な力は，ここにある。

宇宙が見事な数学的方程式で貫かれていることを発見しても，それだけでは宇宙は人間にとって意味と価値のあるコスモスにはなり得ない。人間が世界と人生をコスモスとして受けとめるということは，それらを生きるに値するものとして受けとめるということである。しかし，生きがいとは何か，人生とは何

か，生きる目的と価値は何か，に関する理論的認識を宗教に基づいて構築したり，宗教から獲得したりして，しかる後にそれに沿って生活を営むなどということは，現実には起こらない。生きがいや有意義感・価値観は，理論から生まれるのではない。

　バーガー的に言えば，人間は，社会が持ち合わせている事実的かつ規範的な現実定義の編み目をたたき込まれてゆく中で人間となる。この編み目を支え維持するありとあらゆる社会的装置がある。通過儀礼，諺・金言，偉人伝，日常的コミュニケーション，すべての制度・慣習など，一切合財が意味を付与されていると同時に，意味の維持・伝達装置である。すでに成立しているこの意味世界で社会化されることによって，人は意味世界の住人になる。社会化とは，意味世界に沿った行動を取れた時には人々から賞賛され，それに反して行動した時には叱責され，しかもそのいずれの場合にも社会化担当者が愛情をもってそうするということによって可能になる。これの無限の積み重ねが，社会と人生を生きるに値するものにする。そして社会化された者がいずれは次世代を社会化するようになる。社会とは，こうした個体と個体，世代と世代とが愛着で結びついた関係性のことである。この愛着関係がないなら，たとえ事実的・規範的現実定義のすべてを知的に習得したとしても，世界はただ現象として生起するだけ，事実としてあるだけで，一切は機械的運動にすぎなくなる。人間と人間との相互作用でさえ，単なる生物学的運動にすぎなくなる。社会化とは，現実定義という情報を知的に教え込むことではないのであって，自動社会化マシーンなどといったものはあり得ない。宗教の背後にある，コスモス化の現実的な力は，人間と人間とが接するミクロレベルにまで突き詰めれば，以上のように理解されるべきである。

7.4.4　神義論の現実の力

　神義論として多くの論者が提示した一連の宗教論はわかりやすいし，説得的でもある。しかし，苦難の克服に際して宗教が人間の心理の中でどのように働くのか，そのプロセスをもう少し明確にするべきであろう。以下の考察は未熟ではあるが，現段階での試論である。

7.4 意味づけの機能

なぜ説明を求めるのか

　地下鉄サリン事件の遺族たちは，なぜオウムが事件を起こしたのか，あくまでも理由を知りたがる。東日本大震災で，津波によって多くの児童が犠牲となった石巻市立大川小学校では，父母が事故当時の様子を切に知りたがる。どちらのケースでも，遺族が事情や理由を知ったところで，死者が帰らぬことに変わりはない。それは当人たちも無論わかってはいるが，やはりそうせざるをえないのである。なぜであろうか。もちろんこうした行動を，これまで述べてきたような混沌の秩序化とか苦難の意味づけという議論で説明することはできる。ここで踏み込んで考えてみたいのは，混沌を秩序化し苦難を意味づけしようとする人間の根本性向である。ここから先は何の実証データもいまだほとんどない話である。関連すると思われる事象を手がかりに，推論を組み立ててみたい。

　人は嬉しいことがあると，しばしばそれを心の中で反芻する。嬉しい手紙をもらえば，それを何度も読み返す。書かれている情報が問題なのではない。それは一度読めばわかるのだ。喜びを繰り返しかみしめ，味わうのである。激しい怒りを覚えるような出来事に対しても，人はしばしば同じ行動をとる。怒りが激しければ，抑えようとしてもおのずと怒りがこみ上げてくる。あるいは，半ば忘れかけていた怒りをわざわざ呼び起こしたり，心の中で復讐を遂げたりもする。

　悲しいこと，恥ずべきこと，苦しいこと，つらいことに対しても，同様である。確かに驚くほど容易に「現実は現実」と割り切ってしまえる切り替えの早い人物はいる。しかし，それは通常ではさほど多くない。大川小学校の説明会にも，74人の児童犠牲者に対して97人の保護者たちが出席した。やはり多くの保護者は，いわば心のかさぶたを自らはがすかのように，事の一部始終の説明を求めたわけである。どうしてなのであろうか。

　それは，彼らの心に執拗に疑問がつきまとうからである。「ほかの学校ではこういうことは起こらなかったのに，なぜわが子の学校だけが？」「なぜ裏山ではなく，川の方向へ避難したのか？」「そもそもなぜ千年に一度の地震が今起きねばならなかったのか？」このほか無数の「なぜ」が心にこびりつき，意

第7章 宗教の機能

志とは無関係に心に浮かんでくる。ありとあらゆる疑問が次々と頭の中を飛びかい，苦悩する人をさらに容赦なく苦しめ，一切の安らぎを奪う。アリ地獄の苦悩で，一時の安らぎもない。

端から見ているとくだらぬ助言しか与えない人生相談に相談者がひきもきらずに訪れ，考えられない料金を支払うのも無理はない。意志にかかわらず生じ，心をさいなむ問いに苦しめられれば，誰しもとは言わないが，多くの人はそうした行動を取るのである。

情緒を激しくかき立てられる出来事を経験する時，その出来事と情緒的反応は当初は混乱のうちにあり無定形である。その後徐々に言葉・言説を通じてその無定形が「それ以外のもの」から区別され，それが何であるか，輪郭が与えられるようになる。形のないものが形を取って意識の中に出現し始める。こうして人は，わが身に起こったことが何かに気づき，認識できるようになる。ある体験に対して言葉が存在しないあいだ，その経験は存在すら指摘できない。認識できないものは，その間存在しないのであるから，存在し始めると言ってもよい。言語化によって，それが定着する。こうしたことは，ほかの日常経験でも起こりうる。たとえば，生活する上でわけのわからぬ不調にさいなまれる時，人は心が押しつぶされる。ところがふとしたきっかけで受けた診察で，病名がつけられる。その時に人は，自分を苦しめていたものの正体がわかる。そうなると，病気と闘う心構えができる。事態の正確な認識が困難の克服へ向かう一歩となるわけである。

そうなるとそれまで支配されていた感情から一歩離れて，体験を客観視できるようになる。これは問題状況の解決にいたる過程，すなわち言語化，理解，客観視，対処・統御という一連の過程での第一歩である。自分でもはっきりつかめなかった感情に振り回され支配されていた状態から，最後にはそれを統御できるようになる。

無定形のものは出発点になりえないが，形ができると，次はそこから始められる。泥沼を際限なく堂々巡りするのではもはやない。記憶がよみがえり，感情がぶり返しても，それについてはっきりと考えることができるようになる。これは重要である。なぜなら，ひとたび認識を得さえすれば物事が解決するなどということになるわけはないのであって，自分の身に起きたことが何である

かという認識は繰り返し自分自身に言い聞かせる必要があるからである。認識を自分に何度も繰り返し刷り込むことで，はじめて受けとめるという事態が生じてくるのである。

さらに，体験と感情が言語化されると，それは他者に伝達可能になり，他者との共有化が進む。言語化は，体験と感情を，そして何よりも当事者自身を，他者との交流の世界に送り出す。ここで重要な点が二つある。

言葉が介在しないうちは，当事者の体験は正しく認知されず，曲解にさらされる。理解されることもなく慰められても，苦しむ当事者は「私の苦しみはそのようなものじゃないのに」と心でつぶやかざるをえない。曲解にさらされ続けるならば，あるいは無理解から「諦めるしかないだろ」と言い放たれれば，人の心は閉ざされてゆき，他者に向かって話をする意欲自体がそがれてゆく。こうして元来の苦しみの上に，落胆と孤立感が加わる。しかし，言語化によって社会的な理解と共感を得る道が，少なくとも可能性としては開ける。これは決定的である。

とはいえ，言語化された苦難を聞いた者が，それをいわば文法的にのみ正しく理解するということがありうる。他者との連帯を生み出すことのない知的理解というものがありうる。認識や思想を他者と客観的に共有したからといって，それだけで人間が積極的に生きられるわけではない。デュルケムが『自殺論』の中で実証したように，他者との連帯こそ，自殺の抑止力そのもの，言い換えると人間を生にしかとつなぎとめる力の源泉である。委細をここでは語りきれないが，共感を伴った理解こそ，人間が人間として生きうる原理そのものであり，他者との連帯の真の基礎たり得る。

人が孤立することは，惨めさを倍増させる。本当の話を聞いてもらえる相手を持つということは，たんに望ましいというより，人間という社会的動物にとって必須である。そして，身に起きたことに対する自分の気持ちを第三者の前で話し，自分自身を客観的に整理していけば，そしてそれが第三者に正しく受けとめられれば，人はごくわずかずつでも苦難の経験の克服へと歩んでゆくことができるのである。

第7章　宗教の機能

自助グループ

　以上のことを，私自身が関わっている実際の活動を引き合いに出して，説明してみたい。「生と死を考える会」という市民団体があり，その中に死別の悲嘆からの回復を相互扶助する自助グループで「分かち合いの会」という組織がある。きわめて私的な死別という苦難を見ず知らずの人間に語ることに対して，参加者は当初強い抵抗を覚える。しかし，姓名を名乗っても名乗らなくてもよく，会で発言してもしなくてもよいという制約のない会の進行に慣れるにつれ，人は他の参加者の話をわが身に重ね合わせて聞くことができるようになる。そしてそこで聞いた言説によって自分の体験したことを自覚し整理しはじめ，自分の苦悩を語れるようにもなる。他者の苦難を聞くことによって，自らの内にのみ閉ざされていた自分の苦悩にかたちが与えられるようになり，表現を得，他者と理解し合えるようになる。苦しんでいるのは自分だけではないことに気づく。こうしたことが，やがて回復へとつながっていく。そして他者との語らいと交わりによって苦難から立ち直った人々が，今度は自らの物語を新たな参加者に語り聞かせ，その人たちの心を開いてゆく。このように，同じ苦難を共有する人々は，同じ苦難を共有するがゆえに互いを理解し，互いに共感を寄せ合うことができるようになる。人々を孤立させていた苦難がまさしく絆となり，人々を連帯させ，共に生きる社会に復帰する道ぞなえをする。その際にも，宗教の神義論が人を立ち直らせるわけではないし，宗教儀礼がそうするわけでもない。とりわけ儀礼に関しては，ゴーラー以来，多くの人が宗教儀礼の役割を強調してきたが，儀礼そのものが回復にプラスの機能を果たしたのか，それとも儀礼に関わった人々が団結して苦難にある者を扶ける という連帯性こそがその機能を果たしたのかは，正確に実証する必要がある。「分かち合いの会」で言えば，間違いなく後者である。なぜならそこでは，宗教的要素を持ち込むことは固く禁じられているからである。

　これと同様のことが，現代では他の自助グループでも起きている。アルコールや薬物の依存者たち，自死者の遺族，犯罪被害者やその家族といった人々のグループである。さらに，日本の新宗教の教祖的人物についても類似のことが指摘できる。しばしば彼ら自身が凄絶な苦難を身をもって生きた人物で，自ら

7.4 意味づけの機能

の苦難体験の中に意味を見出すことによって、類似の苦難にあえぐ者に意味を指し示しうる存在となった。このようにして神義論は、社会的伝承となり、再生産されてゆく。

　以上の私見に補足をしておく。災いの原因を妖術に求めるような災因論を、フレイザーならば因果関係の錯誤として説明したことであろう。それに対して、前述した (155頁) エヴァンズ゠プリチャードは、彼の調査したアフリカのアザンデ人がとりわけ迷信深いわけではないという。しかしこの点には留保が必要で、迷信深さの厳密な国際比較、民族比較などなされたことはない。迷信深さの定義もないし、それを測定する指標もないであろう。妖術の力能に関するアザンデ人は、現代西洋人から見れば迷信深いと思われるかもしれないが、後者が信じるキリスト教の死者の復活も同等に迷信的である。迷信深いか否かは、些末な問題であって、神義論・災因論の主観的信憑性とは関係しない。

　むしろ神義論・災因論の主観的信憑性を左右する要因は、ほかに考えることができる。まず、災いの原因と結果とを結ぶ説明は、文化的に類型化され慣習化されている。定型化した説明パターンは、定型化しているというだけでも社会的通用力を持つ。現代の日本でも、犯罪者はしばしば「魔がさした」と言う。こうした、よく考えればわけのわからない説明でも、定型句としてはそのまま受容される。アザンデ人の場合で言えば、原因たる妖術を発見し、それを除去する社会制度が整備されている。妖術を告発する者とされる者を裁く裁判があり、妖術の厳密な判定方法が規定されている。不幸の原因論を具体化する社会制度があるのだ。このように、災因論は単独で存在するのではなく、それを取り巻く諸々の観念および制度と一体となって存在している。さまざまな構成要素が相互に関連して全体を形作っている。その場合には、個々の要素が相互にいわば支え合い押さえ合っているので、諸々の観念および制度の全体を捨てない限り、災因論だけを捨てることはできないのである。

　しかし、以上の説明もかなり些末である。神義論・災因論の主観的信憑性を理解するためには、それが失われる過程と原因を考えたほうがよい。

　生活のかたちが複雑化し多様化すれば、それは伝統的な生のかたちと大きく乖離してゆく。その中で人々が経験する苦難も、かつてとは性質を大きく変えてゆく。その時には、かつては信憑性と説得力を有していた災因論は、変化した生活を営む人々の、変化した苦難をすくい取れなくなってゆく。伝統的な既成宗教の神義論が、今や現代人にとってよそよそしくなってしまった重要な原因も、一端はここにある。それらは、災いと苦難の何たるかをまるで理解しない物語になってしまったからである。一例だけ挙げるなら、かつては多くの宗教において、身体的欠陥は本人か親などの道徳的過失・儀礼的過失のせいとされた。かつてはそのように考えることで現実を受けとめたのかもしれないが、現代では苦悩をまるで理解しないで差別を増幅させるだけのけしからぬ言説だと非難されるのである。

7.5 政治的・社会的機能

前節までは，主として人間の生の状況との関連で，宗教の機能を概観してきた。これは宗教の主として個人生活上の機能に着目していると言えるが，それに比して，宗教は社会において，また社会に対しても重要な機能を果たしている。本節ではこの点に主眼を置いて見てゆく。

7.5.1 政治体制の正当化

ホカートによれば，「現在われわれが知りうる最も初期の宗教は，王の神性に対する信仰である」。どんな王も神なしでは，またどんな神も王なしでは存在しなかった。したがって王への崇拝に先行する神々への崇拝はない（ホカート，1990）。ホカートの主張には同意できないものの，王と神とを同一視することは，歴史の初期から見られる。彼が言う「神聖王権」と呼ばれる制度について，まず取り上げたい。

この制度は，未開社会や古代社会に広く見られ，王が神性を地上で体現したり，宇宙的な力を持つと見なされる。王が神聖視される仕方は種々あり，王が神そのものと見なされる場合，神格が王の身体に宿るとされる場合，王が神の子孫などと考えられる場合，王が地上における神々の代理と信じられる場合などがある。たとえば，古代エジプトでは，王ファラオは神が天下って受肉した存在であり，あるいは太陽神ラーの子孫であるとも言われる。古代ヘブライの王は，神によって油で聖別され，神の霊が彼に宿る。日本の天孫降臨（天降神話）によれば，天皇の祖神は天から降ってくる。したがって天皇は，現人神であり，かつ至高神の子孫であり，祭司でもある。アフリカのシルック族の王は，文化英雄神であり初代の王，ニイカングの男系子孫である。王が即位する際にはニイカングの霊が王の身体に入って，王とニイカングは同一化する。君臨するのは王自身ではなく，不死のニイカングなのである。神格の化身ないし受肉，神の憑依，神統につながる血統など，種々の形態があるが，いずれにせよ王と神性との結びつきが主張され，王が通常の人間性を越えた何らかの神格化がなされるわけである。

7.5 政治的・社会的機能

「王権神授説」とは，西洋の絶対王政時代に，王権を絶対的なものとするために主張された政治理論である。王権は神から授けられたものであり，したがって王は神に対してのみ責任を負い，また王権は神以外のなんびとによっても制限を受けるものでなく，被統治者の王権に対する反抗は認められないとした。王権の由来を神に求める考え方は古代からあったが，政治理論としては絶対王政の時代に盛んになった。ジェームズ一世などが有名である。この説は，ローマ教皇や神聖ローマ皇帝のごとき中世的普遍的権威が王権に対して干渉するのを排除し，また，封建諸侯に対する王権の優位を基礎づけ，さらに王権に対する人民の反抗を押さえるための理論的支柱となった。

宗教と政治的権威の関係は，近代以前の社会や未開社会にのみ見られるものではなく，むしろ普遍的である。合衆国の独立宣言を見てみよう。冒頭で「すべての人間は神によって平等に創造され，幸福を追求する不可譲の権利を付与されている」と謳い，その権利を保障するためのアメリカの独立要求は「自然法と神の法とに基づく」と宣言されている。現在でも，アメリカ大統領の就任式は宗教的色彩が色濃い。クリントン元大統領は，有名なテレヴァンジェリスト（＝テレビ伝道師）ビリー・グレアムが差し出す聖書に手を置き，宣誓した。彼の就任式は，プロテスタント教会，カトリック教会，ギリシャ正教会からの聖職者と，ユダヤ教の指導者が司式した。イギリス王の戴冠式は，カンタベリー大司教が王に戴冠する。ナポレオンが皇帝となったとき，彼は戴冠式にローマ教皇を出席させ，その面前で戴冠した。

以上をまとめる形で一般的な指摘をしておく。権力とは，他者をその意志に反してでも，自己の意志に従わせる能力のことである。権力の存在は，権力の意志に従わない者には制裁を加えることで証明される。つまり，権力は究極的には強制力を行使して被支配者を服従させる。政治権力を究極のところで支えているのは，制裁の最後的手段である武力の集中管理，すなわち警察と軍隊による武力の一元的掌握，および私的暴力組織（私兵や暴力団）の排除である。

しかしながら，露骨な武力の行使にのみ頼る権力は，強力そうに見えつつ，実は危うい。なぜなら，その権力は人々の反抗を絶えず生み出し，蓄積させているからである。それゆえいかなる支配も，存立のチャンスを高めるためには，武力の行使と管理だけに満足したりはしない。「むしろ，すべての支配

は，その正当性に対する信仰を喚起し，それを育成しようと努める」(ヴェーバー)。これが成立する時には，被支配者は，服従が自己の利益に反する場合でもそれを義務として進んで受け入れるようになる。そしてこの時には，権力 (Gewalt, Macht, power) は権威 (Autorität, authority) となる。言うまでもないが，支配に対する服従が第一義的に正当性信仰に依拠しているなどとはとても言えない。支配は通例は何ほどかは被支配者によって甘受されているにすぎないのであり，現実に存続のチャンスが高い支配関係は，行政が社会成員に，物的な報酬と社会的名誉という利益を適宜配分することに大いに依存している。

社会成員が物質的利益の配分などにある程度満足し，かつ権力の正当性を一致して受容しているときには，権力の正当化は権力者の捏造でも欺瞞でもなく，当然のもの，さらには犯すべからざる神聖なものともなる。しかし逆に，社会成員の物質的利害や名誉や価値観が著しく侵害されるような場合には，支配者の持ち出す正当化神話は，特権を持たない社会層を激しく怒らせるのみである(ヴェーバー，1981a,b)。

7.5.2 社会制度の正当化

政治体制の正当化を越えて，もっと広く社会制度全般の正当化を考えてみたい。なぜ宗教は政治の領域で，あるいはもっと広く社会全般で社会制度の正当化の機能を果たしうるのであろうか。なぜ宗教は人々を他ではあり得ないほど強烈に動かしていくのであろうか。政治にしても他の社会システムにしても，一切は人間の人為的構成物である。しかし，社会制度がそのようなものとして人々に自覚されているのであれば，当然それは容易に変更可能なものと見なされる。人が作ったものでしかないものは，いつでも人が変えられるからである。こうした状況では，社会制度の正当性と権威は脆弱なものでしかなく，社会制度はきわめて不安定な状態におかれるであろう。

しかしながら，制度はいったん成立すると，既成事実としての重みを持つようになる。しかもそれが一定の期間持続して伝統にまでなるなら，それは容易には変え難くなる。なぜなら，制度として確立している行為様式は，すでにそ

の妥当性・有効性が検証済みのものとして，その検証を改めてする必要から人間を免除してくれるからである。ある目的を達成するための行為様式は，確かに論理的には無数の可能性に対して開かれているものの，もし人間がありうるすべての行為様式の妥当性を生活の一瞬ごとに逐一検討していたならば，一歩も生活できなくなる。何をどのように食べるのか，着るのかといった最も基本的な行為だけではなく，人間の行為はほぼすべてがパターン化されており，そうであってはじめて新しい状況への新しい対応を考案する時間とエネルギーも持ちうるのである。このようにしてすでに伝統となっている制度を変えようとするときには，過去の歴史の重み全体をいわば敵に回すことになる。このように，「物事はかくかくしかじかの仕方で行われることになっている」という意識のありようが，社会の現行のあり方を正当化する基本である。

さらに，ある行為様式が社会制度になるならば，それは他のすべての社会制度と直接的・間接的な関わりの中に組み込まれることになる。その時にはある社会制度は，システムとしての社会全体の一要素となるのであるから，当該制度を変えることは，密接に関連する諸制度をも連動して変えねばならず，ひいてはそれはシステム全体の変更にも波及する可能性がある。その制度が組み込まれている生活全体に何らかの変更を及ぼさずには，たとえ一つの制度とはいえ，変更ができないのである。

ここでさらに，社会制度が宗教的に正当化される場合について，主としてピーター・バーガーの主張を参照しつつ考察してみたい（バーガー／バーガー (1979)，バーガー／ルックマン (1977)，バーガー (1979, 1981) などを参照）。

当該の社会システムが伝統として固定化するのみならず，さらに超越的起源を有すると見なされた場合は，変更可能性は心理的に一層小さくなるように思われる。神に由来し，神が定めた制度は，人間の伝統以上に堅固となる。古来，政治的権威が常に宗教的権威づけを必要とした所以である。この理由からこそ，政治に限らず社会全体を維持する主たる正当化は，人類の歴史のほぼ全体を通じて宗教によって与えられてきたのである。社会の構造と制度は宇宙の，あるいは神の世界の，あるいは究極的な現実の，基本的秩序を模倣ないし反映するものであると説明される。これにより，現行の社会秩序とそこでの一切の行為は，神的世界の秩序に由来し，そこと存在論的に連続したものという

性格を得る。神とされた古代エジプトの王，神格化されたローマ皇帝，神聖王権，神につながる現人神の天皇などがその好例である。現行の社会システムを変更しようとする勢力も，しばしば同じメカニズムを逆の方向で用いる。こうなると，ある社会システムを維持したい勢力と，それを変更したい勢力との対立は，政治的であれ経済的であれ，本来は非宗教的な対立であったにもかかわらず，宗教的対立，宇宙的対立の様相を呈するようになる。

　人間社会における倫理や法律の正義が天上的・超越的モデルを持つという考えは，世界中に見られる。いくつかの具体例を通じてこれを説明しておく。

　古代エジプトには，マアト（Ma'at）という観念があった。「正しい秩序」といった意味である。神々の世界を支配しているマアトは，人間世界にも及び，両者を貫いている。つまり，一方で，神々はマアトに従って行為し，宇宙を支配するのであるが，他方，社会制度を整備することもマアトと呼ばれ，王は人間社会においてマアトを体現する第一人者であった。それゆえ，忠実な家臣，よき父親，生産に励むよき農夫であるということは，社会の道徳に照らして「よい」と是認されるだけではなく，宇宙を貫く根元的秩序に照らして「よい」。マアトに合致することは，神々と正しい関係にあることを意味したのである。

　ヒンドゥー教の神，ヴァルナは世界を創造し，宇宙の理法たる天則リタ（rta）にのっとって世界を統治する。この法則に従って，この世の一切は本来の場と機能と秩序を持っている。宇宙にバランスがあるのは，このためである。この観念はのちにダルマ（dharma）という考えへと発展していく。それは，宇宙の法則であるのみならず，宗教的・倫理的・社会的義務をも意味する。中国では，仏教が法（ダルマ）の観念に立って儒教を批判していた。儒教の道徳は人間の慣習にすぎず，ダルマのような永遠なる宇宙の理法ではないというのである。このほか，道（tao），義（artha），正義（themis）といった事例もよく知られている。

　ところでここで，社会システムが超越的起源を有すると見なされた場合は変更可能性は心理的に一層小さくなるというバーガーの考えに対して，一つの問いを提起しておく。ある社会制度とその行為準則が宗教的な正当化によっていっそう強化され，いっそう厳格に固守されるというなら，宗教的な社会にお

ける個人は，非宗教的な社会における個人よりも既存の社会制度に従順かつ道徳的であり，小さな逸脱傾向しか持たないことになろう。これは本当であろうか。またバーガーの考えは，宗教を持たない人間が道徳的であることは難しいという，昔から言われてきたことと同一線上にありはしないか。

この疑問に答えるには，宗教の正当化機能が強く働いていると考えられる社会と，それが弱い社会との厳密な統計的比較をする以外にはないが，そうしたものが存在しない以上，答えは推測の域を出ない。現代世界であれば，宗教性の強い社会とそうでない社会とを比較することはできる。しかし，社会の体制と制度の変動を見ても，明確な傾向を見て取るのはきわめて困難である。社会の体制と制度の変動過程は，宗教的正当化といったイデオロギー的要素に規定される以上に，もっと基礎的で多岐に及ぶ複合的要因に規定されていて，単一の要因の作用を取り出して測定することは不可能だからである。19世紀から今日にいたるまでの中東世界の政情の不安定を見ただけでも，簡単に答えの出る問題でないのが感覚的にわかるであろう。同様の理由で，個人の逸脱傾向の度合いを宗教性との関係で見ることもまずできない。各罪種の犯罪率を国際比較してみれば，事態がいかに複雑かはただちにわかる。

バーガーの主張は，他の条件をすべて等しいと仮定すれば，宗教的正当化は社会の固定化に作用するはずだという論理的推論として受けとめておくべきであろう。

7.5.3 社会の統合

ある社会の成員全体が特定の宗教を信奉していたとしよう。この社会は欲得・打算で結びついた利益社会より，連帯が強い。個々人が自己利益を追求する手段としてのみ他者と関わる社会というのは非現実の仮想社会ではあるが，それに限りなく近い姿の利益社会を考えてみたい。そこでは，利益が追求される限りでのみ人と人とが結びついているが，それが済んでしまえば，人は相互に関わりを持たない。これに対して，宗教は同一の価値信念を共有し合うことによって人間相互が結びついている。価値信念は当然人間のアイデンティティの中核を構成するがゆえに，価値信念を共有している人々は相互に類似してお

第 7 章　宗教の機能

り，その類似性が人々を相互に結びつけるのである。この連帯は，利益の交換という一時的な関わりを越えて，恒常的である。

　人々が同じ歌を歌い，同じ信仰告白を唱和し合い，同じ服を着，同じ所作をするとき，何をしているのであろうか。自分たちが同じ信念共同体に属していることを目と耳で確認し合い，そうすることで信念共同体への所属を相互に強化し合っているのである。

　以上の論点は，宗教論としても社会論としてもきわめて重要な論点であり，デュルケムの宗教論の核心をなす。それゆえこの論点は，デュルケムの宗教論を解説する際に別途詳述する。

第 8 章　宗教の諸理論

　本章では，宗教学およびその隣接諸学でこれまで提起されてきた宗教についての諸理論のうち，多くの人にとって興味深く，重要であると思われるものを選りすぐり，簡明に解説しておきたい。一方で諸理論は相互に違っており，多様ではあるが，それは齟齬を来しているわけではなく，宗教の多様性ゆえに着眼する要素，重視する要素がそれぞれ異なるためである。他方で諸理論には相互に重なり合う点も多い。多様な機能のうちでも，人間の関心事と価値観とが究極的には一定の方向へと収斂するため，最も重視するものがおのずと似通ってくるのだと思われる。

　以下の諸理論は，これまでにも紹介されてこなかったわけではないが，それぞれの理論に関する専門研究書を除けば，内容紹介が簡単にすぎるという感を否めない。論理のつながりや根拠もが十分詳しく説明されない限り，理論家たちは独断的に意見を表明しただけのような印象を受ける。それゆえ以下では，それぞれの理論に関して，かなり丁寧に論理展開を追ったつもりである。

8.1　なぜ人は容易に信念を捨てないのか：フェスティンガー

　一般の人々が宗教に関して覚える疑問のうち，最も大きな疑問の一つは信念の執拗さかもしれない。宗教的信念のうちに含まれる論理的不整合を指摘しても，信者は信ずることをやめない。事実に反する点を指摘しても，信念が根拠

に欠けることを指摘しても，やはり信者は信ずることをやめない。時には，紛れもない反証を突きつけられると，かえって信者は信念に固着することがある。宗教的信念のこの頑固さと執拗さは，どこから生まれるのだろうか。これについて最も有名な理論を展開したのが，レオン・フェスティンガーの認知的不協和の理論である。

8.1.1　認知的不協和理論の概要

まず，認知的不協和の理論の概要から説明する。

不協和理論の五原則

最初に「認知」の定義をしておく。認知とは，自分に関する知識，すなわち自分の感情・望み・欲求・行動・状態などに関する知識であり，また自分の外部世界についての知識である。

1) 人間は自己の諸認知間に矛盾をなくし，調和・一貫性を確立しようとする傾向を持つ。たとえば，合格したい試験が間近であれば，人はそれに備えて勉強をする。むろん人間生活に矛盾はつきものであって，願望を持ちつつも，人はしばしば誘惑に負ける。しかしこうした矛盾は，一貫性が生活の基本にあるからこそ，それと鋭いコントラストをなし，矛盾として心が痛むのである。それゆえ調和・一貫性ということは，通例はやはり正しい。

2) ある一対の認知間の関係は，相互に関連がないか，相反するか，調和するかのいずれかであり，相反する場合を不協和の関係と呼ぶ。

3) 不協和の存在は心理的に不快であり，それゆえ不協和を低減し，協和を獲得すべく人を動機づける。不協和状態にあっては，人は通例第三の要素を付加して，対立を緩和しようとする。たとえば，健康に悪いのでタバコをやめたいのにやめられないという場合には，「喫煙はストレスの解消にはなる」と考えて矛盾を緩和しようとする。人は通常不協和を合理化しようとするわけである。

4) 不協和の大きさは，不協和関係にある二つの要素の重要性の関数であ

る。たとえば，咨嗇家（りんしょく）が5円玉をなくした場合と，500万円の指輪をなくした場合とでは，不協和は後者のほうが大きくなる。500万円のほうが彼にとって大きな価値をもっているからである。

5）不協和を低減する圧力の強さは，不協和の大きさの関数である。5円玉をなくしても，いずれ諦めがつく。しかし500万円の指輪をなくしたとなると，あくまでも見つけだそうとして探す。不協和が大きすぎるので，不協和を受容できないからである。

不協和の低減方法

不協和を低減させる方法には，いくつかある。
1）行動の認知要素を変える
　サッカーの試合がある日に雨がはげしく降っていたなら，試合をすればずぶ濡れになるといういやな思いをしなければならない。降雨という状況の認知と試合強行という行動の認知との間には不協和がある。不協和を除去するには，試合を放棄すればよい。ただし，常にこのようにして不協和が解消できるとは限らない。放棄する試合がワールドカップの決勝なら，もっと大きな不協和が生ずるからである。
2）状況の認知要素を変える
　いま挙げた例では，降雨は阻止できないし，雨は降っていないと思うこともできない。状況の客観的統制も状況に関する認知を変えることも，不可能である。しかし，圧政を武力で打倒せねばならないと考えている時には，武力を行使せねばならないほどの圧政であるか否かに関しては，視点・立場・価値観によってさまざまな認知が起こりうる。このような場合には，他者の意見を徴し，その支持・賛同を得ることによって状況の認知を変えることができる（「ほかの手段で改良すべき程度の悪政である」）。
3）新しい認知要素を付加する
　さきほど例に挙げた「喫煙はストレスの解消にはなる」と考えて不協和を緩和しようとする場合がこれに当たる。人は不協和を低減してくれる新情報を熱心に求め，逆に不協和を裏づける新情報を回避しようとする。

4) 認知要素の重要性を減ずる

　イソップ童話で，キツネはブドウを食べようとしてジャンプするが，届かない。キツネはブドウがすっぱくてまずいだろうと考えて立ち去る。まずいと思ってブドウの価値を低く見積もれば，悔しさ（＝不協和）もまぎれるわけである。

8.1.2　現実の否定

　理論の道具立ては以上の通りであるが，これに基づいてフェスティンガーは，人間が明白な反証に直面しながらも，なおある意見や信念を持ち続けるというケースを検討する。宗教現象を取り上げる前に，彼はまず一般的なケースの検討から始める。明白に現実に反する意見や信念を持ち続けるのは困難なのだが，(1) どのような事情があると，そのようなことになるのか，(2) またどのようにしてそれはなされうるのであろうか。順次考えてゆく。

　1) 重要性を感じない問題なら，すぐにでも意見は変えられる。しかし，ある意見・信念が当人にとってきわめて大きな重要性を持っている場合には，その放棄・変更に対して強い抵抗が生ずる。また，信念が生活の中に広く深く浸透して他の多くの認知ときわめてよく協和している場合には，その信念を変更するには他の多くの認知をも同時に変更しなければならない。このような場合には，信念に反する明白な証拠に直面しても，ただちに信念を捨てて反証を受け入れるというわけにはいかない。

　2-1) 信念を捨てることもできず，かといって新しい認知要素を付加して不協和を低減させることもできない場合には，外的状況の認知要素を変える，つまり反証となって不協和を発生させた当の現実を断固として否定しようとする試みがなされうる。

　2-2) しかし，現実がかなり明白である場合にはこれは難しいので，不協和に苦しむ人は，やがてその現実の妥当性について他の人と話し合うようになる。たとえば，不死であるはずの教祖が死んだ時には，「死んだはずがない，姿を隠しているだけだ」という解釈がなされうる。教祖の死に不協和を感じない部外者は現実の否定を斥けるが，これに不協和を覚え苦しむ人々は，現実を

現実でないと信じたいので，互いに新解釈を支持し合うことによって現実を否定することがある。社会的支持とは，「これだけ多くの人が皆，あやまちに陥っているわけがない」という新しい認知要素の付加である。

> **コラム7：日本の敗戦を信じなかった人々**
>
> 　フェスティンガーは，第二次世界大戦中，日本が戦争に勝つと信じた日系アメリカ人の例を挙げている。彼らはこの信念に基づき，戦後に日本への送還を要請した。この要請は撤回を許されず，アメリカが勝つと，彼らは米国市民権を剥奪された上で，敗戦国へ送還されることになる。そのため日本が勝つという信念を放棄することに対しては，きわめて強い抵抗が生じた。
> 　戦況や日本の降伏を知らせるニュースや写真が収容所にも流され，すべての日系人はこの証拠を信じた。ただし，かの信念を持っていた人たちは証拠を拒否し，それはアメリカのデッチあげた宣伝であるとし，相互に信念を確認し合い（つまり社会的支持を与え合い）信念を固守した。アメリカの船に乗って日本に向かう途中でも，彼らは，戦勝国日本がアメリカに命じて自分たちを帰還させているのだと信じていた。しかし，日本に上陸して国土の壊滅と占領軍を見て，信念は最終的に捨てられた。信念を支えるメカニズムの力を，証拠の力が上回る時がきたのである。

8.1.3　現実の証拠によって否定される宗教的信念，その1

　フェスティンガーは，現実の証拠によって否定されてもなお信者が宗教的信念を維持するケースを挙げている。それがミラー教徒（Millerite）の例であり，事態の推移は以下の通りであった。

　19世紀のはじめ，ニュー・イングランドの農夫，ウィリアム・ミラーが，1843年にキリストが再臨し，至福千年が始まるという予言をした。これを信じた人々の生活はと言えば，信仰を弘布する運動に参加し，世間の嘲笑と軽蔑に耐え，俗事を無視し，私財を捨て，終末に備えるという具合であった。これらにより，信念は重要性を帯びることになり，信念撤回への強い抵抗が生じた。

　信念が正しいか否かは，一義的に確認できた。予言は当たるか，はずれるかのいずれかでしかなかった。そしてはずれた。1843年が終わっても，終末は

こなかった。この時の信者は，捨てることのできない信念と否定しようのない反証との間で，当初は当惑するばかりであった。その後彼らは，不協和を低減させるために，終末の日時を変更した。再臨は，キリスト暦で計算すると1843年1月1日から12月31日の間に起こるのだが，ユダヤ暦だと1843年3月21日から1844年3月21日の間に起こるのだと言われ，こうして終末は1844年3月21日まで延期された。そして彼らは，信仰の正しさを多くの人に納得させようとますます熱心に伝道に励み，これまで以上に精力的に信者の信仰強化に努めだした。社会的支持を求めて，不協和を低減させようとしたわけである。信者の信仰熱は著しく高まった。しかし1844年3月21日がすぎても，何も起こらなかった。ところが前回と同じく，一時的な失望のあと，熱狂はかえって高まった。そして1844年10月22日という新たな終末の日が信じられていった。信仰は熱病のようになり，広い地域への伝道が試みられた。予言は二度までも否定されたのに，ただ信仰を強化するのみであった。

しかし，信念を固守せんとする頑強さを，反証の力が上回る時がくる。1844年10月22日が何事もなくすぎた。予言が三度にわたってたて続けに否認された。信仰はついに捨てられ，運動は突如として終わった。

8.1.4 現実の証拠によって否定される宗教的信念，その2

フェスティンガーは，現実の反証に直面して宗教的信念がどう変化するかについて，いま一つの事例を挙げている。それは，地球外の宇宙に住む守護神から託宣をうけたと称するキーチ婦人（仮名）を中心とする30人ほどの宗教運動である。この運動の秘密主義的な態度のゆえに，オープンな観察は行い得なかったので，研究チームは何人かの観察者を募り，正体を隠して信者を装い，内部からの参与観察を行った。この事例は直接に観察が可能な進行中の運動であったという点で，歴史的文書に基づくさきの事例より重要である。

教説としては，他の天体での神々の生活や生まれ変わりといった内容のほか，生活上の一定の戒めを含む。注目すべきは，1954年12月21日の夜明け前に大洪水が大地を呑み込むという予言がなされており，その妥当性が経験的・一義的に確認できることであった。反証があがる前と後での信仰の強さ，

説得活動の度合い，信者同士の支持の程度が明瞭に比較された。

　まず，大洪水の日以前には，救われる者は結局救われるのだということで，説得活動は全般的に不活発であり，せいぜい若干の広報がなされたのみで，質問にくる者がいれば応対していたものの，説得の試みはほとんどなかった。全国新聞の記者が大勢きた時も，弘布のチャンスであったにもかかわらず，インタビューを拒否していた。

　終末的出来事の前では，当然日常的関心は弱まり，信者たちは日常的・世間的な営み・務めを軽視し，なおざりにした。職を捨て，財産を放棄し，金銭・名誉にも無頓着になって貧に甘んじ，嘲笑にさらされた。こうして信仰放棄の道は極端に狭められた。

　予言されていた大洪水前後の経緯であるが，予言では，選ばれた人々は大洪水の起こる前に空飛ぶ円盤で拾い上げられ，地球から救出されることになっていた。ところが大洪水の4日前から，予言の一部はすでにはずれていた。17日の午後4時頃に円盤はキーチ婦人の家の裏庭に着陸することになっていたが，いくら待てども円盤はこなかった。到着は遅れに遅れ，真夜中になる。「遅れるから待て」との託宣があり，雪の降る戸外でひたすら待てども円盤はこず，午前3時に「今回は本番のための稽古だった」という新解釈がなされた。大洪水前日に新しい託宣と指示が届き，真夜中に一人の男が来て，円盤の所まで案内することになった。「私は私自身の門番だ」といった乗船のための合い言葉の練習がなされ，所持品や衣服から金物をはずせという指示に従い，コイン，鍵，時計，眼鏡，ガムの銀紙，メッキのボタン，ズボンやスカートのジッパー，ブラジャーやスリップの止め金，ベルトのバックル，靴の釘などが捨てられた。しかし誰もこなかったし，夜が明け，救出も大洪水も起こらなかった。予言は完璧にはずれた。

　問題はその後の信念のありようである。予言当日に単独で待機していた者は，経験的反証に耐ええず，信仰を捨てた。それに対して，婦人の家に集合していた者は，相互に支持を与え合い，「神はこのグループに免じて世界を憐れみ，洪水を猶予して下さった」との新説明を受け入れ，確信を維持した。彼らはその後，貪欲に広報活動に乗り出し，報道関係者を呼び招き，インタビューを受け，写真を撮らせた。彼らは，信者を獲得するために手段を選ばなかっ

た。信者がふえるということは，信念は誤りであったという不協和の低減に役立った。「多くの人々が自分の信念を受け入れてくれる」という協和的新要素が付加されたからである。

8.1.5 理論のまとめと疑問点

普通に考えれば妥当であるとしか思えない反証を突きつけられても容易に屈しない宗教的信念の堅固さと執拗さは，以上のようなフェスティンガーの議論によってある程度説明はつくと思われる。最後に，彼の理論を整理し，いくつかのコメントと疑念を記しておく

1. いだいている宗教的信念が生活上の指針となり，信者がそれによって生活を形成する時には，その信念は重要性を帯びる。信念の撤回は，それまでの生活の全否定につながるからである。

2. 信念のある部分は現実の世界と関係しており，経験的な反証が生じうる。たとえば，信念の中核をなす予言がはずれるということが起こりうる。

3. その時には不協和が生じ，普通は反証に抵抗できない。

4. しかし不協和が多くの人に共有されている場合には，社会的支持が得られやすく，これによって不協和は低減される。それゆえ信者たちは社会的支持を求めて，以前よりも熱心に信念に固執し，他者の説得に努める。

こうした議論は，最近の行動経済学でいう「コンコルドの誤謬」あるいは「サンクコストの過大視」という現象である。英仏両国は，超音速旅客機コンコルドを開発していた時，完成しても採算がとれないと予測されたにもかかわらず，すでに巨費を投資してしまっているという理由で開発を断念せず，赤字がふくらんだ。先行投資額が巨大であればあるほど，損失を回避しようとしてさらに泥沼にはまるというわけである。フェスティンガーの議論は，こうした傾向の好例と見ることができる。私自身もある宗教集団の熱心な信者に反証となる事柄とともに直截な質問を向けたところ，多くの人がこっそり告白してくれた。表現は多様であったが，趣旨は同じである。「これまでの全人生が誤りであったと認めるくらいなら，疑念を持ちながらもこれまでどおりの活動を続けたほうがまだしも耐えやすい」。重大な選択に関して誤っていたことを認め

るのは自分を否定することになるので，選択以前の白紙状態に立ち返るのは強い抵抗なしにはすまないのだ。明白な反証を前にして，嘲笑や厳しい批判を受けても，よい結果と解釈できるものがいささかでもありさえすれば，自分を納得させることができるのである。

　フェスティンガーの議論には，大いに物足りない部分がある。ないものねだりではあろうが，彼自身も認める通り，そもそもなぜ人々はこうした信念をいだくようになったのかは依然説明されていないのである。宗教学的にも，一般の興味としても，こちらのほうが重大な関心事であろう。

　それと関連すると思われるが，われわれはミラー教徒やキーチ婦人のグループを自分たちとは異なる奇妙な人々と見なすことができようか。彼らの事例と同じではないにしても，似たような事例は普通の世界にもありふれていないだろうか。ダイエットせずとも腹に塗るだけでやせられる薬とか，1日1分で十分な全身運動という話を，多くの人が真と見なす。増税も歳出カットもない財政再建とか，年金支給額を減ずることなく掛金も上げずにすむ年金制度維持を多くの人が真と見なす。たぶん，これらのうちのどれかを信ずる人は，それ以外の信念を愚かと考えるであろうが，第三者の目で見ると，これらすべてに共通することがある。すなわち，こうした議論はもう何百回となく聞かされ，十数年間裏切られ続けてきたはずなのに，人々は依然として性懲りもなくこれを信じるということである。その一つの理由は，どれも「そうなったらいいな」という願望が根にあることであろう。どのような，そしてどれほどの苦境から，したがってどれほど切実に望むかという要素は，やはり無視できないのである。しかも多くの人が真に受ける以上のような説を唱えているのは，いずれも聞く者にとってはもっともらしく見える専門家＝権威者である。一般の人は説の根拠の検証などしないし，正確に理解できもしない。ひとたび何かを，あるいは誰かを権威として受け容れてしまえば，あとはそれが思考の基準になるということである。

　宗教を異質で奇妙なものと見て信じない人々は，「合理的に考慮すれば状況は絶望的なのに，明るい展望を信じるのは愚かだ」としばしば考える。しかし，この考えのほうがむしろ奇妙に見える。「絶望的だからこそ明るい展望を信じる動機がある」と考えるべきであろう。信じることによってしか今の自分

第 8 章　宗教の諸理論

を保てず，アイデンティティを保持できない場合があるのである。

　さらに指摘しておくなら，宗教は通常，純粋に経験的世界の事実に関わる信念ではない，あるいは少なくとも経験に照らして真偽が一義的に検証されるようなものではない。その意味で，フェスティンガーの取り上げた事例は，かなり特殊である。宗教の信念内容が経験世界とふれあう度合いが小さければ小さいほど，宗教は強靱となり，逆に経験世界とふれあう度合いが大きくなるにつれて脆弱性が増すと言える。この世を絶対的に超越した世界，死後の世界，倫理的価値の世界，こうしたものは通常反駁不能であるし，いつか到来する終末も検証のしようがない。現世利益も，その信憑性は見方次第というところがある。フェスティンガー理論とはやや異なって，宗教の本来的なしぶとさの一端はこうした点にこそある。

　最後に，宗教の不思議さに言及しておきたい。予言がはずれたあと，ミラー教徒は雲散し，キーチ婦人の集団も予言失敗後1か月もしないうちに四散してしまった。ところが，フェスティンガーの書には報告されていないが，後者の集団はしぶとく復活し，多くの信者を集め，ミラー派にいたっては，再編されて世界的大教団となり，セブンスデー・アドベンチスト教団として今日の隆盛を見るまでになっているのである。フェスティンガーは，書の末尾でこう言っていた。「予言の失敗は終焉ではなく，始まりの前兆であったかもしれない」。彼の本の書名は『予言がはずれるとき』であるが，彼の予言自体は当たったのである。

8.2　信じることで何をしているのか：ウィトゲンシュタイン

8.2.1　「フレイザー『金枝篇』について」

　標記の名称で知られているウィトゲンシュタインの一群の文がある。これに基づいて彼の宗教呪術観を見ることにする。

　フレイザー『金枝篇』によれば，呪術は現実を統御しようとする点においては科学と等しいが，誤った観念連合ないし因果律に基づいている限り，科学と対立する。こうして彼は，呪術を疑似科学として捉えた。彼に従えば，呪術に

8.2 信じることで何をしているのか：ウィトゲンシュタイン

は二種類ある。一つは類感呪術または模倣呪術と呼ばれるもので，類似は類似を呼ぶという原理に基づく。雨ごいで水をまいたり雷鳴を模して太鼓をたたいたり，本人に似せたワラ人形に釘を打ち込むといった類いのものである。いま一つは感染呪術と呼ばれ，接触していたものは離れた後も作用し続けるという感染・接触の原理に基づく。ある人を傷つけるために当人の毛髪や爪などを焼くといったものである。

ウィトゲンシュタインはこのような見解に異を唱える。以下では彼自身の言葉で彼の考えを解説してゆく。まず，ウィトゲンシュタインの基本的立場はこうである。

> ひとりの人間がある慣習のもとになっている錯誤に気づいたのち，その慣習を捨てるということはむろんあり得るし，今日しばしば起こることである。しかし，これはまさに，その男に彼の行状をやめさせるために自分の誤りに気づかせればそれで十分な場合にのみあり得るのである。しかし，これは実のところ，ある民族の宗教的慣習の場合にはあり得ないし，したがってそれはまさに何らの錯誤とも関わりのないことなのである。（ウィトゲンシュタイン，1984b）

錯誤に気づいて慣習を捨てる場合は無論ある。しかし，それを捨てないのであれば，それは錯誤，つまりあやまれる事実認識というのとは違ったものなのではないか。それでは宗教的・呪術的慣習とは一体何なのか。

> 憎む者の像を火刑にする。愛する者の写真に口づけする。こうしたことは，当然のことであるが，似姿が表している対象に及ぼす特定の効果への信（仰）に基礎を置いてはいない。その目的は満足感であり，またそれは得られるのである。あるいはむしろ，それはまったく何ものをも目的としてはいない。われわれはかく振る舞い，そして満足するのである。（同）

> 私が何かに激怒している時，私は何度も杖で大地や木などを打つ。しかしだからといって，大地に罪があるとか，それを打てばどうにかなると私が信じているわけではない。「私は当たり散らしている」。そしてすべての儀式は

この種のものである。このような行為は本能行為と名づけることができる。（同）

　宗教・呪術は願望の表現ないし本能行為の表れである。そして願望の叙述はおのずとその成就の叙述となる。そのようなものとしての宗教・呪術は，いつ，どこにでもある（したがって現代の科学技術の進んだ社会にもある）普遍的現象である。それらは，日常言語の多様な言語使用のうちの一つであり，事実を事実として記述する経験命題としての言語使用と対照的な関係にある。それではフレイザーの誤りはどこにあったのか。宗教・呪術を錯誤や愚行と見なすのは，それを事実命題である理論とか意見として見るからである。呪術・宗教的慣行は，科学・技術的理論と同列に置かれうるものではない。理論や意見として見さえしなければ，そこには錯誤はないのである。

　　ある宗教的象徴の基礎には何らの意見も存在しない。そして意見にとってのみ錯誤はふさわしい。（同）
　　呪術が科学的に説明される時，はじめて錯誤が成り立つ。（同）
　　儀式的行為の特質は，正しかろうが間違っていようが，意見，主張ではまったくない。（同）

　ウィトゲンシュタインが「フレイザー」で述べたことは，後年彼がキリスト教の信念の特徴について語ったことを理解するための基礎となる。

8.2.2 「美学，心理学および宗教的信念についての講義と会話」および『反哲学的断章』

　次に，標記の題で知られる二つの文書では，8.2.1で論じた宗教呪術観と重なり合いつつも，それをさらに一歩進めた見解も記されている。なお，最近になって鬼界彰夫訳の『ウィトゲンシュタイン哲学宗教日記』が出版された。そこに示された宗教論もここで解説するものとほぼ重なる。ここでも彼の宗教論を彼自身の言葉で解説していく。引用は，丘澤静也訳『反哲学的断章』の頁

数，そして斜字体数字で藤本隆志訳「講義と会話」の頁数を示す。

　ウィトゲンシュタインにとって，宗教を信じることは，ある特定の状況の中で，たとえば耐え難い苦しみを感じる中で，そこからの救いを求めることである。人間の苦悩が宗教を必要とさせるのである。その意味で，宗教は救済要求への応答であると言えよう。

　　キリスト教という宗教は，無限の助けを必要としている人にとってのみ存在する。言い換えれば，無限の苦しみを感じている人にとってのみ存在している。……キリスト教の信仰とは，私の見るところ，こういう最高度の苦しみにおける避難所なのだ。(124)
　　救いの予定。こう書くことが許されるのは，何とも恐ろしく苦しんでいる場合だけだ。だがその場合，言葉の意味はまったく違ったものになる。……救いの予定は理論などではない。……救いの予定は，理論というよりは，むしろ嘆き，あるいは叫びなのだ。(82f.)
　　神の信仰へと導くような経験もある。……たとえば [それは] さまざまな苦しみである。さまざまな苦しみが私たちに神の存在を告げるやり方は，感覚的印象が一つの対象を告げるやり方ではない。またさまざまな苦しみによって，私たちが神を推測するようになるわけではない。実際の生活が私たちに神の概念を押しつけてくるのだ。(225f.)
　　信仰とは，私の胸，私の心が必要とするものを信じることであって，私の思弁する悟性が必要とするものを信じることではない。というのも，救われなければならないのは，私の心と，その情念のほうであって，私の抽象的な精神ではないのだから。(91f.)

　ここからさらに次のような認識が展開される。
　信念を表す言葉は，生活における現実のプロセス，自分の身に起きたことを記述している。たとえば，義認や聖化や贖罪は何を語っているのか。それらは，自己の倫理性に対する絶望・罪の意識を記述しているだけなのだ。また，復活や死者との再会は何を語っているのか。それらは，自分の身に起こった悲痛な経験，慰めなき状況を記述しているのである。

第8章　宗教の諸理論

　キリスト教というのは，人間の魂に起きたこと，起きるだろうことについての教義でもなければ理論でもない。キリスト教とは，人間の生活における現実のプロセスを記述したものである。「罪の意識」だって現実のプロセスだし，絶望だって，また信仰による救いだってそうだ。［それらについて］語る人は，ただ自分の身に起きたことを記述しているだけなのだ。(77)

　「愛だけが復活を信じることができる」。あるいは「復活を信じるものこそが愛である」。次のように言えるかもしれない。「救いの力を備えた愛は，復活をも信じており，復活をもしっかりつかんで放さない」と。(91f.)

　次の命題が経験命題と見なされるかどうかを，私はどのようにして発見したらいいのか。〈きみは死んだ友人にもう一度会うだろう〉。「彼は少々オカルト的だ」と私は言うだろうか。全然。(243)

　死別の悲痛な経験は，死別の事実の拒否という形で表現されたり（「うそだ！」「そんなバカな！」「こんなことがあってたまるか！」「いやっ！」），あるいは再会の希望やさらには復活の期待という形で表現される。

　ということは，8.2.1で見たように，宗教的信念を表す言葉は意見・理論・経験命題ではないということである。それゆえ，「それには科学的な根拠が欠けている」などという非難がなされることはないし，もし事実命題として扱い，批判を加えるなら，まったくナンセンスな的外れであり，お門違いの批判となる。また，信念を語る当人も，そのような的外れの非難に動揺することはない。

宗教は事実命題か

　しかし，事実命題を語っていると思うからこそ，非宗教人は宗教的信念に違和感を覚えるのではないのだろうか。それなのに，いかなる根拠によって，宗教的信念を語る言葉は事実命題ではないと言えるのであろうか。それは，宗教的信念が「われわれの日常的な信念が普通準拠している事実に支えられているのではない」(228) ということ，あるいは「われわれがテストしたり，テストの手段を見いだしたりすることのできるようなものを信ずることではあり得

8.2 信じることで何をしているのか:ウィトゲンシュタイン

ない」(238)ということにある。であるから、たとえば、愛していた故人と再会できるのか否かとか、死によって生の一切が虚無に帰すのかといった、宗教的信念が生死に関わる重大な内容を含もうとも、それを主張する当人は命題の真偽を決して検証しようとしない。しかもどの宗教的伝統にあっても、信念体系は曖昧さと不分明、そして多くの異説と矛盾にあふれている。信者たちはたいてい、この状態に甘んじていてそれを放置し、整合を図ることもしない。十億円の宝くじに当たったらしいという情報を確認しようとしない人はまずいない。それは生活を決定的に変えるからである。事故で親や子が死亡したらしいという情報の真偽を確認しようとしない人もまずいない。ところが、宗教的信念の真偽を、どのような因果連関があって真と言えるのか、いかなる根拠があって真と見なしうるのかという観点から、検証しようとする人はいない。

しかし、宗教的信念は現実には事実命題として主張されているのではなかろうか。一例であるが、キリスト教であれ仏教であれイスラームであれ、地獄や極楽・天国の描写は外的事実の細目にわたっている。とはいえやはり、もし信者が、煮えたぎる血や降り注ぐ火の雨の温度は何度か、体を切り裂く剣の硬度は何度か、罪人を食い裂く巨大な狗の体長と体重はいかほどか、悪酔いしないよい酒とは蒸留酒か醸造酒か、待ち受けている美女の人種は何か・どのような体型かといったことを事実判断として知りたいと思うなら、宗教の本旨から逸脱した関心を寄せていると見られるであろう。

とはいえ、宗教者の中にも宗教を事実に関する理論として見る人はいるし、実際ウィトゲンシュタインの周囲にもいた。そうした人に対する彼の激しい批判、というより嫌悪を示す言葉が残っている。「オハラ神父はそれを科学の問題にしてしまう人々のうちのひとりである」(233)。「私ははっきりとオハラが無分別であると言いたい。もしそんなものが宗教的な信念であるなら、それは全部迷信だと言いたい」(236)。ウィトゲンシュタインにとって、迷信とは一種の疑似科学であるが、宗教はそれとはまったく別物であった。

宗教的信念は事実命題として述べられてはいないという彼の主張には、留保が必要である。彼の考えでは、心で熱烈に望まれることが宗教へと表現されるのであり、それゆえそれが根拠に欠け、非科学的であり、誤っていることを指摘しても、願望がやまない限り、信念は決して放棄されない。しかしこの主張

第8章 宗教の諸理論

は,宗教・呪術に錯誤が含まれることを排除しない。それどころか,因果連関の誤った想定は,むしろ宗教・呪術的信念を強化することになるであろう。そして,呪術の中に実際に錯誤が含まれているからこそ,錯誤から呪術が生じてくるという誤った判断も出てくるのであり,かつもっともらしく思えてくるのである。事実命題として受け取られてこそ,願望は心理的に満たされ,心は充足する。信念は願望の単なる気休めにすぎないと見透かされ,見切られていたなら,それに心理的な満足を覚える者はいない。したがって宗教的信念は事実命題ではないなどという明確な断定が,信者自身によってなされるはずがない。宗教的信念が曖昧で多くの矛盾さえ含んでいながらなおかつ半ば事実命題としても信じられている理由は,ここにある。

しかしながら,テキストを注意深く読むとわかるが,ウィトゲンシュタインはこのことを明らかに考慮していた。しかし彼は,だからといってそのことを考慮しても,信念の本質を理解するためには何の役にも立たないと考えた。そこから出発するなら,フレイザーの結論にいたるだけなのである。

　　フレイザーの考えを排するウィトゲンシュタインの真意が那辺にあったのか。それを,現代の呪術論を参考にしつつ推測してみたい。フレイザーの考えで事実にそぐわない点がある。まず,正しい因果関係が発見されるなら,呪術は科学に取って代わられるはずであったが,事実として,呪術を実践する人は,正しい因果関係を理解しても呪術を捨てはしない(これはウィトゲンシュタインが指摘している)。次に,呪術を実践する際に,人々は類似や感染といった原理にはほとんど注意を向けない。「こうすれば,こうなるから,その結果こうなる」などといった因果プロセスを人々は考慮していない(これもウィトゲンシュタインが指摘している)。フレイザーの代替案として,1970年代に象徴論的な人類学が呪術の本質を象徴表現にあるという見方を提起し,わら人形を釘で打ちつけるのは,そこに因果関係を認めているのではなく,相手の死を象徴的に表現しているのだと考えた。しかし,たとえば絵画の表現は表現自体に目的があり,描く対象にある事態が生起することを望んではいない。呪術を単なる表現に還元することはできないのである。では何が問題なのか。呪術という行為を理解するために,因果関係とか象徴表現といった解釈者の分析枠組みを持ち込んだこと自体が問題なのである。
　　この問題は,16世紀のキリスト教世界で起こった聖餐論争を取り上げると多少参考になるかもしれない。救済の現実たるイエス・キリストがパンとブドウ酒に実在するのか否かが問題になった際に,カトリシズムは,小麦粉で作ったパンが実際に脂肪やタンパク質からなるキリストの肉になり,ブドウを発酵させて作った酒が文字通りにキリストの血液になると主張し,純粋に物理的な因果関係で聖餐を理解したのに対して,ツヴィングリはそれをキリストによる救済行為の単なる象徴表現

8.2 信じることで何をしているのか：ウィトゲンシュタイン

だと考えた。ルターはこれらをともに間違ったものとして排した。物理的因果関係とか象徴表現という考えで区分けされることのない現実が問題なのであり、それらはともにミスカテゴリーであるというのが、ルターの考えであった。ルターの唱えた共在説によれば、パンとブドウ酒はパンとブドウ酒のままでありつつ同時にキリストの血と肉なのである。この主張の真の狙いは、おそらく、神にして同時に人間というキリストの背理性を固守することにあったと思われる。カトリシズムもツヴィングリもそれを純然たるこの世の出来事に変えて理解可能なものに変換しようとしているというのが、ルターの非難であったと思われる。

　聖餐論争にこれ以上深入りする必要はない。仮にウィトゲンシュタインの考えをここで適用するなら、やみがたい救済希求があり、人はパンを食しブドウ酒を飲むことで救済を現実であると感じ、それで満足する。ただそれだけのことなのだ。パンとブドウ酒の物理的・化学的変化を信じているのではなく、また、パンとブドウ酒の飲食はそれ自体としては現実的力を持たぬ象徴だと考えるのでもなく、その目的とするのは満足感である。もっと正確に言えば、聖餐はそもそも何ものをも目的としてはいない。そこには何の意見もない。「われわれはかく振る舞い、そして満足を覚えるのである」。

　以上は筆者のウィトゲンシュタイン解釈である。適切な解釈か、それとも過剰な読み込みかは、彼の断片的な記述の集積からはもはや確定できない。

　最後に、以上のことから、宗教的信念を語る信者と外部の者との相互理解の問題について、一つの見解が出てくる。

　製鉄所に見学に行き、「自分はあそこの溶鉱炉に飛び込んでも、やけど一つ負わない」と言い張る者がいれば、われわれはそれに対して科学的に反論できるし、そうした意見をそもそも理解できず、精神障害のなせる業とみなすであろう。これに比して、宗教的信念に対してはわれわれは同意することもあれば、同意しないこともあるが、たとえ同意しない場合でも、われわれはそれを理解はできる。

　日常的な言語使用を見てみると、野球やゴルフで「もっと右だ！　右へ行け！」「止まれ！」「入れ！」などとボールに命令する選手や観客がいる。しかし、ボールに命令したからといって、ボールが人格的存在だと思っているわけではないし、命令すれば、その通りのことが生起すると信じているわけではない。願望を口にしていることは、誰でも理解している。「神さま、Xをお助け下さい！」と祈る人と、Xの救命を願って一心不乱に千羽鶴を折る人、この二人も同じことをしており、かつ相互に理解できる。「神さま、力を与えて下さい」というのは、宗教的な発言である。「人々が私を支援してくれたらなあ」というのは、非宗教的な発言である。「何とか私がそれを乗り越えねば」というのも非宗教的な発言である。しかしこの三つは、いずれも同じことをしているのではないか。現時点では自己の対処

第8章　宗教の諸理論

能力を超えた困難があり，他方ではそれを克服せねばならないという必然性がある。この三つの発言は，困難を乗り越えようとする人間の必死の試みを表現したものだ。宗教信者も非宗教者も同じことをしている。同じ試みに違った表現を与えている。原理的には両者は，共感できなくとも，理解はし合える。

肉体が滅び，その後分子が再結合して復活が起こることを信ずるかと問われれば，ウィトゲンシュタインは否と答えるが，それを信ずる人に反対はしない (226)。自己の不道徳性を恥じる時「私に天罰が下るだろう」と言う人もいれば，「私は世間に顔向けできない」と言う人もいる。

　この二人はまったく違った考え方をしている。にもかかわらず，二人が違ったことを信じていると言うことはできない。(229)
　〈死んだ友人にもう一度会う〉というのは，私にとって全然何事も意味していない。私はそのような言葉でものを考えない。「私は誰それともう一度会うだろう」などとは全然自分に言い聞かせていない。(243)
　誰かが最後の審判を信じており，私が信じていないとすると，このことは，私が彼とは反対のこと，つまりそのようなものはないと信じていることを意味しているのか。私は「全然，あるいは必ずしも」と言うであろう。(225)

死者に再会できるとはウィトゲンシュタインは信じない。だからといって彼はそうした信念を語る人をオカルト的だとは決して思わない。また，ウィトゲンシュタインが経験命題としての最後の審判を信じないとしても，必ずしもそれの意味するところを退けるわけではない。それゆえ「審判の不在」を信じているわけでは全然ない，あるいは必ずしもないのである。したがって相互了解の可能性としては，次のような結論にいたる。

　われわれの間に意見の違いが生じ，それが知識のあるなしの問題ではまったくなく，したがってわれわれが一緒にやって行かれる場合があるだろう。(245)［邦訳は意味が反対になっている］

ここから最後に次のような見解も示される。

苦難に遭遇して，一方では「なんで私が」とか「これは誰のせいだ」と問う人もいれば，他方では「これは神の意志だ」とか「これは運命だ」とか「これは自業自得だ」と言う人もいる。一方と他方では，考えている内容が違うというより，別の態度，別の生き方を表している。そして後者の諸発言も内容は異なるものの，機能はすべて，命令が果たしている機能と同じである。たとえば，「ブツブツぼやくな」とか「この事態を受けとめよ」といった自己に発する命令と見なすことができる。このように，宗教はある生き方を情熱的に受け入れようとする決意でもあるのだ。

コラム8：本当に先祖をおんぶするのか

柳川啓一が日本人の祖先崇拝に関する西洋人研究者の戸惑いを報告している（柳川，1989，204頁以下）。調査に入った村の人たちは，盆の行事として迎え火・送り火もたき，墓までわざわざ紐を持っていって，先祖をおんぶする真似をして家へ帰ってくる。ところが「死後霊魂があると思うか」と尋ねると，肯定する人は少なく，「わからない」と言ったり「死んだら灰になるだけ」と答えたりする。当の研究者を困惑させたのは，霊魂の存在を想定していないのに盆の行事を行うという「矛盾」であった。一切を事実命題・経験命題として受け取れば，矛盾に見えようが，そうしなければ，村人たちの思考と行動には，何ら困惑させるものはない。

かつての日本では，「のんのん様に供える」と言って仏壇に仏飯を供えた。しかし仏様が実際にそれを食するとは，誰も思っていない。墓参で死者の好物を墓に供えても，実際にそれを死者が食するなどとは，誰も思っていない。お守りに物理的実効力があると信じる人はまれであろう。こうした現象も，ウィトゲンシュタインに即して理解することができよう。ただし，宗教的信念が事実命題として受けとめられている場合は勿論あるのだが，主観的にどう受けとめられているかは，信念の機能を理解する上で本質的ではないというのが，彼の考えなのである。

8.3　人間は真理に基づく自己肯定を求める：カール・バルト

宗教は伝統的には日本人にとって生活上でなじみのある身近な存在であったにもかかわらず，現代のおおかたの日本人にとっては異質で異様な現実のよう

に受けとめられている。常識離れした信念を主張し，強欲かつ閉鎖的で何をするかわからない集団というイメージがかなり定着している。理由がないわけではないにせよ，これは相当一面的なイメージである。宗教が現実にそのようなものでしかないなら，それが有史以前から広く人類社会に存続してきたという事実そのものが，きわめて不可解になる。宗教の存在にはもっと積極的で普遍的な基礎があると考えるほうがはるかに自然である。そのような見解を述べた人は多いが，本節では20世紀のプロテスタント神学者，カール・バルトを取り上げる。彼の宗教論は，それ自体としてはキリスト教の神学であるが，経験的な宗教学の視点から見ても興味深い論点を含んでいる。

8.3.1　バルトの宗教概念

　バルトは，処女作『ローマ書』においても宗教について論じているが，やはり彼の宗教論の体系的叙述としては，主著『教会教義学』第1巻第2分冊中の第17節「宗教の止揚としての神の啓示」が挙げられるべきであろう。この節はさらに三分されており，そのはじめの一節「神学の中での宗教の問題」において，バルトは宗教の問題を論じている。

　問題の第17節の内容を要約した前文には，宗教とは，人間が，自分自身の手段と能力に基づいて描いた神の像の前で，自己を義とし聖化しようとする試みである，と述べられている。ここから，バルトが宗教を二つの要素からなるものと見ていることがわかる。

　第一に，宗教は，人間が自らの手で神の像＝神観念を作り出そうとする企てである。バルトによれば，この企ては，真理と確実さを求める人間の欲求に基づく。そのため神認識は真理認識という一般的な語でもって置き換えられており，神の像も，人間の存在を規定し条件づけていると考えられる最後的・決定的実在という一般的な意味を与えられている。いわゆる神の観念を含まなくともよいわけである。

　第二に，バルトは，宗教を自己肯定と神聖化の試み，彼の言葉で言えば自己義認と自己聖化の行為であると考える。これは神の像という超越世界と自己とを平和的・友好的関係におき，超越世界の助力と庇護を確保しようとする試み

である。これによって人間は，自己の生を確かなものにして，この世における自己の一貫した生き方を確立しようとする。したがって宗教とは，自分の存在を強化し確実なものにしようとする衝動である，と言ってもよい。『ローマ書』においても，宗教は人間の欲求や行動を基礎づけ正当化するものであり，また，人間自身を強化・確認し，彼自身の能力や努力に支柱を与えるのである，という同一の主張が展開されている。

第一の要素，すなわち対象化され実体化された超越世界は，第二の要素である生を肯定し支える基礎ないし根拠となる。人間と世界に優越する超越世界に支えられ是認されているからこそ，生は強化され神聖なものとなる。それゆえ，バルトにおいては，二つの要素は，不可分の全体として一つの宗教論を構成していることになる。つまり，バルトによれば，人間は，超越世界に関する観念を介して世界を意味あるものとして構築し，自分の単にあるがままの存在を意味を持った存在として把握する。そしてそれによって，人間の存在は，それ自身では持ち得ない有意義性と価値と確実性を獲得するのである。

さて，バルトの宗教論は，宗教の歴史的諸形態，すなわち現実の諸宗教をどの程度カバーしている議論なのであろうか。彼によれば，対象化された超越世界としての神の像とは，「たとえば哲学諸体系の最後的原理であり，アニミズム的諸宗教の世界像における不気味なものの総内容であり，イスラーム教の特色ある神観念であると同時に，仏教や古代および近代の無神論的思潮における統一的な神概念・神観の欠如のことである」。しかし同時に，キリスト教という宗教も神の像を刻む企てである。明らかに，彼の宗教概念は，ここに挙げられたもののみならず，宗教と非宗教の境界事例をも含めたすべての歴史的・具体的形態の宗教を包摂しようとする。それは，彼が宗教を，すべての具体的な宗教に普遍的な人間学的条件へと還元しているためである。彼によれば，具体的宗教は，それ以前の形態のない，人間の宗教的本性・傾向・能力が目に見える特定の姿をとって現れ出たものにすぎない。したがって，やむを得なければ，宗教の神観念は顧慮されず，教義・教説は表現されず，儀式・儀礼もなしで済まされることがあるし，されてもよい。結局，バルトは宗教の概念を，歴史的・具体的形態を取り外した形で考えていると言えよう。

8.3.2 宗教と社会変動の問題，あるいは世俗化の問題

　世界史的に見て宗教は衰退する傾向にあるのか否かという世俗化の問題を問う際には，宗教の伝統的な形から別の新しい形への変化を想定するかどうかで，考え方は百八十度変わってくる。伝統的な形での宗教が消滅しつつある点を見れば，宗教が消滅しつつあるように見えるし，変化した姿の中に依然として宗教性を認めるなら，非宗教化は起こっていないと言えるからである。このように，世俗化問題においてしばしば宗教概念が問い直されるように，逆に，宗教概念の問題は世俗化問題に新たな光を当てる。

　世俗化の意味は多様であるが，とりあえずここでは，社会的・文化的変動と関連した，またその結果としての宗教そのものにおける変化として理解しておく。この点に関して，バルトは，宗教の「弱さ」という概念を持ち出す。宗教は，もちろん，自然と風土，経済的・政治的・文化的諸関係，一言でいえば歴史的諸関係によって条件づけられている。バルトは，このことを宗教の弱さと呼ぶ。彼によれば，宗教は変遷する歴史的諸関係によって次の三つの可能性の前に立つことになる。すなわち，時代の変化に即応しつつ，時代と共に進んでゆき，自分が対象化した超越世界観を自ら否定して変えてしまうか，それとも時代のあとに残って，ひとたび獲得した教義，儀礼などの形式にあくまで固執し，そのため不可避的に古くさく時代遅れとなって化石化するか，あるいは最後にそれら両方のことを折衷的に組み合わせるか，という可能性である。とすれば，バルトにおいては，世俗化過程とは，歴史的・具体的宗教がその超越的意味世界についての見方と表現を自ら変えてしまうか，それとも自らの社会的位置が変わってしまうかのいずれかの過程を指すことになる。要するに宗教は，人々の間での影響力を保とうとして社会に迎合し，伝統的なあり方を放棄して新しいあり方を採用するか，あくまでも伝統的なあり方を保とうとして，その結果社会的支持を失い，狭い少数者集団の中でのみ通用する影響力に甘んじるか，という選択を迫られるのである。

　バルトは，この過程に関して次のように説明している。すなわち，時代の変化に直面して，また変化した時代の中に生きる自己自身の変化と直面して，ある時急に人間は，宗教の伝統的形態に満足できなくなる。彼にとっては自分の

8.3 人間は真理に基づく自己肯定を求める：カール・バルト

宗教の持っている超越世界観と行為規範はあまりにも硬直したものとなってしまったので，彼は宗教の真理にもはや納得できなくなり，宗教の真理なるものが疑わしいものになってくる。これを社会学的に言い直すことができる。歴史的・社会的条件が独立変数としてまず変化すると，それに呼応して人間のパーソナリティーに影響を及ぼし，その価値観と欲求を変化させる。そうなると変化したパーソナリティは，社会的に客体化され制度化された宗教のうちに自己と対応するものを見いだせなくなる。そうなると宗教は個人にとって疎遠なものとなり，宗教がもはやパーソナリティーのうちに内在化されえなくなる。つまり，人間の存在状況を正当化し，確認し，意味づけるという機能を持った超越世界観が歴史的・具体的形態をとった場合には，その時代の人間には妥当しても，時代とともに変わる個々の人間に対しては妥当性と説得力を必然的に失わざるをえず，したがって宗教としての機能も喪失する，ということである。バルトはこの事態を（具体的形態の）宗教と（形態のない）宗教的能力の間の対立と言い表している。彼によれば，宗教的能力としての宗教は，その時代の歴史的な諸条件を媒介にして，自らを具体的な宗教として表現するのであるが，歴史的諸条件が変化する時，そこに両者のズレと対立が生じるわけである。したがって，バルトにおいては，世俗化の動因は，宗教が歴史的に具体な形を取ること自体にあることになる。

さて，バルトは，歴史的・社会的変動に応じて宗教そのものに生ずる変化，この意味で世俗化（彼自身の言葉で言えば宗教の「臨界的転換」）が結果としてどのような進路を取るかについて論じている。彼によれば，それは，さしあたり，新しい超越世界観と行為規範を持った新しい宗教が現われ，個々の主観を納得させ，古い宗教に代わって歴史的・社会的な広がりと形態を得てくる，ということである。しかしバルトが，新しい宗教の生起以上に意味深い宗教の転換と言っているのは，神秘主義と無神論である。

彼によれば，神秘主義とは，宗教的欲求の外面的・客観的な充足方法を廃止することである。神秘主義は，（あの形態のない）宗教的能力の客体化・具体化は認めるにせよ，それを二次的なものとし，いかなる具体的表現にも満足しない。むしろ，それを乗り越え，すべての具体性を内面的に，換言すれば，宗教的能力そのものとの直接的関連の中で理解しようとするのである。このよう

に，神秘主義は，歴史的・社会的変動によって主観に対する説得力を喪失した宗教の具体性に対する批判として，世俗化の一環なのである。

次に，無神論に関して，バルトは，その本質的特徴を宗教的な超越世界観と行為規範の全面的否定に見ている。無神論は，この否定によって，自己を位置づけることも意味づけることもできない，現象としてあるがままの人間存在を提示することになる。しかし，この人間存在が積極的に生きられ，公に宣べ伝えられるためには，言い換えるとそれを真理に即した肯定・是認できるものとして示すためには，それを何らかの形で基礎づけるイデオロギーや神話が，再び必要となる。そのための素材は無神論によって否定されなかった領域から取られるとしても，結局はそこに，カモフラージュされた新しい超越世界が再び姿を現しうるのである。当然予想されることではあるが，バルトは，いわゆる宗教の外部でも全く別な真理の教義と確信を得るための道が存在し，それらはいつでも宗教的性格を得てくることができる，と主張する。

したがって，世俗化，あるいは彼の言う宗教の転換は，宗教の外的形態の弱体化，歴史的・具体的形態の衰退として捉えられており，人間の存在状況が人間にとって問題である限り，その意味づけとしての宗教は衰退し得ないことになる。それゆえ，この変化は，宗教的・聖なる領域の，非宗教的・俗なる領域への移行や解消を意味するものではない。

8.3.3 バルトの宗教概念についての検討と評価

バルトの宗教論はキリスト教神学なのだが，経験科学としての宗教学から見ても熟慮すべき重要な論点を多く含んでいる。確かに経験的に見て，人間は自己の行為と生活を，意味のないもの，根拠のないもの，正当性のないものと考えながら生きることはしていない。人間は時として真理と正しさから逸脱しつつも，基本的にはその中で生きることをよしとしている。逆から言えば，人間は単なる生物としてただ生きているだけというあり方，すなわち自分の生にいかなる意味があるのかをいささかも意識せず感じることもない生き方を受け入れることができない。どのような内容と形であれ，真理と確実さを求める人間の欲求こそ，人間の宗教性そのものである（意味がまったく曖昧なので適切な

8.3 人間は真理に基づく自己肯定を求める：カール・バルト

用語とは思えないが，「スピリチュアリティ」とは，この人間本性を指すと考えるべきである）。この点で展開されたバルトの見解は，ヴェーバーの「意味の問題」としての宗教理解と基本的には一致しているように思われる。バルトにおいては，超越世界に関する観念（第一の要素）は，上述の機能（第二の要素）を果たすものとして，個人の人格統合の構成要因であり，また人間に普遍的であると言うことができる。人間はおしなべて宗教的なのである。

バルトが指摘している人間の真理欲求とは，ドストエフスキーが大審問官で論じた，真理に対する人間の確証欲求と同じである。真理というものが存在しないならば，倫理や生き方など，価値に関わる一切は，究極的には人間の選択と決断の問題でしかなくなる。畢竟それは，かくあらねばならないという必然性を有せず，それゆえ「こうでもよいし，ああでもよい」ことになり，突き詰めれば「すべてが許されている」という立場に行き着く。人間の生活は（意識的な論証ではないにしても）どこかでそれ以上問われることのない基盤の上に据えられねばならないのである。

宗教が人間の普遍的本性に基づくのであれば，当然世俗化は起こりえない。人間の存在状況が意味と確実性を付与されねばならない問題状況である限り，その機能を果たす宗教は衰退し得ない。ここで最後に問題となるのが無神論である。無神論が提示する人間は，自己を位置づけることも意味づけることもできないありのままの人間存在である。この世における一切の出来事は，ただの無機的・機械的現象として単に生起するだけであり，それ以上でもそれ以下でもない。意味も目的も価値もなく，したがってそこではすべてが許されている。もちろん人間は，このような状況の中でも生と世界をなおも受けとめて生きていくことができる。しかしそうした生は，ただ自らの生の哲学として自分自身だけで生きられ得るにすぎない。これが積極的な生として社会的に宣べ伝えられ推奨されるためには，それを何らかの不動の基礎の上に据えねばならない。結局はそこに，伝統的な形を取らないにしても，新しい超越世界が再び姿を現してこざるを得ない。宗教と非宗教の境界例で挙げた，ファシズム，共産主義，サンディカリズムのような政治上の主義，あるいはフランス革命祭典やアメリカの市民宗教などに見られる共同体の価値理念ないし世俗的ナショナリズム，さらには世俗的ヒューマニズムにおける人間崇拝。これらはどれをとっ

ても著しく聖性を帯びている。こうした事態に照らすなら，バルトの見解には十分注目に値するものがある。

8.4　社会には世界観があり，それが宗教へと結晶化する：トーマス・ルックマン

　フッサール現象学を社会学へ応用したアルフレッド・シュッツの現象学的社会学を受け継いだトーマス・ルックマンは，制度として形を取る以前の宗教，人間が人間となる際の必須条件としての宗教を考察の対象とする。その成果が『見えない宗教』であり，世界中の宗教学者に大きな影響を与えた。彼は，人間がヒトという生物を超えて人間になることのうちに宗教の根源を見る。これを彼は「見えない宗教」と名づけた。以下で彼の主張の要点を同書だけではなく，ほかの著書をも参照しながら解説する。

8.4.1　人間の本性としての宗教性，そしてその具体化としての教会

　まず彼は，制度として目に見える宗教だけを宗教と見る立場に異議を唱える。何かが制度となって現れるということは，当然それ以前のいまだ形を取らざるアモルファスな実在を前提とする。それをルックマンは，社会の組成・構成の中に探る。

　伝統的に宗教が果たしてきた機能に着眼するならば，宗教とは，日常生活の諸活動の意味が整合的になるよう統合し，また人間生活の危機状況に際してはそれを意味づけ，理由づけてくれる意味構造であった。それが人間存在に必須であるならば，制度的宗教がその機能をもはや果たさなくなっているからといって，ただちに社会が非宗教化しているわけではなく，他の見えない何かがその機能を代行していると考えるべきである。具体的な内容がどう変化していようとも，同じ機能を果たしている限り，それが宗教なのである。

8.4　社会には世界観があり，それが宗教へと結晶化する：トーマス・ルックマン

8.4.2　宗教の人間学的条件

　事物・事態はただ生起し存在するだけであって，意味や価値を最初から備えているわけではない。意味や価値は，人間の解釈によって付与される。VISAカードは，現代世界という文脈の中ではクレジットカードであるが，この背景なしには特定の素材でできた小さな板片でしかない。個物（VISAカード）は全体（クレジットカードが決済手段として使用される現代世界）の中ではじめて意味（クレジットカード）を持ち，逆に個物の中には全体が指し示され含まれている。

　個々の事物・事態は，バラバラに孤立しているのではなく，すべてが相互連関して全体としてまとまり，一つの世界を構成している。換言すれば，われわれの生きる世界は，意味ある全体として統合されている。同様に，人間の存在も，生活史の諸断片が相互に連関のないままただ堆積しているだけではない。人間の生は，過去から現在にいたり未来へとつながる，意味的・倫理的に一貫した生き方に統合されている。少なくとも，自己の人生がそのような意味の一貫性に向けて絶えず解釈し直され，自分に納得できるように繰り返し再構成される。これこそアイデンティティと呼ばれるものである。

　アイデンティティは社会的に構成される。人間は他者との相互作用を通じて，社会の中ですでに確立している意味と価値の体系をたたき込まれていく。そうした社会化の結果がアイデンティティである。それは，意味的・倫理的に一貫した生き方，いわゆる良心である。

　人間は単なる生物としては意味を欠如した有機体にすぎないが，社会的な相互作用の中ではじめて倫理的な意味世界を体現した存在となる。かくして，人間はその生物学的性格を超越する。ルックマンは，自己形成へと至るこの社会化過程こそ，宗教であると考える。したがって，宗教は次のように定義される。「宗教現象とは，有機体としての人間の生物学的性格を超越する現象である」。

8.4.3 見える宗教の析出過程

宗教の基盤たる世界観

社会の意味体系・意味世界を世界観と呼ぶことにすると，世界観は無数の認識情報の集積であるが，それぞれが無関係に並存しているのではなく，相互に連関して一つの意味のまとまりを形成している。人格的アイデンティティがある程度まとまった意味の統一体をなすのは，それが意味システムとしての世界観の内面化に基づくからにほかならない。ということは，世界観こそアイデンティティの基盤であり，したがって形のある宗教の原初的形態である。もちろん世界観はすべての社会に普遍的であり，それゆえ宗教はすべての社会に普遍的に存在する。問題は，この世界観という無定形な宗教からどのようにして特定の形を取る宗教が析出してくるのか，ということである。

世界観の諸階層

世界観の中の諸要素は，同等の資格で並列的に存在しているわけではなく，そこには一定の階層を認めることができる。世界観の最下層には，具体的な事物や事柄を類型化する概念が存在している。たとえば，木・手・空・犬・食べる・歩く・大きい・赤，などである。その上層には，実用的な行為手順の知識などが存在している。例えば，「本は机にすわって読む」「切符は自動販売機で買う」「釘は金槌でたたく」などである。この層はさらに上へと，すなわちかなり一般的な行為規則ないし倫理規範へと連続的に連なっている。たとえば，「車線変更は必ずウィンカーで知らせる」「トイレで用を足したら手を洗う」「人前でおならをしない」などがそれである。このようにして世界観を下層から上層へと上昇するにつれて，特殊・具体性が次第に薄れ，一般性・抽象性が高まってゆく。このようにして進んだ最上層には，人間の全人生を包括し，一生を評定する観念ないしイメージが現れる。日常生活での個々の事柄は，この観念・イメージとの関連の中ではじめて有意味になる。

一例として，原始的な古代狩猟社会を想定しよう。そこでは，次のような知

8.4 社会には世界観があり，それが宗教へと結晶化する：トーマス・ルックマン

識・技術・性格がおそらく高い評価と称賛の対象となるであろう。すなわち，製鉄，正確に飛ぶ矢と強靱な弓の製作，的を逸さぬ弓矢の腕前，巧みな乗馬術，移動生活に適した住居の建築術，足跡から獲物の種類と数を的確に推測する能力，危険な動物との対決にひるまぬ勇気，獲物の公平な分配に対する知恵と配慮，次世代への適切な技術的・道徳的教育などである。これとは違って，高度な科学技術を産業基盤としている工業化社会では，次のような知識・技術・人間性がおそらく高い評価と称賛の対象となるであろう。すなわち，幼少より学業にすぐれ，勤勉で倦むことを知らず，進取の精神に富む，といったことである。第一の社会に生きる人間と，第二の社会に生きる人間とが出会う場面を仮想してみよう。一方の社会に生きる人間にとって重要なもの，価値あるものは，事物にせよ行為にせよ人生の価値観にせよ，他方の社会で生きる人間にはほとんど意味をなさないか，理解することさえできないものもある。いかなる事物と事柄も，世界全体の中で，そしてトータルな人生との関係ではじめて有意味になるからである。

聖なるコスモスの分節化

　世界観のうち，最上層に位置する要素は，日常世界を意味づけ，それを超越した意味世界を構成している。ルックマンはこれを「聖なるコスモス」と呼ぶ。それが表現している意味や価値は，個々の行為規範ではない。むしろそれは，人間の生活をその全体において意義づける規範である。言い換えると，聖なるコスモスの表現する価値は，日常生活の中で人間の行動を個々に定める規範ではなく，そうした個別の規範を上から全体として規制し，意味づけるものである。文化全体にいわばアーチをかける価値体系であると言ってよい。これが宗教的表象に他ならない。要約して言えば，世界観全体の中から，聖なるコスモスをなす意味の最上層が象徴の力を借りて目に見える形で結晶化・析出してきたとき，それが宗教の特定の歴史的社会形態なのである。

8.4.4 変化する社会の中の公式宗教と個人

　制度としての宗教が聖なるコスモスを完全に反映していると考えることはできない。同様に，宗教の公式モデルと個人の究極的意味体系との完璧な一致もあり得ない。完全な社会化は起こり得ないからであり，世界観の全要素が各成員に均等に配分されるわけではなく，そこには必ず偏りがある。また，前の世代にとっての究極的な意味をもつ問題と，次の世代のそれとの間には，ずれが生じる。前の世代の問題は，聖典と教理と儀礼との中に固定化された問題である。社会生活が変動し，それに応じて個人の究極的意味体系が変化しても，宗教の公式モデルの変化はしばしばそれについていけない。このような場合には，前の世代にとっては公式であった宗教のモデルが，後の世代では公式ではなくなる。ここで二つの可能性が生じうる。一つは，既存の公式モデルが他のモデルと交代することである。もう一つは，宗教モデルの公式の地位が失われ，しかもそれに代わる新しい公式モデルが生まれてこない場合である。

　この点を世俗化のダイナミクスとして理解することができる。最初はほとんどの成員が公式モデルを円滑に内在化する。次に，一定の人々がモデルを一種のレトリックとしてうわべだけ内在化するようになる。最後は，宗教の公式モデルが社会化するべき対象にもはやならなくなる。ここから，世俗化とは何かが見えてくる。世俗化とは，(1) 教会が社会に占める位置の変化である，すなわち社会の中心から片隅への位置の変化である。(2) 世俗化とは，教会が伝統的に担ってきた意味世界が無意味なものとなり，別の意味世界に取って代わられてしまうことである。

　世俗化は，社会分化とも深く関係する。社会が分化して，相互に異質な社会集団が複数できあがると，そこからは複数の新しい究極的意味の主題群が生まれ，互いに聖なるコスモスの位置につこうと競い合う。こうして，かつては唯一であった伝統的な聖なるコスモスは分裂に陥り，相互に相対化し合う。個人はこうした複数の究極的意味の中から，自分に似つかわしいものを消費者的立場で選ぶようになるであろう。個人は自己の主観的意味体系として，社会にある唯一のものを内在化するのではなく，多くのものの中から選択的に合成して構成することになる。そうした個人的構築は，社会の全成員が一律に公式モデ

ルを内在化していた場合と比べて，不安定になる。近代人の自我のあり方がそれ以前に比して自律的かつ不安定になる理由はここにある。かつて宗教は社会的制度を通じて全成員に均等に分配される社会的なものであったが，今では個人的領域の現象となっている（これを宗教の私事化［privatization］と呼ぶ）。現代の宗教は，以前のそれとはまったく相違したあり方をしているのである。つまり現代は，一つの公式モデルが消滅したあと，新しいモデルが出現するまでの空白期間なのではなく，これまでになかった宗教のあり方に直面しているわけである。

8.4.5　現代における宗教の主題

今日の聖なるコスモスの中で，支配的地位を占めている主題は，個人生活の領域から生まれてきており，またそれと深く関わり合っている。ルックマンはそのいくつかを例示している。

彼はまず「個人の自律性」を挙げる。これは，究極的意味をもっぱら私的領域の中に求める態度に対応しており，したがって自己実現とか自己表現といったテーマが抜きんでた主題となる。「自分らしく生きる」「自分の思うように生きる」「自分らしさを出す」などといったことに，究極的価値をおくわけである。現代の性行動も，社会統制から解放されるに従い，究極的意味の源泉となり，自己表現・自己実現という主題の一形態になりうる。私的領域に閉じこもった現代人にとっては，マイホーム主義も究極的意味の源泉になるかも知れない，と彼は考える。

8.4.6　ルックマンの所説の評価

彼の所説の長所は，宗教を制度化された形においてのみ見ていた実証主義的な見方を突破したところにある。従来の実証的研究では，教会諸儀礼への参加率といった目に見える指標によって世俗化を測定していた。この種の統計からは，現代社会は非宗教的であるという結論がただちに出てくる。これに対して，彼は二つの重大な問題提起から出発する。第一の問いは，社会学的・人間

学的に見て宗教と呼びうるものが伝統的教会宗教に代わって現代社会の中で宗教の位置を占めるに至っていないかどうか，という問題である。この問いに対して彼は，社会の構成論，アイデンティティ論の形で新しい宗教論を展開したわけである。第二の問いは，伝統的教会宗教を現代社会の周辺に押しやった原因は何かという問題である。彼は一つには，変動する社会と固定化した宗教との間に生ずるずれという観点からこれを説明し，同時に社会の多元化からこれを説明する。いずれも興味深く説得力のある議論である。

彼の宗教概念そのものの適否も検討しておきたい。社会の客観的世界観は，個人に内在化されて主観的な志向体系となり，何が重要であり何をなすべきかを決める個人の選別パターンとして働く。これが象徴的に析出したのが現実の宗教だとされる。ここには問題点がいくつかある。

世界観と現実の宗教との間に適合ないし対応がなければならないのは当然である。それがなければ，現実の宗教は社会的にはただちに命脈が尽きる。だからといって，現実の宗教が世界観から「析出する」と言ってよいのか。宗教が社会の中で普及する原因と，それが生成する原因はあくまでも別物である。時代と社会の境界を乗り越えてきたいわゆる世界宗教を見れば，世界観と具体的宗教との関係は，かなり図式的に捉えられていると言わざるを得ない。

次に，彼の宗教概念は，宗教現象の多様性には対応できない。確かに一面において，宗教の中には聖なるコスモスとして機能していると考えるべきものがある。しかし他面，宗教は断片的信念の集積体でもある。呪術性の濃いいわゆる御利益宗教などは，決して世界観全体をアーチ状に覆うものではない。生活の中の部分的・断片的願望を映し出しているにすぎない。彼の宗教概念は，ヨーロッパ社会とキリスト教を念頭に置けば理解しやすいものの，日本社会などにどこまで妥当するか吟味が必要であろう。

最後に，聖なるコスモスは真に宗教的と言ってよいのであろうか。世界観を象徴的に表現した聖なるコスモスは，個別的・実際的な行為規範を越え，それらを上から全体として意味づけるものであり，その意味で「超越的」と言われている。しかしこれはレトリックである。個性の尊重やマイホーム主義が超越的宗教であると言われても，おおかたの人間は違和感を覚える。同じくシュッツの系譜に連なるP・バーガーがこの点で疑問を呈したのも，この理由による

（バーガー，1979，補論I）。超越性を規定するのはきわめてむつかしく，超自然性と同一視することはできないとしても，ルックマンの「超越」の語法に納得する者はいないであろう。

8.5 ホモ・レリギオーススの宗教学：ミルチャ・エリアーデ

8.5.1 元型と反復

エリアーデによれば，近代以前の伝統的社会では，人々はすぎて戻らぬ一度限りの時間性・歴史性を拒否し，事物の始源へ周期的に復帰しようとする。伝統的社会では，地上の事物はすべて超越的実在に始源を有する。それは超越的元型（archetype），プラトン的意味におけるイデアである。天上のものが下界のものに先行し，下界のものは天上のものを模写・反復する。それが下界のものに真理性と実在性を付与する。それゆえ人々は，事物の元型へ回帰し，それを反復模倣することによって，人間存在にある種の形而上学的な安定と永続性を与えようとするのである。エリアーデによれば，伝統的社会の人間はなべてこの考えで生きていた。彼の宗教学は，この議論の執拗なまでの例証を基本としている。

まず，いずれの儀礼も神的なモデルを持つ。すべての宗教的行為は，神々，神的英雄，もしくは神話的祖先によってその基礎が据えられたと理解されている。非宗教的儀礼もそうであり，たとえば結婚式も神的モデルを持つ。人間の婚姻は神婚，あるいは天地の結合を再現し，そこに正当性を持つ。おしなべて人間の行為，そして人間世界の事物にも，同じことが言える。たとえば薬草の効能は，天上の元型的草木に一致するとか，神によってはじめて採集されたとか，贖い主が傷を癒やすのに用いたという事実に負うのであって，当該植物そのものの特性によるのではない。寺院，聖所，都市，あるいはそもそも人間の活動する場，すなわち人が定住し耕作する土地，人の登る山，舟航する川などは，すべてその元型を天に持つ。したがって寺院，家屋などの建造に際しては，あるいは未知の土地が開発され耕作され，人が住みつく時には，天地開闢のわざを象徴的にくり返す儀礼が執行される。また，この世で行われるべき善

きわざと正義は，宇宙的規模において天上的超越的モデルを持つ。

そもそも，伝統社会では俗的な事物・活動はない。純粋に自律作用によって存在するもの・生起するものはなかった。一切が元型に合致し，合致しているがゆえに実在性と正当性を得ていた。以上のような，永遠のモデルなしに起こる事象の忌避，および俗的な時間の拒否は何を示しているのか。それは，はかない仮象から永続する実在へ，虚妄から真理へ，死から生へ至らんとする伝統社会の形而上学的存在論である。

エリアーデが言うこの伝統社会の存在論について付言しておく。

この存在論は，時間的・歴史的なものを拒否する。そうしたものは，すぎゆく仮象にすぎず，真の実在ではなく，実在でない以上，時間を超えた真理ではあり得ないからである。逆に言えば，永続するものこそ真実在であり真理であり，それゆえ聖である。元型との関係づけを通じて時間性が払拭され，それによって，この世の一切は永遠に繰り返されるものとなり，決して消滅することがない。

以上のような，元型とその模倣・反復のうちに何を見るべきであろうか。エリアーデに従えば，それは，伝統社会の人々がいだいていた，存在喪失へのおそれであり，非真理として生きねばならない恐怖である。逆に積極的に言えば，真に存在するものへの渇望であり，真理に生きたいという希求なのである。

8.5.2 現代における永遠回帰神話の残存

元型と反復，あるいは永遠回帰の神話といった伝統社会の考えと生き方は，近代西洋の登場とともに大きく変わった。直線的な歴史理解と進歩の観念が次第に社会の前面に出てきて啓蒙期に支配的となり，19世紀の進化論の勝利において頂点に達した。しかしながら，すべてのものが直線的に流れる歴史の中で単に生起して消滅するばかりであるなら，真に実在するものはどこにあるのか。何ものも機械的必然性以上のものを持たないのであれば，存在目的・価値・意味をもつものはどこにあるのか。

こうした問いに対して主張されたエリアーデの答えが，「残存」ないし「擬

装」という考えである。近代社会の中にあろうとも，基本的には人間は存在消滅を受容せず，非真理に生きることに甘んじ得ない。もし存在消滅と非真理を動かしがたい事実として認めるならば，積極的に生きること自体が放棄されねばならないからである。そこでエリアーデは，近代社会にあっては伝統社会の存在論が姿を変えて存続していると考える。そこで彼は，円環的時間理解の対極にあるようなヘーゲルの歴史主義であれマルクス主義であれ，その他いかなる思考形態であれ，そこに伝統的存在論が息づいていることを論証しようとする。要するに，エリアーデにとっては，人間が非宗教的になることは，人間学的に見て原理的にあり得ないのである。ここに「宗教的人間」（＝ホモ・レリギオースス，homo religiosus）という考えを見ることができる。

8.5.3 人間はすべて宗教的である

エリアーデが宗教的人間と言うとき，それは伝統的存在論を身をもって生きる人間を指す。彼によれば，宗教的人間は，あるがままの自然的人間を超えて，自らとその世界に新しい価値を伝統的存在論から付加的に受け取る。こうして一切は超人間的・超世界的な起源と存在目的を持つものとして理解される。この世界理解・自己理解は，頭で理解される単なる思想ではなく，実存の受けとめ方として，身をもって生きられるのである。この世界理解・自己理解は，超世界的・超人間的であり，したがって聖であり常に宗教的である。

ところが近代の非宗教的人間は，新しい生のあり方を引き受けた。すなわち人々は超越的なものを拒否し，自然的な人間の状態以外のものを認めないのである。伝統社会の人間と違う近代人の特異性は，自らを純粋に歴史的存在と見なし，非神聖化された世界に生きようとする点にある。

しかしながら，まったくの非宗教的な人間は，最も非聖化された近代社会においてすらまれである。宗教を失ったかのような人間でも，たとえ意識しなくとも，依然として宗教的に生きている。自ら非宗教的と自称する現代人がなお，擬装した神話を信じ儀礼を行う。たとえば新年の行事とか新築祝いは，世俗化しているものの，依然として更新儀礼の構造をもっている。同じことが結婚，子供の誕生，就任，あるいは昇進の祝いなどについても言える。

このように宗教喪失者の大多数は，依然として擬装した宗教に関与している。俗的人間は宗教的人間の末裔であり，したがって彼自身の歴史を抹殺し，彼を現在の彼たらしめた宗教的祖先の生き方を跡形もなく消し去ることはできない。存在の確実性と人生の真理性を必要としない人間はいないのであって，その限り純粋な世俗人というものは一つの抽象であって，現実にはどこにも存在しない。

8.5.4 苦難の神義論——人はいかに苦難に耐えてきたか

　エリアーデの宗教論を解説する上で，ふれないわけに行かないのが苦難の神義論である。苦難の神義論とは，前に言及したように，ヴェーバーの用語であり，エリアーデが使用しているわけではないが，内容はほぼ重なり合う。
　エリアーデはまず次のような問いを立てる。人類はこれまで，自然災害，経済的破綻，政治的破局，軍事的破滅，社会的不正，死別・傷病・貧困・失恋といった個人的不幸など，ありとあらゆる苦難を経験してきた。こうした苦難は不可避であり，人間はそれらに対して無力である。では，人間は，おおかたの場合，絶望もせず自棄にもならず，どのようにして苦難に耐えてきたのであろうか。
　この問いに対しても，エリアーデは宗教史から厖大な例証を挙げる。彼によれば，人類史のいたるところで，人々は苦難の説明を見出そうとしてきた。苦難は偶然によるのではなく，敵の悪意ある呪術行為により，自らの呪術的・宗教的・道徳的過誤により，もしくは至上存在の意志や怒りによって起こる。
　インドでは，カルマの観念が個人の生の現状と苦難とを説明した。それによって，苦難は意義を見出すのみならず，積極的な価値をも獲得する。人間の現世の苦難は，前生での過誤の結果であるから受容すべきであるだけでなく，それを忍ぶことによって負債を解消して来世でのよりよい生を期待しうるがゆえに，歓迎すべきものともなる。
　また古代オリエントでは，人間の苦難はその元型としての神の苦難と結びつけられ，それによって苦難は正常なものとして理解された。神話的ドラマは，苦難が最後のものではなく，最終的にはそれが乗り越えられることを人々に教

える。罪なき者に苦難は与えられるが，最後の勝利によって苦難は乗り越えられる。この理解ゆえに，苦難のうちにも慰めがあり，そして耐え忍ばれるのである。

　古代ユダヤ人は，未来のある時点で一切が最終的な結末を告げるとの希望をもって歴史を耐え忍んだ。歴史上のすべての苦難は，歴史の限界たる終末的救済によって償われる。苦難は栄光への試練として理解される。

　エリアーデに従えば，人々は苦難をわけのわからぬ無意味で偶然のものとは見ず，その原因と理由，意味と目的を見ようとしてきた。それらが発見されない限り，人々は不安になり，苦悩を覚えるのみであった。逆に，原因と理由を見出す場合には，苦難は不条理であることをやめ，意味ある全体的秩序の中に位置づけられ，理解され説明され得るものとなる。確かに苦難そのものは回避も解消もできないものの，その意味を理解するならば，単にそこに心理的慰安を覚えるのみならず，世界を筋の通った意味秩序として理解できるようになる。この時には，人は苦難を必然性のあるものとしてわが身に引き受けられるようになるのである。

8.5.5　評価と問題点

　世界宗教史について，現代で最も浩瀚な書を著したエリアーデではあるが，彼は論証とはいかなることであるかについて，理解を欠いている。次から次へと事例が積み上げられるものの，事例を挙げることは普遍性の証明にはならず，蓋然的傾向を示唆するにとどまる。彼の論証とは，自説を裏づけるのに好都合な事例をかき集めるという手法である。事例などというものは，その気になればいくらでも収集できる。彼には，論証の方法論についての自覚がかなり希薄なのではないかと疑わざるを得ない。

　最も典型的な例を言えば，あたかも全人類が元型を反復していたかのように言われ，おしなべて人間が実在性・真実性・確実性を求めるかのように言われる。「原始人は」「古代人は」「伝統社会では」というように，全称命題が次々に語られる。魅力的な説ではあるが，自己の言説の制約と限界を明示するべきであった。

しかも，現実の事例は無限の解釈可能性に開かれているにもかかわらず，あるいは，解釈の介在しない事実確認などあり得ないにもかかわらず，エリアーデは事例の一解釈可能性を断定的に述べ，彼の議論を例証するものとして示す。しかもその解釈が，使用した二次文献のせいかと思われるが，時としてかなりあやしい。これでは，はじめに彼の構想した類型論ありきという印象をぬぐえない。さまざまな宗教現象の意味を規定している歴史的・社会的文脈を考慮しつくすことなく，それらの表面上の類似がただちに本質の一致であるかのように記述されるのである。

宗教の還元不可能性について

エリアーデに対して昨今頻繁になされている批判は，宗教を独自種（sui generis）として，宗教の還元不可能性を彼が主張する点に向けられている。この種の批判ですでに言われ尽くしていることは，ここに繰り返すことをせず，むしろいまだ指摘されていないことだけを展開しておきたい。

そもそも彼の宗教学の原点には，宗教は「聖顕現」（hierophany）に基づくという考えがある。通常の物事を通じてそこに聖が現れるという意味である。しかし「聖」という性質は，普通に考えれば，人間が主観的に付与するものであって，換言すれば，人々がそう見なすから聖になるのであって，客観的に存在するものではない。ところがエリアーデにとって，それは客観的実在であり，しかも彼が真に言いたいのは，「この世のものならざる実在」，この世のいかなるものとも異質な「まったくの他者」が地上のものの中に現れるという背理なのである（エリアーデ，1976，4頁）。そのような宗教的信念をいだく人がいるという事実を記述するなら理解できる。しかし，問題なのは，いくら読み返してみても，これがエリアーデにとって真理命題であることである。つまり聖顕現は，彼にとって実在する真理なのである。この世のものを超えた超越的実在を前提する，このような学問があり得るわけがない。さきに言及したバルトの見解も学問ではあり得ないが，しかし彼のように自己の見解を神学として位置づけて開き直るなら，少なくとも，特殊な前提の上に立ちつつも首尾一貫した論理としては理解できる。それに対して，エリアーデの聖顕現概念や，そ

れに発する宗教の還元主義理解の批判は，そもそも論理的に成り立たない。前にオットーに関して述べたことと重なるが，読み返しはかえって煩瑣になるので，重複をいとわず指摘しておきたい。

　認識する主体といかなる共通点をも持たないものは認識不可能であるというのは，それ自体として疑う余地のない明晰判明な公理である（スピノザ，1957，第一部公理5。このほか，この段落の論点はキルケゴール（1968）によっている）。エリアーデは大胆にもこの公理をくつがえそうというのである。この世のいかなるものともまったく異質なものが，そもそもどのようにして認知できるというのか。この世のものとまったく異質なるものは，この世のものの中で一見して目立つであろうから，すぐにでも認知されそうなものである。しかし，絶対に異質なるものは，それを識別するよすがとなる目じるしを何一つ帯びてはいないはずである。人間のいかなる認知カテゴリーも当てはまらないはずである。「小さい」「偉大な」「貴重な」「熱い」「黄色い」などといった一切のカテゴリーを受け付けないはずであるし，「存在する」というカテゴリーさえも当てはまらない。したがって聖顕現は，そもそも人間の認知対象にはなり得るはずがないのだ。あるいは，聖顕現において異質のものがあると人間が実際に知るのであれば，人間はそれを異質なものの側から知らされるのでなければならない。これは科学ではなく，まぎれもなく神学である。

　聖の絶対他者性を主張したという点でエリアーデが積極的に評価していたオットーと比較してみると，エリアーデの隠された動機が垣間見える。あきらかにオットーは，キリスト教神学を宗教学という経験科学の装いのもとで展開しようとした。これと平行して，エリアーデは，キリスト教という一宗教の神学ではなく，（なかば無自覚であったにせよ）諸宗教の神学を宗教学・人類学，民俗学などといった経験科学の装いのもとで展開しようとしたのではなかろうか。

エリアーデの還元主義批判の妥当性

　次に，エリアーデは宗教の内在的説明を還元主義だと批判するものの，その批判はひるがえって彼自身にも当てはまると言わざるを得ない。宗教は元型の

反復であり，それは存在への渇望，真理と実在への希求に基づくという見方のどこが，彼の言う「還元主義」でないのであろうか。苦難の存在理由を理解するという宗教的行為によって人間は苦難に耐えてきたという理解のどこが「還元主義」でないのであろうか。これらは宗教の人間学的理解であるし，宗教を実存状況から説明している。

宗教を宗教以外の事柄で説明することが還元主義だとしばしば言われるが，この発言は論理的に意味をなさない。というのは，この発言に従えば，非還元的な説明とは宗教を宗教自体で説明することになる。宗教がいま未知数なのであるから，未知数が未知数で説明されるなら，同語反復になって説明にも何にもなりはしない。「宗教はXである」という命題を語るなら，これが同語反復にならずに意味を持つためには，述語Xは既知の事柄でなければならない。そうであるならば，説明すなわち解き明かすことはすべて，（学問の当然の行為であるにもかかわらず）エリアーデが言う還元になってしまう。エリアーデは自分の言っていることを理解していないと言わざるを得ない。

エリアーデも宗教が社会学，心理学などの対象となる現象でもあることは認めるのであるが，それらは副次的な見方にすぎず，彼の見方こそ宗教の本質的理解だと主張する。しかしこの場合の本質とは，彼にとって最も重要に思えるという評価判断にすぎない。サッカーは，それぞれの人の関心に応じて，国威発揚，金儲け，名誉欲，体の鍛練，娯楽など，さまざまなものが本質となるのと同じである。「ある現象には，これこれしかじかの側面・機能・要素がある。記述終わり」。ある現象について公共的に確認できることは，ここまでなのである。

苦難の神義論の妥当性

最後に，苦難の意味づけという彼の考えについて言及しておく。確かに彼の指摘する通り，人類史においては，人間は歴史上の残酷さ，無情さ，悲劇，苦難，不条理といったものを，それを正当化し意味づける議論を通してながめ，解釈してきた。その意味で，苦難の神義論はかなりの普遍性を持った事実である。しかしエリアーデは，単に事実の確認をしているのではない。彼はむし

ろ，人類史に充満する不条理が何ら意味を持たず，不条理のままにとどまるなどということがあってよいのかという，不条理に対するプロテストを語っている。あるいは不条理からの救済を求める渇望を根底に持っている。おそらくこれが彼の学問的情熱を支えている。

彼と同じプロテストや渇望を多くの人が共有していることは確かである。人間がこの世に生起するすべての現象を，何の意味も必然性もない，ただ生起し存在するだけのものとして受けとめることはない。もしそのようにしか受けとめることができないならば，世界とそこでの現象は，一切が任意のものであり偶然の結果でしかなくなる。偶然の支配するところ，そこには無価値，無目的，無意味しか残らない。思想史の中で偶然性が嫌忌されてきたのには，このように理由がある。存在はするが必然性のないものは，現にあるけれども，必ずなければならないものではない。そのようなものは，なくても不思議のないもの，なくても構わないものである。なくてもよいものは，真に存在する価値のないものである。人間存在をまったくの偶然の所産にしてしまうダーウィニズムが現代にいたってもなお嫌忌される理由の一つは，ここにある。意味と必然性を求めるのは，人間の普遍的な本性と言ってよいであろう。

> キリスト教やイスラームに見られる反ダーウィニズムは，存在の価値を真剣に考えるという点だけを見れば，むしろまともだと言える。自己の存在があってもなくてもよいという認識に甘んずるためには，というより正確に言えば，自己の存在に関するまったくの無反省に甘んずるためには，よほどの精神喪失が必要である。
> ダーウィニズムはすべてを偶然性に帰すという非難に対して，ダーウィニズム自体の側からは反論がなされ，進化論的因果連関が必然的であることが主張される（たとえばドーキンス（2008））。しかし単なる機械的因果の必然性は，ある事態と先行する事態との間の因果連関を示すことはできても，それを無限に遡行することはできないし（つまりどこまで行っても，一つ前の事態との因果連関にしか到達できないし），そもそも因果連関自体の必然性，つまりなぜそのような因果連関があらねばならないのか，なぜ事態は現にあるようであらねばならないのかということは示し得ない。機械的因果連関は，ここで問題となっている意味的・価値的必然性とはまったく異なるものなのである。宗教的反ダーウィニズムのこだわりの源泉は，存在の意味と必然性への希求である。世界と人間とが神の被造物であるという教説は，事物の生成過程に関する客観的事実認識などではなく，世界と人間には存在する目的と意義がある（はずだ，なくてたまるか）という信念なのである。

しかしここで二つの点を指摘しておかねばならない。

一つは，苦難の神義論という思想が，苦難にあって人を支え，苦難から人を立ち直らせるのかという疑問である。エリアーデに従えば，宗教の創造的解釈は知的教授以上のものであって，人間を変え，悟りの効果を生む（エリアーデ，1992a，113頁以下）。しかし人間が現実に立ち向かう態度を変え，生き方を変えるのは，これよりもはるかに複合的な原因の絡まりから起こるのであって，エリアーデは明らかに事態を単純化し，宗教の果たす役割を過大に評価している。

二つ目は，人間が苦難において必ずしも神義論に頼るわけではないということである。避けられない苦難をあるがままに受けとめて耐えるという態度もあり得るし，それはそれで運命を受容する意義深い生き方である。しかもそれを絶望的諦念においてなすのではなく，他者との連帯に支えられてなすというのであれば，望ましい一つの生き方であろう。しかもそれは単に望ましいというのではなく，むしろ人が苦難から立ち直る際の基本的力学だと思われる。神義論によって態度を変え，積極的に生き直す場合にも，根底にあるのはこの力学であろう。

8.6 社会は宗教現象である：エミール・デュルケム

宗教研究の領域で，現在にいたるまで最も精密な議論を提示したのは，デュルケムである。彼の議論を無視して宗教とは何かを語ることはできない。それゆえ彼の見解はほかの研究者以上に詳しく見ていきたい。

宗教に関するデュルケムの主著は，1912年に書かれた『宗教生活の原初形態』（以下『原初形態』と略記）である。『原初形態』は，「オーストラリアのトーテム制度」という副題が示す通り，トーテミズムの研究である。以下ではこの書の内容を忠実にたどりたい。

宗教は表象・信念と行事・儀礼とからなるので，彼は最初に信念を，次に儀礼を論じる。

8.6 社会は宗教現象である：エミール・デュルケム

8.6.1 トーテミズムの信念

記号としてのトーテム

　トーテム宗教の中で最も重要な信念は，むろんトーテムに関するものである。

1）トーテムと氏族

　オーストラリア原住民の社会は，氏族を基本にした社会である。氏族内の個人は相互に親縁関係で結合されていると考えている。しかしこの親縁は，血縁にはよらず，同名であることによる。そしてこの親縁関係には，相互扶助・仇討・服喪・相互間の非結婚などの家族のような義務が伴っている。氏族の名は，何らかの事物の名称であり，各氏族は自分たちとその事物との間には特別な関係があると信じている。この事物がトーテムと呼ばれるものである。

　トーテムに指定されるものは，主に動物であり，植物がこれに次ぐ。雲，月，火など無生物もあるが，まれである。各氏族はそれぞれ固有のトーテムを持ち，同一のトーテムを持てばその氏族の一員である。たとえ地理的に分散していても，同じトーテムを持つ氏族は統一を保持する。多くの場合，子は母のトーテムを自らのトーテムとする。外婚制なので母は夫とは氏族が異なり，夫の地域内に生活するから，同じトーテム氏族は必然的にさまざまな地域に分散する。

　トーテムは集団の名称であるだけではなく，集団を表す記号・紋章である。トーテムは楯，旗，壁面，身につけるもの，身体そのものなど，さまざまな事物に刻まれ，彫られ，描かれる。人々は戸口に剥製のトーテム動物を揚げたり，トーテムが彫られた十数メートルの柱を立てたり，死者を埋葬した地面の上にトーテムを描く。

2）トーテムの聖性

　身体にトーテムの図案を描くのは，氏族が共同生活を営み，共に宗教的祭儀に取りかかるために集合する時であって，日常の経済行為を営んでいる時，すなわち集団が分散して狩猟や漁労に従事している時はこれをしない。また，入信儀礼の者の身体や埋葬する死体にトーテムを描く。これらの事例からも窺え

るように，トーテムは集団の単なる名称でも記号でもない。それは祭儀の一部であり，宗教的特質を持っており，これによって聖と俗とが分類される神聖である。

　トーテムの聖性を祭具チュリンガによって説明しておく。これは木または磨石でできた，主に卵形か長楕円形の祭具で，先端に穴のあるものには紐が通してあって，振り回すとうなりが生ずる。これにはすべてトーテムの図が彫られており，畏敬される。

　チュリンガは聖物であり，未入信者はこれに触れられず，まれに遠くから見ることを許される。また，特別な場所に保管され，未入信者はここに近づけない。俗から隔離され，禁忌によって守られている。しかし，チュリンガは本来ただの物体であり，これを他の凡俗な物体と区別するのは，そこに記されたトーテムである。これの模造品を作っても，トーテム図がなければ祭具として無効であり，畏敬されることもない。祖先の具象だから聖なるものなのだという推測もなされたが，たとえ皆の前で新たに造られても，同様に畏敬されるし，チュリンガと祖霊・精霊との関連を否定する諸部族にあっても，同様に畏敬されることからして，その推測は正しくない。したがって，チュリンガの聖性の起源は，そこに記されたトーテム以外にはない。

トーテム動物と人間

　トーテム記号・画像だけではなく，それが描いているトーテム存在（大半は動植物）そのものも，当然聖性をもつ。摂食は禁止され，しばしば殺すこと（動物の場合），摘むこと（植物の場合）の禁止がこれに加わる。

　トーテム存在そのものに対する禁止とトーテム記号に対する禁止を比べると，後者のほうが前者よりも数が多く，かつ厳格である。しかも記号に対する畏敬のほうが強い。たとえばトーテム動植物は誰でも見たり触れたりできるが，チュリンガはそうではない。祭儀に用いられる最重要な存在はチュリンガで，トーテム動植物は例外的にしか用いられない。要するに，トーテムの表象物はトーテム存在そのものよりも神聖である。

　人間の地位について見てみると，氏族の各成員は，その氏族のトーテムと同

じ名を（たとえば共にカンガルーという名を）有する。名の同一は本性の同一を意味しており，人間は各々のトーテムの動植物と同一視されている。つまり，氏族の各成員もトーテム存在に劣らない聖性を付与されている。

　神話では，両者の間のさまざまな親縁・親和関係が説明される。トーテム動物は人間の祖先であるとか，両者は共通の起源から発生したとか，自分たちの祖先のあるものがトーテム動物に変化したといった神話である。

　以上のことから何が言えるか。トーテム存在と人間との関係は，神と信者の関係ではない。したがって，トーテミズムは動物崇拝・植物崇拝ではない。人間は聖界に属し，トーテム存在とは親子・兄弟関係に比されるような同一次元に立つ。

トーテム原理と力の観念

　トーテミズムの信念はトーテム記号・トーテム動植物・トーテム氏族成員に関わり，そこには聖性のランクがあるものの，三者に共通する聖の原理があり，礼拝はこの共通の原理に向けられている。したがって，トーテミズムは特定の記号の崇拝，特定の動植物の崇拝，特定の人間の崇拝ではなく，これらのいずれとも混同されない非人格的な力の崇拝である。この力の原理が記号・動植物といった目に見える事物として表象されている。それゆえ，トーテムは非感覚的な原理を可視化する物質的形態である。

　この原理の性質であるが，まずそれは物理的な力である。不適切な仕方で接触すれば，病や死といった物理的結果を引き起こす。あるいはトーテム種の繁栄を促す。他方でその力は道徳的である。人々がトーテム儀礼を守るのは，単に物理的力を怖れるからではなく，守るべきだと感じてもいるからである。人々は「〜すべし」という命法に服しているのであり，義務感を抱いている。人々はトーテム原理を怖れるだけではなく，尊敬もしている。同一のトーテム原理のもとにあるすべての存在は，道徳的に結ばれていると見なされている。それゆえこの結合には，援助・保護・仇討など，一定の義務がともなっている。これは道徳的紐帯の特性である。

第8章　宗教の諸理論

トーテムと氏族，すなわち宗教と社会

1）トーテム原理（＝聖性）の源泉

　宗教的な神聖感情を呼び起こすのは，トーテムが人々に与える感覚・印象ではない。トーテムはたいてい，とかげ，青虫，あり，蛙，鮒といった些末なものである。したがって，トーテムはその内的性質のために礼拝対象となるのではない。何が偉大で崇高であり，何が些末で卑小であるかは，文化的に相対的なものではある。しかし，各氏族は同一の部族に属しており，時代と社会と文化とを共有しているのであるから，トーテムがその内的性質のゆえにトーテムとなるのであれば，あるトーテムが複数の氏族の崇拝対象となっていても不思議ではない。しかるに各氏族はそれぞれ唯一のトーテムをもち，トーテムの重複は起こっていない。しかも，もしトーテムが内的性質のゆえに礼拝対象となるのであれば，それは宗教生活の中心に位置したはずである。しかし，最大の聖性をもつものは，トーテムそのものではなく，その記号であった。それゆえ，トーテムは他の何かの象徴であり具体的表現形態なのであって，トーテムの聖性はその何ものかの聖性の反映なのである。それでは，トーテムは何を象徴しているのか。

　一方で，それは氏族という一社会の象徴である。それは各氏族が互いに区別するための印であり，各々のアイデンティティ・マークである。他方で，それはトーテム原理ないしトーテム神の可視化された外的形態である。とすれば，それは同時に神と社会との象徴である。したがって氏族の神つまり聖は，氏族社会そのものであり，氏族がトーテムという可視的形態において神格化されているのである。

2）社会の具象化としての神

　神や聖なる原理は，人間が依存している存在であり，功利的打算を排した形で人間に特定の行動を強いる。社会も人間が依存している存在であり，人間に自らの個人的目的とは異なった行動を強いる。社会的な目的は個人の利害や目的とは異なったところにあり，それゆえ社会は，時には人間の性向や本能に反しさえする行為を人間に課す。

　しかし，宗教が人間に及ぼす拘束力は，物理的というより，道徳的威力であ

8.6 社会は宗教現象である：エミール・デュルケム

り，したがってそれは尊重され敬われてもいる。これは社会の拘束力にも言える。確かにそれは物理的威力でもあるが，同時にそれは通常は道徳的威厳である。盗まないのは，悪いと信ずるからである。この時，拘束力は敬われている。もちろん，社会の拘束力が単なる物理的な力に堕する場合もある（この時には，盗まないのは制裁を恐れるためである）。しかしそれは，宗教が本来の拘束力を失って，単なる物理的力や方便，ただの慣習に堕する場合があるのと同じである。

ところで，宗教の力と社会の力との間に，本性上の共通点が見られるのはどうしてなのか。それは起源が同じだからである。社会の道徳的尊厳であれ，宗教のそれであれ，道徳的尊厳といわれうるものはすべて，社会にしか起因しない。言い換えると，世論こそが尊厳ないし権威の源泉である。世論が一致して尊重するものは，必然的に権威を付与され，聖化されずにはいない。社会ないし世論が個人性を越えた高み，つまり超越性へと人間を高める。あるいは，日常・平凡・凡俗を越えた聖なる領域を作り出す。

共同の情熱に駆り立てられ，共通の信念に賦活される時，人は自分ひとりでは到達不可能な感情と行為の高揚を経験する。政治的党派であれ宗教的党派であれ，共通の情熱を持った人々を接近させ密接な関係におく時，人は平常の水準を越えて高められるが，集合状態を離れて個人個人に分散するとき，人は再び平常の水準にまで落ちる。

人間が個人として存在する時，人は凡庸・平凡・凡俗の水準にとどまる。しかし人間が集合的エネルギーに捉えられ，共通の情熱に動かされる時，人は異常な激昂・興奮へと高められる。その際，生活のこの二形態は，分離された別個の二実在として表象される。すなわち，一方は俗なる世界であり，他方は聖なる世界である。

それゆえ，社会ないし世論が尊厳ないし権威を生み出すのであり，社会が聖なるものを創造するのである。たとえば，社会がある人物の中に，社会を動かして行く力を見出す時，その者は比類なき者として神聖視される。その際，神聖化は，当人の属性によるのではなく，当人が社会を体現しているがゆえになされる。社会全体が動こうとするその方向に一致するからこそ，またその動向を代弁するからこそ，社会はその者を神格化するのであって，そうでない場

合には，その者は非難・嘲笑・無視の対象にしかならない。「神聖視・神格化」というのは比喩的な意味ではない。その者はまさに宗教的な意味で聖別されるのだ。人々はその者とは一定の距離をとり，特別に慎重な方式によってのみ近づきうる。これは，タブーによってその他のものから隔離されるという聖の定義そのものである。ある信念が社会成員全員によって共有されている場合，それに対する批判・否定・抗議などは排斥され，禁止される。そうする者は，冒涜・瀆聖のそしりを免れない。

このように，社会・世論が与える権威・威厳と聖物のそれとは，同じ起源を持ち，同じ要素で保たれ，したがって同じ性質を有するのである。

3）集団沸騰（effervescence collective）

いま述べた聖の生成についての議論は，いわば一般論である。この一般論は，トーテミズム社会において実際どのように観察されるのか。デュルケムは社会生活の二側面に注目する。

オーストラリア氏族社会の生活は，異なる二局面が交互に現れる。一面では，人々は小集団に分散し，狩猟採集，漁労などといった食料の獲得，つまり経済活動に従事する。この時には，社会は分散状態にあり，生活は変化のない沈滞したものとなる。

他方，人々は特定の場所に集合して宗教的祭儀を開く。祭儀という重要な出来事のために諸個人が集合すると，この接近自体が個人を異常な激昂状態へと移す。そこで表明された個人の興奮は，集団へと反射し，それがさらに再び諸個人の意識へと反響して興奮を高める。こうしてあちこちで激しい所作・咆吼・騒音が現出する。ブーメランが打ち鳴らされ，チュリンガが振り回されて興奮はもはや抑制できないほどに猛烈になる。

この場に満ちているのは，人々を全く別種の人間へと変える超日常的力能であり，この力こそ人々を，通常生活しているのとは全く違った特別の世界へと移し入れる。つまり，ここには通常の世界とはっきり区別される異質な世界がある。一方は俗の世界であり，他方は聖なる世界である。宗教的観念が生まれたと思われるのは，このような社会環境における激昂からである。実際，オーストラリア社会では，宗教活動はこうした会合にのみ集中している。オーストラリア人の生活は，このように完全な無気力と過剰な興奮との継起によってす

ごされる。この著しい対照こそが、聖の感覚を噴出させた。

　デュルケムが、このような集合的興奮から宗教的観念が生まれたと主張しても、それはまったくの無から有の生成という意味ではない。人々の単なる物理的な群れからは、こうした熱気は生まれない。興奮を誘うのは、既に統合されている共同体の集合である。では聖観念のもとに結集しうる共同体を可能にするものは、一体何なのか。おそらくそれは、生活様式の一致と、それに基づく人々の類同性と、さらにそれに基づく相互交流の活発さなのであろう。そして祭儀は、すでに存在していた社会統合をその原因とし、社会統合の再確認と強化とをその機能としている。デュルケム宗教論の論理から言えば、現実の宗教は先在していた社会統合の象徴的顕在化であり、社会統合自体は現実の宗教の潜在形態なのである。

4）宗教的実在と宗教的象徴

　宗教の本質は、愚昧な人々の錯覚や妄想ではない。宗教力は、社会の統合力であり、社会の道徳力である。集合意識に動かされる時、個人は自らの限界を越えて高められ、異質で新たな世界に触れる。それは人間にとって自己の外部にあって、自分たちよりも偉大な存在である。要するに、宗教とは社会の具象的表現に他ならない。宗教の内に含まれる付随的・二次的な諸々の誤謬にもかかわらず、宗教が保持されえたのは、まさにこの基本的な真理のゆえである。

　ところで、宗教の本体である社会は、可視的実在ではない。可視的な実在は諸個人のみであって、社会は個人個人を結合させている力であり、諸個人の関係性である。そうした不可視の社会を物質的な形態で表すことは、それを万人に強く感じられうるようにする。象徴の第一の機能はここにある。

　個人の意識は当人の内面にしかなく、他人はこれを窺い知ることができない。しかしそれを表す徴がある時、人々は相互に交流できる。同じように、道徳的に結合し統一された社会を人々が感じ意識するためには、それを外的に表現する徴が要る。たとえば、同じ叫びを発する、同じ歌を歌う、同じ所作を行う、といったことである。こうした徴の同一性・共通性が人々に社会の実在感・一体感を呼び覚ます。徴は多様でありうる。記号や造形・絵画もその一形態であるし、旗であったり、歌や動作であったり、集会・行進であったり、定式文であったり、特定の人物であったりする。トーテムもその一つである。

象徴にはこの他に第二の機能がある。確かに人々は集合状態において社会を強く意識する。しかし集会が解散した後には，社会の意識は持続しえず，次第に色あせて行く。集合時の強い情熱は，群衆が解散すると消失し，個人は自分がなぜそのような熱気へと高められたかを茫然としていぶかる。しかし，集合時の情緒が具体的な事物の中へ表現されるならば，その情緒はそれによって不断に喚起させられ，呼びさまされるようになる。要するに，象徴は，不可視の社会を事物の中に固定化し，それによって社会の意識を絶えず想起させ持続させるのである。

社会の意識，社会の道徳的結合の感情（これが宗教の本質である）は，このように外界のある対象によって表現され，その対象に固着する。この時，その対象は聖なる特性を移し与えられる。その事物自体が自らの属性によって聖なのではなく，あくまでも聖性を与えられるのである。軍旗を敵の手から守るために死ぬ兵士は，布切れのためではなく，祖国のために死ぬ。星条旗を焼かれて憤るアメリカ国民は，神聖なる祖国への侮辱に対して憤激する。そして，オーストラリア社会にとっては，トーテムこそ氏族の旗であり，社会の象徴である。トーテムの聖性はこのように理解できる。

8.6.2 トーテミズムの儀礼

儀礼の機能

本来の聖なる存在＝トーテム原理は，非感覚的な力であり，個々人がそれを信じている限りで実在する。聖なる存在の物質的表出形態であるトーテム記号・トーテム動物も，固有の属性によって聖なのではなく，人々の信念によって聖性を付与されただけである。それゆえ，聖の観念は，人々が集合し，同じ観念・同じ感情を共有して交流する時に最大の強さに達するが，逆に各人が個別の生活へと戻ると，弱まってしまう。

聖観念を再び人々の意識に呼び起こし，活気づけ，更新する唯一の方法は，宗教生活の源泉そのものを，つまり集合状態を再現することである。共同の信仰は，それが生まれてきた源泉そのものの中に再び置かれることによって，再

び賦活させられる。こうして弱まりつつあった聖観念，共同の信仰は回復される。

　さて，儀礼の機能が聖なる存在を再活性化することにあり，そして宗教的聖の実体が社会であるならば，ここから何が言えるであろうか。

　日常の生活で人々の精神を占有しているのは，功利的な個人的配慮である。各人は自らの物質的生活の必要を満たす労働に従事している。こうした経済活動の動機は，私的利害である。もちろん，社会的感情も依然存在してはいるが，それは対立する傾向によって絶えず弱められており，放置すれば時と共に衰微してしまう。これに対して，祭儀の時には，功利的・個人的な配慮は排除される。人々の意識を占有するのは，共通の信念・共通の伝統であり，社会的関心事である。このように，意識の前景にあるのは社会である。

　すると，ここから次のことが帰結する。儀礼の機能は，個人の日常生活の中で弱められた社会という実在を，人々を集合状態の中へ置くことによって周期的に賦活し，再創造することにある。聖観念の活性化は，社会の活性化にほかならない。

儀礼の周期性

　儀礼の顕著な特色は，その周期性である。その理由も機能に関する議論から容易に洞察される。宗教生活の周期性は，社会生活の周期性を反映しており，そこに起因するのである。

　社会は，人々が集合することによって人々の意識の中に刻印され，実在する。しかし生活のためには，人々は常時集合状態の内にとどまることができない。それゆえ社会は，集合し，次に生活のために分散し，再び集合するというリズムを持つ。こうした社会生活の交替に，聖なる時と俗なる時の交替は対応しているのである。

　ところで，儀礼が道徳的な社会結合の再確認と強化であるという理解を直接的に示す儀礼もある。それが記念的儀礼と呼ばれるものである。それは過去を記念するパフォーマンスのみから成り立っている。この儀礼は，氏族の神話的過去を意識のうちに現在化することだけを目的としている。そこでは，集団の

神話が表現され，集団の歴史と道徳を，また集団の世界観・宇宙観が表明される。それゆえこの儀礼は，集団の信念を維持し，集合意識の中核を活性化させることを目的としている。言い換えれば，現在を過去に，ないし伝統に結びつけ，個人を集合体に結びつけることを目的としている。したがって記念的儀礼は，他の儀礼よりもさらにはっきりと儀礼の基本的機能を示している。

8.6.3 全体的評価

社会と理想

　彼の社会論をとりわけ独自なものにしているのは，社会に対して果たす理想の必須の意義である。社会が自らを意識し，その意識を維持するためには，社会は会合し，集中しなければならない。この集合状態は，道徳的生活の高揚，道徳的結合の強化をもたらす。それが理想を生み出す。そこには呼び醒まされた新しい社会が表現される。すでに形成されている社会は，この理想形成によって完成する。これによって社会は自らを維持し，また更新・改変する。

　とすれば，宗教の起源は，デュルケムの考えではどこにあることになるのか。順序を逆にたどると，理想形成に先立って道徳的高揚があり，それは社会成員の集合状態に起因するかのように見える。しかし，これは議論の構成上，いわば仮構のゼロ点から論を起こしているからにすぎない。理想を持たない社会は存在しない，というのが彼の基本的立場であり，『原初形態』によれば，オーストラリア人が集合するのは，そもそも宗教的祭儀のためであった。そしてこれは，理想の再確認と再強化のための場であった。集合に先立って理想は存在し，その表現たる宗教が存在する。理想を共有しない者同士が集まっても，せいぜい無秩序な集団的騒乱が生ずるのみである。こう考えればわかる通り，『原初形態』で言われているプロセスは循環しているのだ。デュルケムにとって，社会の，あるいは宗教の始源・起源は本来問題になりえないのであって，両者ともに所与なのである。

　デュルケムにとって，社会は諸個人の単なる集まりではなく，何よりも，社会が自らについて作る理想によって構成されており，この理想こそ宗教なの

である。価値信念の融合体ではない社会というものは，あり得ない。というより，定義上，社会とは信念共同体以外ではないのである。

それでは，諸個人が利害のみで関わり，経済という要素がすべてを律していて理想も聖性も失ってしまったように見える現代工業社会は，社会として今後どうなるのか。シナリオは三つ考えられる。（ア）理想もなく聖性も持たない経済的利益追求集団，すなわち疑似社会として存続して行く。（イ）現代社会は過渡的状態であり，早晩新たな理想が形成されてくる。（ウ）現代社会にも，見えにくい形ではあるが，理想と聖性がやはり存在する。この三つのシナリオは，世俗化の問題そのものである。それを以下で考える。

社会は宗教現象である

デュルケムは「宗教は社会現象である」という命題から出発し，到達した結論は「社会は宗教現象である」という，当初の命題の主述を逆にした命題である。社会とは，人間たちが単に同じ空間に同時に一緒にいるという状態のことではない。社会が社会でありうるためには，社会は共通の信念を核に人々が結集し，信念を共有することによって統合されているのでなければならない。そして社会が社会として存続するためには，社会はその信念を維持し，強化しなければならない。そのための手段が宗教儀礼である。

デュルケムのこうした社会理解から当然帰結することではあるが，宗教が別の宗教にとって代わられることはあっても，宗教自体が消失することはない。確認の意味を込めて，デュルケム自身の言葉を引用しておく。

> 宗教には，……あらゆる象徴の寿命がつきても，なお残存すべく定められた永遠なものがある。社会にあって，一定の期間ごとに，その統合と人格性とを作っている集合的感情と集合的観念とを，維持し，強固にする欲求を感じないものはあり得ない。……個人たちは密接に結合し，彼らに共通な感情を協同して再確認する。そこから祭儀が発生する。これは……性質上，固有に宗教的な祭儀と異ならない。［一方におけるキリスト教徒やユダヤ教徒の会合と，他方における］新しい道徳的憲章の制定，または国民生活の何かの

第8章　宗教の諸理論

重大事変を記念する市民たちの集会との間に，どんな本質的な差異があろうか。

　伝統的な意味での宗教的な祭儀であれ，（フランス革命祭典のような）社会的な記念式典であれ，両者の間に本質的な差異はない。これは「聖」によって宗教を定義したことから言って，論理的に当然の帰結であった。ここから宗教の未来についてのシナリオも，以下のように描き出される。
　確かに過去の偉大なもの，古い神々は老い，死んだ。しかも，それに代わるものは，生まれていない。だからといって，懐古的に古い記憶をもちだして，人為的に宗教を組織しようとしても徒労に終わる。それは，所詮は以前の過ぎ去った社会を表現する古い信仰だからである。かくして近代は道徳的凡庸の時代ではあるが，これは過渡期であって，永続するわけではない。社会にとって理想は不可欠であり，その限り新たな理想が発露してくる。それを創造する熱狂は，祝祭によって周期的に賦活され，維持されるようになる。
　これがデュルケムの描くシナリオである。彼によれば，経済的システムとしてのみ存在する疑似社会は，論理的にあり得ない。物質的利益を最大化することを唯一の目的とした諸個人からなる社会などというものはあり得ない。そうした目的に基礎づけられたパーソナリティと社会は，最終的には自らの存在意義に関する問いに突き当たってしまい，その前で座礁せざるを得ないからである。またこうした社会観は社会契約説と根を同じうするが，それらが閑却しているのは，契約的なものは非契約的要素を前提とするということである。後者が前者を価値的に是認していない限り，契約的なものは決して成立しない。そして非契約的要素とは，一言で言えば，社会成員同士の人間的な信頼と共感なのである。ここで詳述はできないが，彼の『社会学講義』のほぼ全篇がこのことの論証である。
　以上のようなデュルケムの見解に対して，二点ほどコメントしておきたい。
　まず，宗教学の観点から言うと，伝統的な宗教的祭儀と，社会意識を改めて確認させられる記念式典との間には，本当に本質的な差異はないのであろうか。確かにどちらも神聖視される価値を中心とする儀式であり，聖地・聖日・聖典・聖人などの点でも相互にほぼ対応するものを持つであろう（たとえばア

8.6 社会は宗教現象である：エミール・デュルケム

メリカ社会そのものを神聖視するようなアメリカの市民宗教で言えば，アーリントン墓地，独立記念日，独立宣言，リンカンなどである）。その意味では，厳密に考えた宗教の定義から考えるならば，両者の間に明確な一線を画するのはむつかしい。しかしどのような言葉もその現実の使用を無視することはできないのであって，一般的な語感からすれば，権威を付与された社会意識は，宗教と機能上等価だからといっても，一般の人々は，それを純粋に宗教現象と見ることには抵抗を覚えるであろう。限りなく宗教に近いグレーゾーンにある世俗的現象と受け取るのが，常識的な受けとめ方であろう。だからこそ，世俗的ナショナリズムは，宗教にきわめて相似していながら，やはり「世俗的」という形容詞を付されるのである。オリンピックやサッカー・ワールドカップに見られるナショナリズムの極度の高揚は，聖なる共同体の意識を核とした熱狂現象である。こうした現象を「宗教のようだ」「祭儀のようだ」と思う人はいても，宗教そのものだと考える人はいまい。健全な常識であると思う。

次に，社会学の観点から言うと，社会から価値共同体の性格が完全に消失することはあり得ないとしても，単一の価値信念が全体社会を覆うようにして統合することも，もはやあり得ないのではないかと思われる。デュルケム自身は国家と個人との間をつなぐ存在として職業組合に社会の紐帯となる機能を期待していた。しかしはっきりしたのは，それが夢想にすぎなかったということである。国民国家というあり方が存続するのであれ，EUのような超国家的共同体が今後ますますはっきりした姿を現すのであれ，疑いがないのは，天蓋のように社会全体を覆う価値観が社会を統合することはもはやなく，社会全体の内部が細分化され，それぞれが一つの価値共同体となっていく多元主義の進展である（この未来のシナリオの最も説得的な議論は，バーガー／バーガー／ケルナー（1980年）である）。

社会還元主義という批判

デュルケムに対しては，宗教をすべて社会意識や社会統合に還元しているという社会還元論的非難が向けられるが，これは適切ではない。そもそも，還元主義とは，ある現象を別の単一の現実の現れであると説明することである。そ

れゆえ「ある現象は，ある側面から見るとAであり，ある面から見るとBであり，さらに別の面から見るとCであり，さらに……」という説明は，何ら還元主義ではない。学問的解明というものは，研究対象を主語として，既知の述語を当てはめることである。それゆえ，「宗教は社会的抑圧に対する心理的補償以外ではない」と言えば，宗教をそれ以外の単一の現象に還元していることになる。しかし，デュルケムの宗教論は，宗教をそれ以外の単一の現象に還元などしていない。そもそも，彼の宗教論に対しては，社会統合への還元論であるとか集団心理学への還元であるといった別種の還元主義批判がなされていること自体，すでに還元主義批判が成り立たないことを示唆している。

　1912年の『宗教生活の原初形態』に先立って，1906年には甥のマルセル・モースが理論の基本においてほぼ重なり合う「エスキモー社会」を公刊しているが（言うまでもなく，デュルケムの指導の下にである），この論文でモースは，エスキモーの社会生活と宗教生活を説明するために，地理的・気象的・物質的・技術的要因のほかに，社会の観念構造，社会構造，生活物資の獲得様式，家屋の建築様式，人々の分布・集合・離散などを考慮し，しかもそれらを相互作用する全体と考えていた。このことは，そのままデュルケムにもほぼ当てはまる。デュルケムにあっては，宗教に関して作用していると思われるあらゆる要素が検討されている。

　彼の説明が多面的であることを示す象徴的な例を二つだけあげておく。

　まず，彼の儀礼論は，儀礼は社会意識を再確認し強化するという，社会統合機能から説明されている。しかし儀礼は，このほか種々の側面からも考察されている。彼が「儀礼の娯楽的性格」として指摘していることを見てみたい。当初，儀礼は集合した信徒の興奮・沸騰状態のなかで営まれるが，ひとたび儀礼の本来の目的を達しさえすれば，興奮は自由な領域へと解放されて，さまざまな遊戯へと拡がって行く。この時には，儀礼の実演は劇的となり，演劇と同じ過程と同じ目的を持つようになる。それは人々を空想の世界へ移し，現実を忘れさせ，憂さを晴らしてくれる。実際，参加者は公然と笑い興ずるのである。こうして儀礼は一種の娯楽となる。したがって，デュルケムによれば，儀礼のありとあらゆる所作すべてに，明白な目的と一定の存在理由を確定しなければならないとか，確定できると考えるのは誤りなのである。信徒が跳び回り，踊

8.6 社会は宗教現象である：エミール・デュルケム

り，歌い，演技するとき，それが他の何かに常に役立っているとは限らない。それらは，喜びのために楽しいからやっているにすぎない，つまり自己目的かも知れないのだ。これは祭儀において無視できない要素である。以上もデュルケムの儀礼理解であり，どこを見て社会還元主義という非難を向けているのか，まるで理解できない。

次に，トーテミズムにおいて動植物が象徴として選ばれた理由を，デュルケムがどのように解釈していたかを見てみたい。

聖なる象徴は，その内的属性のゆえに聖となるのではない。それゆえ，論理的には，あらゆる事物が象徴となりうるのであって，それになりえないものは存在しない。とはいえ，象徴は全く任意の選択によるのではなく，人々が生活の中で最も親しく最も直接的に関係していたものから選ばれる。氏族の神聖な集会が行われるトーテム・センターは，その氏族のトーテムが頻繁に見られる山・泉などの付近に位置している。したがって，氏族は平素集合する場所の付近にもっとも繁殖していた動植物を自分たちの標章としたのであろう。これがデュルケムの解釈である。この解釈のどこが社会還元論なのか理解に苦しむ。

　この点に関連して，ウィトゲンシュタインが相似する議論を展開しているので紹介しておく。

　いかなる現象もそれ自体としては特に神秘的なものではなく，いかなる現象もわれわれにとって神秘的になり得る。（ウィトゲンシュタイン，1984b, 401-402頁）
　特定の人種がオークの木を崇拝するのはなぜかということに関しては，これほど理由にならない理由はあり得ない。つまり，そもそも何らの理由もあり得たわけではないのであって，それは単に，その人種とオークの木が生活共同体の中で結びつけられていたというだけのことであり，したがって，それも選択からではなく，蚤と犬の場合のように，お互いにそうなったのである。（同409頁）

還元主義批判との関連で，彼の宗教研究では，人類史の中で宗教現象として知られているものの多くが等閑にふされ，取り上げられることがないという批判もしばしばなされてきた。彼の学説では，現に見られる宗教の全要素が顧慮・検討されていないことは確かであるが，それは，そもそも彼の研究が宗教の最も基本的形態と考えられたトーテミズムに限定した研究だからである。だいいち，宗教の全要素・全側面が顧慮・検討されている研究など，見たことも

ない。

　もし宗教現象を「人間に対する超越の働きかけとして生ずる現象である」とか「内在物における超越の顕現である」とのみ規定し説明するなら、これは単一の説明なのであるから、定義から言って還元主義と見なさざるを得ない。しかしこの種の説明が還元主義であると言われて非難されることは、まずない。それに対して、超越性を解消して人間的・社会的現象として説明することは、その説明がいかに多元的であろうとも、還元主義だと非難される。

　これは推測ではあるが、デュルケムの宗教研究を還元主義だと非難する人は、おそらく特定の宗教的立場からそうしているのではないかと思われる。非難者は超越的宗教性が否定されるのを甘受できないというだけの話ではなかろうか。すなわち、宗教を単なる内在的現象として説明すること自体に心理的・生理的抵抗を覚えているのであろう。しかしながら、宗教をこの世の何らかの現実と関わらせて説明することを還元主義と呼ぶならば、そのような非難をする者こそ超越主義とか神秘主義と呼んでしかるべきである。それはもはや学問ではない。デュルケムは、宗教を人間生活全体との連関のうちに見る。それを反映論だと言うなら、宗教を世界の他のいかなるものとも関連しない孤立した現実だと見なすことになる。しかしこの世にあるもので、他と関連しないものは何もないのである。

参考文献一覧

　以下の文献は，本書執筆に際して参考にしたものであるが，一般読者が自らも理解を深め理解の幅を広げようとする際に手助けとなるものに限定している。したがって，あまりにも専門的な研究書は省き，同じ理由から外国語の書籍もかなりのものを省略した。ただし，専門的ではあっても，内容的にも表現の上でも依拠した文献は収録した。ある程度類別しておいたほうが親切と考えたが，当然，一冊の本が複数の類にまたがることはある。最も関係が深い類に分類した。なお，年号は初版の出版年ではなく，使用した版の刊行年である。

宗教学全般の概説・研究書

池上良正／小田淑子／島薗進／末木文美士／関一敏／鶴岡賀雄編『岩波講座宗教』全10巻，2004年。
石井研二『プレステップ宗教学』弘文堂，2010年。
岸本英夫『宗教學』大明堂，1976年。
蔵原惟人『宗教　その起源と役割』新日本出版社，1978年。
島薗進／葛西賢太／福嶋信吉／藤原聖子『宗教学キーワード』有斐閣，2006年。
関一敏／大塚和夫『宗教人類学入門』弘文堂，2004年。
田川建三『宗教とは何か』大和書房，1984年。
田丸徳善／脇本平也／井門富士夫／藤田富雄／柳川啓一編『講座宗教学』全5巻，1977-1978年。
棚次正和／山中弘編著『宗教学入門』ミネルヴァ書房，2005年。
マーク・テイラー『宗教学必須用語22』刀水書房，2008年。
中村圭志『信じない人のための宗教講義』みすず書房，2007年。
細谷昌志／藤田正勝編『新しい教養のすすめ　宗教学』昭和堂，1999年。

参考文献一覧

三木紀人／山形孝夫『宗教のキーワード集』學燈社，2005年。
グスタフ・メンシング『宗教とは何か』法政大学出版局，1983年。
柳川啓一『祭りと儀礼の宗教学』筑摩書房，1987年。
―――『宗教学とは何か』法藏館，1989年。
―――『セミナー宗教学講義』法藏館，1991年。
吉田匡興／石井美保／花渕馨也編『宗教の人類学』春風社，2010年。
ギュンター・ランツコフスキー『宗教学入門』東海大学出版局，1983年。
脇本平也『宗教学入門』講談社，1997年。

個別宗教の概説・研究書

荒木美智雄／田丸徳善総監修『図説世界の宗教大事典』ぎょうせい，2007年。
ミルチア・エリアーデ『世界宗教史』全4巻，筑摩書房，1998年。
『シリーズ世界の宗教』全12巻，青土社，1994-2004年。
ニニアン・スマート編『ビジュアル版世界宗教地図』東洋書林，2003年。
『21世紀をひらく世界の宗教』全9巻，春秋社，2004-2007年。
S・G・F・ブランドン『神の観念史』平凡社，1987年。

キリスト教・ユダヤ教

アウグスチヌス『告白 世界の大思想』河出書房，1967年。
赤木善光『宗教改革者の聖餐論』教文館，2005年。
荒井献編『新約聖書外典』講談社，1997年。
市川裕『ユダヤ教の歴史』山川出版社，2009年。
ローレンス・カニンガム『聖人崇拝』教文館，2007年。
セーレン・キルケゴール『キルケゴール 世界の名著』中央公論社，1968年。
マイケル・コリンズ／マシュー・プライス『キリスト教の歴史』BL出版，2001年。
ポール・ジョンソン『キリスト教の2000年』共同通信社，1999年。
ブレーズ・パスカル『世界の名著・パスカル』中央公論社，1968年。
水垣渉／小高毅『キリスト論論争史』日本キリスト教団出版局，2003年。
渡辺信夫『古代教会の信仰告白』新教出版社，2002年。

仏教・インド・日本ほか

伊藤聡『神道とは何か』中央公論新社，2012年。
小澤浩『民衆宗教と国家神道』山川出版社，2004年。
加地伸行『沈黙の宗教 儒教』筑摩書房，2001年。
窪徳忠『道教の神々』講談社，1996年。

桜井徳太郎『日本民俗宗教論』春秋社，1982年。
鈴木範久『日本宗教史物語』聖公会出版，2001年。
高崎直道『仏教入門』東京大学出版会，2010年。
土田健次郎『儒教入門』東京大学出版会，2011年。
中島岳志『ヒンドゥー・ナショナリズム』中央公論新社，2002年。
中村元『インド思想史』岩波書店，1969年。
中村元／三枝充悳『バウッダ［佛教］』講談社，2009年。
『パーリ仏典・中部・中分五十経篇I』大蔵出版，1997年。
藤井正雄監修『釈尊祖師高僧活用大事典』四季社，2000年。
仏教説話文学全集刊行会編『仏教説話文学全集』第5巻，隆文館，1976年。
宮家準『日本の民俗宗教』講談社，1995年。
村上重良『日本宗教事典』講談社，1979年。
山野上純夫／横山真佳／田原由紀雄『仏教宗派の常識』朱鷺書房，1993年。
マドゥ・バザーズ・ワング『仏教』青土社，2004年。

イスラーム

飯塚正人『現代イスラーム思想の源流』山川出版社，2009年。
石井光太『神の捨てた裸体　イスラームの夜を歩く』新潮社，2010年。
『イスラームとは何か』藤原書店，2002年。
菊地達也『イスラーム教「異端」と「正統」の思想史』講談社，2009年。
後藤明／山内昌幸編『イスラームとは何か』新書館，2003年。
塩尻和子／池田美佐子『イスラームの生活を知る事典』東京堂出版，2004年。
中村廣治郎『イスラム教入門』岩波書店，1998年。
21世紀研究会編『イスラームの世界地図』文藝春秋，2002年。
森茂男『イランとイスラム』春風社，2010年。
ポール・ランディ『イスラーム』ネコ・パブリッシング，2004年。
バーナード・ルイス『イスラーム世界の二千年』草思社，2001年。

宗教概念批判

タラル・アサド『宗教の系譜』岩波書店，2004年。
磯前順一『近代日本の宗教言説とその系譜』岩波書店，2003年。
磯前順一／タラル・アサド編『宗教を語りなおす』みすず書房，2006年。
エドワード・サイード『オリエンタリズム』平凡社，2003-2004年。
島薗進／鶴岡賀雄『宗教再考』ぺりかん社，2004年。
中田考「宗教学とイスラーム研究」『宗教研究』341号，2004年。
深澤英隆『啓蒙と理性』岩波書店，2006年。
藤原聖子『「聖」概念と近代』大正大学出版会，2005年。
ラッセル・マッカチオン「「宗教」カテゴリーをめぐる近年の議論」『現代思想』

28-29，青土社，2000年．
三中信宏『分類思考の世界』講談社，2009年．
山鳥重『ヒトはなぜことばを使えるか』講談社，1998年．
────『脳からみた心』日本放送出版協会，2004年．
────『知・情・意の神経心理学』青灯社，2008年．
────『「わかる」とはどういうことか』筑摩書房，2009年．

近代世界と宗教・世俗化

ジル・ケペル『宗教の復讐』晶文社，1992年．
オーギュスト・コント『コント／スペンサー　世界の名著』中央公論社，1987年．
サン・シモン『オウエン／サン・シモン／フーリエ　世界の名著』中央公論社，1980年．
エマニュエル・トッド／ユセフ・クルバージュ『文明の接近』藤原書店，2008年．
カーレル・ドベラーレ『宗教のダイナミックス』ヨルダン社，1992年．
フランクリン・バウマー『近現代ヨーロッパの思想』大修館書店，1994年．
フランシス・フクヤマ『大崩壊の時代』早川書房，2000年．
村上陽一郎『近代科学と聖俗革命』新曜社，1992年．

政治の中の宗教・市民宗教

井門富士夫編『アメリカの宗教』弘文堂，1992年．
押村高『国際正義の論理』講談社，2008年．
塩川伸明『民族とネイション』岩波書店，2008年．
立川孝一『フランス革命』中央公論社，1989年．
坪内隆彦『キリスト教原理主義のアメリカ』亜紀書房，1997年．
アレクシス・トクヴィル『アメリカの民主政治』講談社，1995年．
蓮見博昭『宗教に揺れるアメリカ』日本評論社，2002年．
リチャード・ビラード／ロバート・リンダー『アメリカの市民宗教と大統領』麗澤大学出版会，2003年．
古矢旬『アメリカニズム』東京大学出版会，2002年．
ロバート・ベラー「アメリカの市民宗教」『社会変革と宗教倫理』未来社，1976年．
堀内一史『アメリカと宗教』中央公論新社，2010年．
森孝一『宗教から読む「アメリカ」』講談社，1996年．
マーク・ユルゲンスマイヤー『ナショナリズムの世俗性と宗教性』玉川大学出版部，1995年．
ジャン・ジャック・ルソー『社会契約論』岩波書店，1988年．

参考文献一覧

ヴェーバー

安藤英治『マックス・ウェーバー』講談社，1986年。
安藤英治編『プロテスタンティズムの倫理と資本主義の精神』有斐閣，1977年。
マックス・ヴェーバー『宗教社会学』創文社，1976年a。
────『宗教社会学論選』みすず書房，1976年b。
────『儒教と道教』創文社，1980年。
────『支配の諸類型』創文社，1981年。
────『支配の社会学Ⅰ・Ⅱ』創文社，1981年。
────『社会学の基礎概念』恒星社厚生閣，1987年。
────『プロテスタンティズムの倫理と資本主義の精神』岩波書店，1989年。
────『理解社会学のカテゴリー』岩波書店，1992年。
────『古代ユダヤ教』岩波書店，1998-1999年。
────『職業としての学問』プレジデント社，2009年。
白井暢明「マックス・ヴェーバーにおける合理性の概念」『旭川工業高等専門学校研究報文』第14号，1977年。
住谷一彦『マックス・ヴェーバー』日本放送出版協会，1984年。
徳永恂編『マックス・ウェーバー』有斐閣，1979年。
向井守／石尾芳久／筒井清忠／居安正『ウェーバー 支配の社会学』有斐閣，1979年。
横田理博『ウェーバーの倫理思想』未来社，2011年。

行動経済学

ダン・アリエリー『予想どおりに不合理』早川書房，2009年。
ダニエル・カーネマン『ダニエル・カーネマン 心理と経済を語る』楽工社，2011年。
リチャード・セイラー／キャス・サンスティーン『実践行動経済学』日経BP社，2009年。
多田洋介『行動経済学入門』日本経済新聞出版社，2008年。
友野典男『行動経済学』光文社，2009年。
マッテオ・モッテルリーニ『経済は感情で動く』紀伊國屋書店，2008年。

疑似科学・錯覚の心理学

安斎育郎『科学と非科学の間』かもがわ出版，2009年。
池内了『疑似科学入門』岩波書店，2008年。
板倉聖宣『迷信と科学』仮説社，2007年。
トマス・ギロビッチ『人間この信じやすきもの』新曜社，2009年。
マイクル・シャーマー『なぜ人はニセ科学を信じるのか』早川書房，2003年。

参考文献一覧

鈴木光太郎『オオカミ少女はいなかった』新曜社，2008年。
クリストファー・チャブリス／ダニエル・シモンズ『錯覚の科学』文藝春秋，2011年。

フェスティンガー

レオン・フェスティンガー『認知的不協和の理論』誠信書房，1982年。
レオン・フェスティンガー／ヘンリー・W・リーケン／スタンレー・シャクター『予言がはずれるとき』勁草書房，1995年。

ウィトゲンシュタイン

ルートヴィヒ・ウィトゲンシュタイン「確実性の問題」『ウィトゲンシュタイン全集9』大修館書店，1977年。
―――「美学，心理学および宗教的信念についての講義と会話」『同全集10』大修館書店，1977年。
―――『哲学探究』『同全集8』大修館書店，1984a年。
―――「フレーザー『金枝篇』について」『同全集6』大修館書店，1984年b。
―――『反哲学的断章』青土社，1985年。
鬼界彰夫『ウィトゲンシュタインはこう考えた』講談社，2003年。
イルゼ・ゾマヴィラ編『ウィトゲンシュタイン哲学宗教日記』講談社，2005年。
ブライアン・マクギネス『ウィトゲンシュタイン評伝』法政大学出版局，1994年。
トマス・モラウェッツ『ウィトゲンシュタインと知』産業図書，1983年。

バルト

カール・バルト『教会教義学　神の言葉Ⅱ/2』新教出版社，1976年。
―――『カール・バルト著作集14・ローマ書』新教出版社，1979年。

現象学，シュッツ，ルックマン，バーガー

木田元『現象学』岩波書店，1976年。
アルフレッド・シュッツ『現象学的社会学』紀伊國屋書店，1980年。
―――『現象学的社会学の応用』御茶の水書房，1982年。
―――『社会的現実の問題』マルジュ社，第1巻1983年，第2巻1985年。
―――『社会的世界の意味構成』木鐸社，1988年。
ピーター・バーガー『聖なる天蓋』新曜社，1979年。

―――『社会学への招待』思索社，1981年。
―――『天使のうわさ』ヨルダン社，1982年。
―――『社会学再考』新曜社，1987年。
―――『異端の時代』新曜社，1987年。
バーガー／ケルナー『故郷喪失者たち』新曜社，1980年。
バーガー／ザイデルフェルト『懐疑を讃えて』新曜社，2012年。
バーガー／ルックマン『日常世界の構成（改題・現実の社会的構成）』新曜社，1977年。
P・バーガー／B・バーガー『バーガー社会学』学習研究社，1979年。
エドムント・フッサール『ヨーロッパ諸学の危機と超越論的現象学』中央公論社，1974年。
山口節郎『社会と意味』勁草書房，1982年。
トーマス・ルックマン『見えない宗教』ヨルダン社，1976年。
―――『現象学と宗教社会学』ヨルダン社，1989年。

エリアーデ

ミルチャ・エリアーデ『永遠回帰の神話』未来社，1975年。
―――『大地・農耕・女性』未来社，1975年。
―――『聖と俗』法政大学出版局，1976年。
―――『宗教の歴史と意味』せりか書房，1992年 a。
―――『神話と現実』せりか書房，1992年。
―――『神話と夢想と秘儀』国文社，1994年。
奥山倫明『エリアーデ宗教学の展開』刀水書房，2000年。
東馬場郁生「宗教研究における還元の問題」『宗教研究』352号，2007年。

デュルケム

エミール・デュルケム『社会学講義』みすず書房，1974年。
―――『宗教生活の原初形態』岩波書店，1976年。
―――『社会主義およびサン―シモン』恒星社厚閣，1977年。
―――『道徳教育論1・2』明治図書，1979年。
―――『社会分業論』青木書店，1980年 a。
―――『社会学的方法の規準』岩波書店，1980年。
―――『デュルケーム宗教社会学論集』行路社，1983年。
―――『社会学と哲学』恒星社厚生閣，1985年。
―――『自殺論』中央公論新社，1995年。
内藤完爾『フランス社会学断章』恒星社厚生閣，1985年。
―――『フランス社会学史研究』恒星社厚生閣，1988年。
―――『デュルケムの社会学』恒星社厚生閣，1993年。

参考文献一覧

夏刈康男『社会学者の誕生』恒星社厚生閣，1996 年。
古川敦『デュルケムによる教育の歴史社会学』行路社，1996 年。
古野清人『古野清人著作集 7』三一書房，1972 年。
宮島喬『デュルケム社会理論の研究』東京大学出版会，1981 年。
───「デュルケム社会理論における宗教の位置」『思想』679 号，岩波書店，1981 年。
───『自殺論』有斐閣，1984 年。
───『デュルケム理論と現代』東京大学出版会，1987 年。
マルセル・モース『エスキモー社会』未来社，1981 年。
山崎亮『デュルケーム宗教社会学の研究』未来社，2001 年。

その他

上野千鶴子『構造主義の冒険』勁草書房，1985 年。
内村鑑三『余は如何にして基督信徒となりし乎』岩波書店，1958 年。
ダニエル・エヴェレット『ピダハン』みすず書房，2012 年。
ルードルフ・オットー『聖なるもの』岩波書店，1968 年。
神田千里『宗教で読む戦国時代』講談社，2010 年。
アンソニー・ギデンズ『社会学　改訂新版』而立書房，1997 年。
ダグラス・コーワン／デイヴィッド・ブロムリー『カルトと新宗教』キリスト新聞社，2010 年。
ウィリアム・ジェイムズ『宗教的経験の諸相』岩波書店，1969-1970 年。
ベネディクトゥス・デ・スピノザ『エチカ』岩波書店，上 1975 年，下 1973 年。
W・ロバートソン・スミス『セム族の宗教』岩波書店，1985 年。
ジョルジュ・ソレル『暴力論』岩波書店，1976 年。
エドワード・タイラー『原始文化』誠信書房，1962 年。
竹下節子『無神論』中央公論新社，2010 年。
ヴィクター・ターナー『儀礼の過程』思索社，1982 年。
───『象徴と社会』紀伊國屋書店，1985 年。
スタンレー・タンバイア『呪術・科学・宗教』思文閣出版，1996 年。
パウル・ティリッヒ『組織神学』第 1 巻 1990 年，第 2 巻 1969 年，第 3 巻 1984 年。
ダニエル・デネット『解明される宗教』青土社，2010 年。
アーノルド・トインビー『歴史の研究』中央公論社，1967 年。
リチャード・ドーキンス『神は妄想である』早川書房，2008 年。
フリードリヒ・ニーチェ『この人を見よ』岩波書店，1969 年。
サミュエル・ハンチントン『文明の衝突』集英社，1998 年。
アドルフ・ヒトラー『わが闘争』角川書店，1977 年。
藤原聖子『現代アメリカ宗教地図』平凡社，2009 年。
エヴァンズ＝プリチャード『アザンデ人の世界』みすず書房，2001 年。
ジェームズ・フレーザー『金枝篇』岩波書店，1966-1967 年。

ジークムント・フロイト「トーテムとタブー」「ある幻想の未来」「文化への不満」、いずれも『フロイト著作集3　文化・芸術論』人文書院、1978年。
マーチン・ペイジ『野蛮会社』平安株式会社、1975年。
アーノルド・ファン・ヘネップ『通過儀礼』弘文堂、1977年。
アンリ・ベルクソン『道徳と宗教の二源泉』岩波書店、1980年。
ニコライ・ベルヂァエフ『マルクス主義と宗教』慶友社、1951年。
イザヤ・ベンダサン『日本教について』文藝春秋、1975年。
アーサー・ホカート『王権』人文書院、1990年。
エリック・ホッファー『大衆運動』紀伊國屋書店、2012年。
カール・ポパー『開かれた社会とその敵』未來社、1980年。
ブロニスラウ・マリノフスキー『呪術・科学・宗教・神話』人文書院、1997年。
カール・マルクス『ルイ・ボナパルトのブリュメール十八日』岩波書店、1954年。
―――『ユダヤ人問題によせて／ヘーゲル法哲学批判序説』岩波書店、1974年。
マルクス／エンゲルス／レーニン『宗教論』青木書店、1976年。
ロバート・マレット『宗教と呪術』誠信書房、1964年。
文部省調査局宗務課『宗教の定義をめぐる諸問題』同課、1961年。
エドマンド・リーチ『文化とコミュニケーション』紀伊國屋書店、
ルシアン・レヴィ＝ブリュル『未開社会の思惟』岩波書店、1953年。
アルフレート・ローゼンベルク『二十世紀の神話』三笠書房、1938年。

Karl Barth, *Theologische Fragen und Antworten*, Evangelischer Verlag, 1957.
Peter Berger (ed.), *The Desecularization of the World*, W. B. Eerdmans Publishing Co., 1999.
Buddhist Legends, Harvard University Press, 1921.
Brian Clark, *Wittgenstein, Frazer and Religion*, Macmillan, 1999.
Volker Drehsen, *Der Sozialwert der Religion*, Walter de Gruyter, 2009.
Emil Durkheim, *Textes: Religion, morales, anomie*, Les Éditions de minuit, 1975.
John Hinnells (ed.), *The Routledge Companion to the Study of Religion*, Routledge, 2010.
James Hunter & Stephen Ainlay (ed.), *Making Sense of Modern Times: Peter Berger and the Vision of Interpretive Sociology*, Routledge, 1986.
William Lessa & Evon Vogt (ed.), *Reader in Comparative Religion*, Harper Collins, 1979.
Steven Lukes, *Emil Durkheim*, Stanford University Press, 1985.
Alister McGrath & Joanna Collicutt McGrath, *The Dawkins Delusion*, Society for Promoting Christian Knowledge, 2007.
Daniel Pals, *Seven Theories of Religion*, Oxford University Press, 1996.
W.S.F. Pickering, *Durkheim's Sociology of Religion*, Routledge, 1984.
W.S.F. Pickering (ed.), *Durkheim on Religion*, Routledge, 1975.
Alfred Schütz, *Strukturen der Lebenswelt*, UVK Verlagsgesellschaft mbH, 2003.

参考文献一覧

Robert Segal (ed.), *The Blackwell Companion to the Study of Religion*, Blackwell, 2008.

Richard Steigmann-Gall, *The Holy Reich: Nati Conceptions of Christianity, 1919-1945*, Cambridge University Press, 2003.

Bryan Turner (ed.), *The New Blackwell Companion to the Sociology of Religion*, Blackwell, 2010.

Phil Zuckerman, *Invitation to the Sociology of Religion*, Routledge, 2003.

人名索引

ア 行

アインシュタイン，アルベルト（Albert Einstein） 91, 109-111
アウグスティヌス（Aurelius Augustinus） 125
アサド，タラル（Talal Asad） 49, 129
アマン，ヤーコプ（Jacob Amman） 123
アリエリー，ダン（Dan Ariely） 91
アリストテレス（Aristoteles） 64, 135
イエス（キリスト） 17, 18, 20, 28, 75, 105, 124, 125, 138, 145, 175, 186
池内了 97, 98
磯前順一 49, 51-53, 129
伊藤聡 15
ウァレンティヌス 18
ウィトゲンシュタイン（Ludwig Wittgenstein） 26, 27, 67, 87, 106, 108, 141, 180-183, 185-189, 227
ウェスリ，ジョン（John Wesley） 143
ヴェーバー，マクス（Max Weber） 13, 24, 41, 99, 102, 103, 105, 127, 129, 134, 139, 142, 143, 147-149, 166, 206
上廣哲彦 79
内村鑑三 83, 118
エヴァンズ＝プリチャード，エドワード（Edward Evans-Pritchard） 155, 163
エヴェレット，ダニエル（Everett Daniel） 5
エリアーデ，ミルチャ（Mircea Eliade） 64, 72, 73, 148, 149, 153, 203, 204, 206-210, 212
オットー，ルードルフ（Rudolf Otto） 126, 127, 129, 209

カ 行

カーネマン，ダニエル（Daniel Kahneman） 91
カルヴァン，ジャン（Jean Calvin） 139
神田千里 53
カント，イマヌエル（Immanuel Kant） 68
岸本英夫 37
ギデンズ，アンソニー（Anthony Giddens） 89
キルケゴール（Kierkegaard） 209
ギロビッチ，トマス（Thomas Gilovich） 97
久保田浩 129
蔵原惟人 107, 108
クリントン，ビル（Bill Clinton） 165
グレアム，ビリー（Billy Graham） 165
ケネディ，ジョン（John Fitzgerald Kennedy） 76
ケルナー，ハンス（Hans Kellner） 225

人名索引

ゴフマン，アーヴィング（Erving Goffman）146
ゴーラー，ジェフリー（Geoffrey Gorer）162
コント，オーギュスト（Auguste Comte）5

サ 行

サイード，エドワード（Edward Said）49
三枝充悳 53
サン＝シモン，クロード（Claude Henri Saint-Simon）5
サンスティーン，キャス（Cass Sunstein）91
ジェイムズ，ウィリアム（William James）124, 126
ジェファーソン，トーマス（Thomas Jefferson）76
塩川伸明 76
島薗進 49
シモンズ，ダニエル（Daniel Simons）97
シャーマー，マイケル（Michael Shermer）97, 110
シュッツ，アルフレッド（Alfred Schutz）134, 153, 196, 202
白井暢明 99
鈴木光太郎 95-97
スピノザ（Benedictus De Spinoza）209
スミス，ロバートソン（Robertson Smith）117
セイラー，リチャード（Richard Thaler）91
セーガン，カール（Carl Sagan）108, 110, 111
ソレル，ジョルジュ（Georges Sorel）73, 109

タ 行

タイラー，エドワード（Edward Tylor）6, 13, 116
ダーウィン，チャールズ（Charles Darwin）91
竹下節子 75

多田洋介 91
立川孝一 75
ターナー，ヴィクター（Victor Turner）150, 152, 153
チャブリス，クリストファー（Christopher Chabris）97
ツヴィングリ，フルドリヒ（Huldrych Zwingli）186, 187
對馬路人 61
鶴岡賀雄 49
ティリヒ，パウル（Paul Tillich）37
デネット，ダニエル（Daniel Dennett）61, 68
デュルケム，エミール（Emil Durkheim）32, 39-46, 63-65, 69, 71, 75, 115, 117, 118, 127, 129, 143, 146, 150-153, 161, 170, 212, 219, 222-228
トインビー，アーノルド（Arnold Toynbee）72
ドゥンス・スコトゥス（Johannes Duns Scotus）53
ドーキンス，リチャード（Richard Dawkins）91, 108-112, 211
ドストエフスキー，フョードル（Fyodor Mikhaylovich Dostoyevsky）145
トマス・アクィナス（Thomas Aquinas）53
友野典男 91
トルストイ，レフ（Lev Nikolajevich Tolstoj）135

ナ 行

中田考 54
中村元 53
中山みき 125
夏目漱石 144
ナポレオン（Napoleon Bonaparte）165
ニーチェ，フリードリヒ（Friedrich Wilhelm Nietzsche）12

ハ 行

パウロ（Paulos）20, 124, 125
バーガー，ピーター（Peter Berger）94,

人名索引

152-155, 158, 167-169, 202, 225
バクスター，リチャード（Richard Baxter）143
パスカル，ブレーズ（Blaise Pascal）　38
バルト，カール（Karl Barth）　73, 74, 189-195, 208
ヒトラー，アードルフ（Adolf Hitler）　72, 108
フェスティンガー，レオン（Leon Festinger）171, 172, 174-176, 178-180
深澤英隆　49
藤村操　144
ブッダ（buddha）　12, 32-34, 123
プラトン（Platon）　54
フレイザー，ジェイムズ（James Frazer）6, 24, 87, 89, 90, 163, 180, 182, 186
フロイト，ジークムント（Sigmund Freud）5, 96, 117
ペイジ，マーティン（Martin Page）　90
ヘネップ，ファン（Arnold van Gennep）150
ベラー，ロバート（Robert Bellah）　76
ベルクソン，アンリ（Henri-Louis Bergson）147
ベルジャーエフ（ベルヂャエフ），ニコライ（Nikolai Aleksandrovich Berdyaev）72
ペン，ウィリアム（William Penn）　123
ホカート，アーサー（Arthur Hocart）　164
細谷昌志　38, 39
ポパー，カール（Karl Popper）　54

マ 行

マハーヴィーラ（Mahāvīra）　12
マリノフスキー，ブロニスロウ（Bronisław Malinowski）　24, 25

マルクス，カール（Karl Marx）　5, 58
マレット，ロバート（Robert Marett）　14, 117
御木徳一　79
三中信宏　54
ミラー，ウィリアム（William Miller）　175
ムハンマド（Muḥammad）　82, 123
村上重良　125
モース，マルセル（Marcel Mauss）　225
モッテルリーニ，マッテオ（Matteo Motterlini）　91

ヤ 行

柳川啓一　189
山鳥重　54, 57

ラ 行

リンカン，エイブラハム（Abraham Lincoln）76, 225
ルソー，ジャン・ジャック（Jean-Jacques Rousseau）　75
ルター，マーティン（Martin Ruther）　20, 133, 187
ルックマン，トーマス（Thomas Luckmann）167, 196, 199, 201
レヴィ＝ブリュル，リュシアン（Lucien Lévy-Bruhl）　25
ローゼンベルク，アルフレート（Alfred Rosenberg）　73, 108
ロベスピエール，マクシミリアン（Maximilien Robespierre）　75

ワ 行

ワシントン，ジョージ（George Washington）76

事項索引

ア 行

アニミズム（アニミスティク）　13-15, 19, 98, 191
アヒンサー（不殺生）　122
アーミシュ　118
アンカリング効果　92
イスラーム　7, 13, 16, 17, 19-21, 48, 53, 54, 62, 81-85, 94, 99, 105, 118-122, 129, 138, 185, 191, 211
一神教　11, 16, 21, 98
インテリジェント・デザイン　109
ヴィーナス，ヴィレンドルフの　3
ヴィーナス，ローセルの　3, 12
宇宙軸（axis mundi）　116
ウラマー　120
王権神授説　165
オウム（真理教）　96, 159
オカルト　8, 80, 188
陰陽道　14, 85

カ 行

カオス　147-154, 157
カシュルート　121
家族的類似性　66-68
価値合理性　102-104
カルヴィニズム　139
カルト　61
カルマ　206
還元論，還元主義　127, 208, 209, 225-228
感染呪術　181
観念心像　57
疑似科学　97, 98, 180, 185
擬装　204-206
機能的アプローチ　131
究極的関心　36-38
救済願望　19, 134-136, 138
救済約束　134, 139, 140
救済要求　138-142, 183
共産主義　72-74, 107, 195
キリスト教　7, 8, 12, 13, 16-21, 31, 37, 39, 42, 44, 48, 50, 52-54, 66, 68, 72, 74-77, 82-86, 94, 98, 99, 101, 105, 114, 118, 119, 121, 122, 124, 129, 133, 138, 182-186, 190, 191, 194, 209, 211, 223
禁忌　36, 39, 114, 115
形式合理性　100-102, 105
啓蒙思想（啓蒙主義）　4-7, 50, 55, 62, 97
解脱　32
限界状況　154, 155
元型　148, 149, 202-204, 206, 207, 209
現象学　27, 195
現世利益　20-22, 36, 38, 104, 140, 142, 146, 180

事項索引

原理主義　61, 98
行動経済学　91, 93, 98, 178
コスモス　116, 117, 142, 144, 147-158, 199, 200, 202
コムニタス　150, 152, 153
コンコルドの誤謬　178

サ　行

災因論　155, 163
サイエントロジー　15, 80
サブリミナル効果　96
サンクコストの過大視　178
残存　204
サンディカリズム, サンディカリスト　72, 73, 195
シェオル　35, 36
私事化　200
自助グループ　162
自然的宗教　50
四諦　12, 32, 34
実践倫理宏正会　78
実体的アプローチ　131
市民宗教　75, 76, 195, 225
ジャイナ教　12, 122
シャマニズム　15
シャリーア　118
宗教改革　19, 20, 98
集団沸騰　217
儒教　13, 35, 52, 85, 138, 168
浄土真宗　39, 138
進化論　86, 98, 204, 211
神義論　142, 147-149, 154, 155, 158, 162, 163, 206, 210, 212
神経心理学　54, 56
神聖王権　164, 168
神道　52, 78, 82
神秘主義　193, 194
神話　114, 116, 146, 155, 156, 166
スピリチュアリティ, スピリチュアル　61, 80, 85, 96, 98, 195
政教分離　6, 50, 78, 82, 121
聖顕現（ヒエロファニー）　208
聖餐論争　186, 187

聖職者　118-120, 133
世界救世教　82, 96
世界宗教　13, 48, 202
世俗化　5, 7, 50, 192-195, 200, 201, 205, 223
セブンスデー・アドベンチスト　180
選択的親和性　139
葬儀　8, 31, 34
祖先崇拝　189
ゾロアスター教　137

タ　行

大衆宗教性　127
ダーウィニズム　211
多元化（多元主義）　225
多神教　16-19, 54, 98
ダスキン　79
達人宗教性　127
タブー　39, 44, 72, 218
ダルマ　48, 168
地鎮祭　78, 85
忠魂碑　78
チュリンガ　214, 218
超越瞑想（TM）　15, 80
通過儀礼　117, 150, 158
天理教　53, 125
道教　13, 52, 85
トーテム, トーテミズム　43, 212-216, 218-220, 227

ナ　行

ナショナリズム　44, 75, 76, 195, 225
ナチズム　72, 73, 156
ニューエイジ　80
認知心理学　54, 55
認知的不協和　172
ヌミノーゼ　126, 127
涅槃　32, 34
ノモス　152, 154

ハ　行

パナウェーブ研究所　79
パーフェクトリバティ教団　79

243

事項索引

ハラーム　121
ハラール　121, 122
範疇化　56
東日本大震災　159
ひとのみち教団　79
ヒューリスティクス　93-95
ヒンドゥー　7, 8, 13, 47-49, 62, 65, 122, 148
ファシズム　72-74, 168, 195
仏教　7, 8, 12, 13, 32, 34-36, 52, 53, 62, 65, 68, 85, 99, 114, 122, 129, 132, 137, 138, 141, 142, 168, 185, 191
フランス革命祭典　7, 75, 195, 224
プレアニミズム　14
プロレタリア（プロレタリアート）　72, 140
ヘブンズゲート　14

マ 行

マアト　168
マハーヴィーラ　12
マルクス主義　72, 73, 107, 205
ミラー教徒　175, 179, 180
民族宗教　13, 48
民俗宗教　113
無教会主義　118

無神論　98, 108, 191, 193-195
メノー派　123
目的合理性　102-105
模倣呪術　181
モルモン教（末日聖徒イエス・キリスト教会）　122

ヤ 行

役割距離　146
ヤハウェ　35
ユダヤ教　16, 17, 21, 32, 35, 42, 33, 52, 54, 62, 75, 91, 105, 119, 121, 124, 137, 141, 148, 223
UFO信仰　14, 80

ラ 行

ライシテ　121
ラエリアン・ムーブメント　15, 80
ラビ　32, 119
理神論　50
リタ　168
理論的合理性　99-101, 105
輪廻　13, 19, 32, 48, 138
類感呪術　181

著者略歴

宇都宮輝夫（うつのみや　てるお）
1950 年生まれ。1976 年北海道大学大学院博士課程宗教学中退。文学修士。室蘭工業大学助教授，北海道大学助教授，同教授を経て，2017 年より北海道千歳リハビリテーション大学教授。北海道大学名誉教授。専門は宗教社会学，死生学。
著書に『生と死を考える』(2015，北海道大学出版会)『生と死の宗教社会学』(1989，しののめ出版)，『ケア従事者のための死生学』(共著，2010，ヌーヴェルヒロカワ) ほか。

宗教の見方
人はなぜ信じるのか

2012 年 9 月 20 日　第 1 版第 1 刷発行
2017 年 11 月 20 日　第 1 版第 2 刷発行

著　者　宇都宮輝夫

発行者　井　村　寿　人

発行所　株式会社　勁草書房
112-0005 東京都文京区水道 2-1-1　振替 00150-2-175253
（編集）電話 03-3815-5277／FAX 03-3814-6968
（営業）電話 03-3814-6861／FAX 03-3814-6854
大日本法令印刷・中永製本

© UTSUNOMIYA Teruo　2012

ISBN978-4-326-10220-4　Printed in Japan

JCOPY　〈㈳出版者著作権管理機構　委託出版物〉
本書の無断複写は著作権法上での例外を除き禁じられています。
複写される場合は、そのつど事前に、㈳出版者著作権管理機構
（電話 03-3513-6969、FAX 03-3513-6979、e-mail: info@jcopy.or.jp）
の許諾を得てください。

＊落丁本・乱丁本はお取替いたします。

http://www.keisoshobo.co.jp

武藤慎一
宗教を再考する
中東を要に，東西へ

A5判 2,300円

高橋典史・塚田穂高・岡本亮輔 編著
宗教と社会のフロンティア
宗教社会学からみる現代日本

A5判 2,700円

髙木慶子 編著　上智大学グリーフケア研究所 制作協力
グリーフケア入門
悲嘆のさなかにある人を支える

四六判 2,400円

間瀬啓允
現代の宗教哲学

四六判 2,500円

J・ヒック　間瀬啓允・稲垣久和 訳
宗教の哲学

四六判 3,000円

古川敬康
キリスト教概論
新たなキリスト教の架け橋

A5判 2,300円

J・マクウォーリー　村上喜良 訳
ハイデガーとキリスト教

四六判 3,300円

――――勁草書房刊

＊表示価格は2017年11月現在、消費税は含まれておりません。